Klemens Gaida

Gründen 2.0

Klemens Gaida

Gründen 2.0

Erfolgreiche Business-Inkubation
mit neuen Internet-Tools

Bibliografische Information der Deutschen Nationalbibliothek
Die Deutsche Nationalbibliothek verzeichnet diese Publikation in der
Deutschen Nationalbibliografie; detaillierte bibliografische Daten sind im Internet über
<http://dnb.d-nb.de> abrufbar.

1. Auflage 2011

Alle Rechte vorbehalten
© Gabler Verlag | Springer Fachmedien Wiesbaden GmbH 2011

Lektorat: Stefanie A. Winter

Gabler Verlag ist eine Marke von Springer Fachmedien.
Springer Fachmedien ist Teil der Fachverlagsgruppe Springer Science+Business Media.
www.gabler.de

Das Werk einschließlich aller seiner Teile ist urheberrechtlich geschützt. Jede Verwertung außerhalb der engen Grenzen des Urheberrechtsgesetzes ist ohne Zustimmung des Verlags unzulässig und strafbar. Das gilt insbesondere für Vervielfältigungen, Übersetzungen, Mikroverfilmungen und die Einspeicherung und Verarbeitung in elektronischen Systemen.

Die Wiedergabe von Gebrauchsnamen, Handelsnamen, Warenbezeichnungen usw. in diesem Werk berechtigt auch ohne besondere Kennzeichnung nicht zu der Annahme, dass solche Namen im Sinne der Warenzeichen- und Markenschutz-Gesetzgebung als frei zu betrachten wären und daher von jedermann benutzt werden dürften.

Umschlaggestaltung: KünkelLopka Medienentwicklung, Heidelberg
Druck und buchbinderische Verarbeitung: AZ Druck und Datentechnik, Berlin
Gedruckt auf säurefreiem und chlorfrei gebleichtem Papier
Printed in Germany

ISBN 978-3-8349-3061-3

Vorwort

Private Gründer wollen sich verwirklichen, Unternehmen müssen sich neu erfinden, Universitäten brauchen Forschungstransfer. Für jeden geht es um das „Ausbrüten", die Inkubation neuer Geschäftsideen und das Gründen einer neuen Firma oder eines neuen Geschäftsbereichs.

Sogenannte Inkubatoren unterstützen das Ausbrüten von Geschäftsideen oder treiben dies selbst voran. Aber was genau ist ein Inkubator und welche Typen gibt es? Was sind die Herausforderungen der Zukunft für die erfolgreiche Inkubation neuer Geschäftsideen? Der weltweit erste Inkubator für Firmengründungen war eine umfunktionierte Hühnerfarm in den USA. Das war vor 50 Jahren, heute wird für Inkubatoren das Internet als Werkzeugkasten für webbasiertes Innovationsmanagement immer wichtiger.

In diesem Buch werden neue Internet-Tools entlang des Inkubationsprozesses systematisch vorgestellt und analysiert – vom Ideenmanagement über die Pilotentwicklung, den Team- und Organisationsaufbau bis hin zur Produkteinführung am Markt. Dazu gehören z. B. Trend- und Ideen-Crowdsourcing, Online Panels, Rapid Prototyping, Social Product Development, Product Co-Creation, Co-Founder Matching, Crowdfunding, Online Product Testing, Online Product Promotion u. v. a. Zahlreiche praktische Beispiele sind so lehrreich wie unterhaltsam: Wie konnte eine Minengesellschaft mit Crowdsourcing im Internet Milliarden verdienen? Wie kann sich bald jedermann selbst sein Auto im Internet bauen? Wie wurde der US-Geheimdienst zum Vorreiter von Social Media und dem Teilen von Wissen? Und wie schaffte Cisco mittels Social Media eine der erfolgreichsten Produkteinführungen?

In den folgenden Kapiteln finden private Gründer, junge Start-up-Teams, Geschäfts- und Produktplaner von Unternehmen, Forschungsteams an Universitäten und jeder Ideen-Verrückte wertvolle Impulse und einen umfangreichen „Werkzeugkasten" mit neuen Internet-Tools zur Unterstützung ihrer Inkubationsaktivitäten – angereichert mit zahlreichen Anekdoten aus der Wirtschaftsgeschichte: Das Grammophon wurde von Edison als Diktiergerät erfunden, aber warum haben andere den Aufbau der Musikwirtschaft übernommen? Wie verdient ein amerikanischer Erfinder mit dem Erkennen von Geschäftspotenzialen Hunderte Millionen US-Dollar, ohne auch nur eine seiner Ideen selbst zu verwirklichen? Wie konnte es passieren, dass sich die Idee der rauchfreien Zigarette gleich zweimal mit Millionenverlusten in Luft auflöste? Und warum schaffte Apple mit dem iPhone den großen Durchbruch, obwohl Nokia bereits viel früher sehr ähnliche Mobiltelefone hatte?

Dieses Buch ist zugleich Bestandsaufnahme zu Inkubatoren, Unterhaltungslektüre zur Innovationsgeschichte und Werkzeugkasten zur webbasierten Inkubation neuer Geschäftsideen.

Meinen großen Dank möchte ich den Helfern, Wegbegleitern und Innovationsfreunden aussprechen, die zu diesem Buch mit Recherchen, Korrekturanmerkungen, gemeinsamen Start-up-Erfahrungen und spannenden Gesprächen direkt oder indirekt beigetragen haben: Andreas, Niels, Nadine, Frank, Claus, Dirk, Guido, Guy, Kai, Markus, Martin, Michael, Olli, Ralf, Silke, Stefan, Sven und Zeppi.

Düsseldorf, Juni 2011 *Klemens Gaida*

Inhaltsverzeichnis

Vorwort 5

1	**Einleitung: Eine Welt voller ungenutzter Ideen?** 11
2	**Inkubatoren – die Geburtshelfer für neue Geschäftsideen** 15
2.1	Die Geschichte der Inkubatoren beginnt mit einer Hühnerfarm 15
2.2	Mehrere Inkubatorarten mit unterschiedlichen Zielen............................... 16
2.3	Akademische Inkubatoren für den Weg aus der verstaubten Uni............ 18
2.4	Staatliche Inkubatoren als Hoffnungsträger der Politik 19
2.5	Firmen-Inkubatoren im Wechselbad der Unternehmensstrategie............ 21
2.5.1	Interne Business-Inkubation – Start-ups im Konzern 21
2.5.2	Spin-offs für den Weg aus der Konzernbürokratie 24
2.5.3	Corporate Venture Capital – der Konzern als Investor 24
2.6	Eigenständige Business-Inkubatoren – vom Privat- bis zum Profi-Investor 25
2.6.1	Inkubatorleistungen für Gründer – Achtung vor zwielichtigen Beratern 25
2.6.2	Strategieentwicklung – wer bin ich und was machen wir?........................ 27
2.6.3	Infrastrukturbereitstellung – Freiraum schaffen für Gründer 27
2.6.4	Kapitalbeschaffung – Sprit für das Start-up-Vehikel 28
2.6.5	Vernetzung – Kontakte als Katalysator für's Geschäft 28
2.6.6	Inkubationsphasen und Inkubatortypen – Versuch einer Übersicht........ 29
2.6.7	Klassischer Frühphasen-Inkubator – für die Initialzündung..................... 30
2.6.8	Business Angel und Accelerator – für Kapital und Coaching 30
2.6.9	Institutioneller Business Angel – für Synergien mit anderen Start-ups 32
2.6.10	Venture Capitalists – für das große Geschäft 33
2.7	Wechselhafte Entwicklung der Inkubatoren im neuen Jahrtausend 34
2.7.1	New-Economy-Boom als Nährboden neuer Inkubatoren........................... 34
2.7.2	Ein neues Inkubator-Modell – und was vom Hype übrig blieb 35
2.8	Die Web 2.0-Ära.. 37
2.8.1	Neue Gründerwelle... 37
2.8.2	Copycats – Wettrennen um die Übernahme durch US-Unternehmen.... 39
2.8.3	Niedrige Einstiegshürden, aber fehlendes Kapital...................................... 40
2.8.4	Ein neues altes Inkubator-Modell 42
2.8.5	Neue Akteure im Seed-Bereich... 42

3	**Business-Inkubation 2.0**	**53**
3.1	Strategisches Innovationsmanagement für unterschiedliche Innovationsarten	53
3.1.1	Produktinnovationen – greifbar und manchmal beängstigend	54
3.1.2	Prozessinnovationen – für Konsumenten meistens unsichtbar	57
3.1.3	Geschäftsmodellinnovationen – neues Konzept für alle Beteiligten	58
3.1.4	Der richtige Markteintritt: First Mover – Early Mover – Late Mover	62
3.2	Aktuelle Trends und Einflüsse auf den Innovationsprozess	66
3.2.1	Zunehmende Marktdynamik	66
3.2.2	Vernetzte Arbeitswelten	67
3.2.3	Neue Kommunikationsformen	69
3.2.4	Open Innovation – raus aus dem Elfenbeinturm	70
3.3	Internetbasiertes Inkubationsmanagement	77
3.3.1	Die Phasen des Inkubationsprozesses	77
3.3.2	Internetbasierte Open Innovation	79
3.3.3	Das Crowdsourcing-Prinzip	80
4	**Internet-Tools zur Ideenfindung**	**85**
4.1	Wie Ideen entstehen	85
4.2	Kreativitätstechniken für die systematische Ideensuche	86
4.3	Trendscouting – Nährboden neuer Ideen	90
4.4	Crowdsourcing zur Ideengenerierung	93
4.5	Internet-Plattformen für systematisches Ideenmanagement	94
4.5.1	Firmen-interne Ideen-Plattformen	94
4.5.2	Internetbasierte Ideenmanagement-Software	95
4.5.3	Offene Ideen-Plattformen von Unternehmen	96
4.5.4	Unabhängige Problemlösungs-Plattformen	103
4.5.5	Offene Ideen-Wettbewerbe	107
4.5.6	Unabhängige Ideenverwertungs-Plattformen	109
5	**Webbasierte Potenzialanalyse-Tools**	**112**
5.1	Potenzialkriterien – wovon hängt der Erfolg einer Idee ab?	112
5.2	Günstige Marktverhältnisse und Entwicklungen	115
5.3	Internetgestützte Marktforschung	119
5.3.1	Online-Umfragen und Panels	120
5.3.2	Online Research Communities	122
5.4	Tools zur Machbarkeitsanalyse	124

Inhaltsverzeichnis

6	**Internet-Tools zur Pilotentwicklung**	**129**
6.1	Innovative Projektfinanzierung	130
6.1.1	Crowdfunding-Plattformen	130
6.1.2	Peer-to-Peer-Kredit-Plattformen	134
6.2	Team Building – 2,5 Freunde müsst ihr sein	137
6.2.1	Das Team – noch wichtiger als die Geschäftsidee	137
6.2.2	Formierung des Gründerteams	137
6.2.3	Nutzung von Start-up-Online-Communities	139
6.2.4	Networking – Kontakte als Katalysator für den Geschäftsaufbau	141
6.3	Projektarbeit mit externen Partnern	145
6.3.1	Freelancer-Portale – genau den passenden Spezialisten finden	145
6.3.2	Minijob-Portale – lästige Kleinarbeiten outsourcen	146
6.3.3	Crowdsourcing für Design und Content	150
6.3.4	Programmierung 2.0	153
6.3.5	Prototypen und Mock-ups – besser ein Test vor dem großen Invest	155
6.3.6	Testen 2.0	157
6.4	Product Co-Creation – Kunden statt auszufragen direkt mitmachen lassen	159
6.4.1	Produktentwicklung mit Kunden in verschiedenen Formen	159
6.4.2	Lead-User-Einbindung – die besten Kunden zu Mitarbeitern machen	161
6.4.3	Kunden entwickeln gemeinsam neue Produkte	163
6.4.4	Online-Toolkits zur Gestaltung von Produkten	166
6.4.5	Online-Toolkits zur Individualisierung von Produkten	167
6.4.6	Persönliche Produktentwicklung – die eigene Fabrik im Internet	171
7	**Webgestützter Organisationsaufbau**	**175**
7.1	Kollaboration – moderne Zusammenarbeit für neue Teams	175
7.2	Office Collaboration – das richtige Webtool für die tägliche Büroarbeit	178
7.3	Online-Präsentationen – verkaufen nach innen und außen	181
7.4	Projektmanagement – Reibungsverluste minimieren, Bürokratie vermeiden	183
7.5	Micro Blogging – der eigene Nachrichtenkanal	187
7.6	Informationsmanagement – Informationen richtig ablegen und wiederfinden	189
7.7	Kommunikation 2.0 – mit allen Sinnen auf allen Kanälen	193
8	**Internet-Tools für die Produkteinführung**	**197**
8.1	Die richtige Nutzung von Social-Media-Marketing	197
8.2	Produkttests und Empfehlungsmarketing im Internet	202
8.3	Crowdsourcing in Werbung und Marketing	208

8.4	PR und Kommunikation im Internet	211
8.5	Produkt-Monitoring – den Erfolg messen und analysieren mit Webtools	215
9	**Zusammenfassung und Ausblick**	**219**
9.1	Voraussetzungen für ein erfolgreiches Inkubationsmanagement	219
9.2	Die Zukunft liegt hinter'm Horizont	224
10	**Anhang**	**229**
10.1	Potenzialkriterien für Internet-Start-ups	229
10.2	Der Inkubator 1stMOVER und ausgewählte Start-up-Projekte	231

Quellenverzeichnis 233
Der Autor 239

1 Einleitung: Eine Welt voller ungenutzter Ideen?

„Ich bin ein guter Schwamm, denn ich sauge Ideen auf und mache sie dann nutzbar. Die meisten meiner Ideen gehörten ursprünglich Leuten, die sich nicht die Mühe gemacht haben, sie weiterzuentwickeln."
Thomas Alva Edison

„Eine gute Idee erkennt man daran, dass sie geklaut wird."
Rudi Carrell

> **Kapitelübersicht**
>
> Eine neue Geschäftsidee für sich hat keinen Wert. Erst mit der kommerziellen Verwertung spricht man von einer „Innovation". Die Gründung und den Aufbau einer neuen Firma oder eines neuen Geschäftsbereichs auf Basis einer Innovation bezeichnet man als „Business-Inkubation". Das Thema „Innovationsmanagement" ist in der Fachliteratur vielfältig behandelt worden, das Thema „Business-Inkubation" weniger.
>
> „Business-Inkubation" ist daher das Thema des vorliegenden Buches, das in drei große Teile gegliedert ist: Im ersten Teil werden Inkubatoren beschrieben, die Gründerteams, Universitäten oder Unternehmen von der Ideenbewertung bis zum Geschäftsaufbau unterstützen (Kapitel 2). Im zweiten Teil wird erläutert, wie sich das Innovations- bzw. Inkubationsmanagement durch das Internet verändert (Kapitel 3). Im dritten Teil, dem Hauptteil des Buches, werden neue Internet-Tools für jede Phase des Inkubationsprozesses systematisch vorgestellt und analysiert (Kapitel 4 bis 8).

Jeder hat ständig Ideen. Studien belegen, dass der Großteil von Ideen außerhalb einer Firma entsteht, beim Wandern, beim Fernsehen, im Urlaub. Doch die meisten Ideen sind nur für den Einzelnen oder sein direktes Umfeld relevant und bieten keinen Mehrwert für die Allgemeinheit. Wenn der Begriff auf Produktideen eingegrenzt wird, kann auch fast jeder mitreden. Wer hat nicht bereits alles eine Idee für etwas Neues gehabt, das später von einem Unternehmer verwirklicht wurde? Ideen haben viele. Doch meistens sind es eher Gedanken und Eindrücke, die artikuliert werden. Nur wenige Ideen verlassen die Ideenphase und entwickeln sich zu echten Innovationen, zu verbesserten Produkten, neuartigen Dienstleistungen oder veränderten Prozessen und Geschäftsmodellen. Ein schwieriger, systematischer Prozess.

Allgemein gilt die weithin akzeptierte Definition, dass eine Idee oder Erfindung erst dann als Innovation bezeichnet wird, wenn sie einen konkreten wirtschaftlichen oder sozialen Mehrwert erbringt. Neue Produkte, Verfahrensweisen oder Geschäftskonzepte müssen verwertbar sein, um als Innovation akzeptiert zu werden. Innovationsforscher haben es auf eine einfache Formel gebracht:

Innovation = Idee + kommerzielle Verwertung

Gemäß dieser Sichtweise gibt es nur eine Instanz, die darüber entscheidet, welche Idee oder Erfindung innovativ ist: Das ist der Nutzer, der Kunde. Nur wenn eine Erfindung auch verwertet und genutzt wird, ergibt sie einen Sinn. Ein neuartiges Produkt macht keinen Sinn, wenn die Kosten zu hoch sind und sich keine Käufer dafür finden.

Eine Idee kann ihrer Zeit weit voraus sein und sich dadurch nicht zu einer Innovation entwickeln. Der geniale Visionär Leonardo da Vinci skizzierte bereits vor 500 Jahren Grundzüge von Hubschraubern, Panzern, Rechenmaschinen und beschrieb Möglichkeiten der Nutzung von Sonnenenergie. Doch es blieben Skizzen, festgehalten nur in seinen Notizblöcken. Ideen, die ihrer Zeit weit voraus waren und in der Zeit von Leonardo da Vinci unerfüllt bleiben mussten, weil sie technisch nicht machbar waren. Ein technischer Fortschritt oder ein wissenschaftlicher Durchbruch ist für sich genommen nur eine isolierte Idee, keine Innovation.

Doch was machen eigentlich Innovationen aus? Wie können aus Ideen wirkliche Innovationen entstehen? Welche Konzepte und Methoden helfen bei der Umsetzung bis zum Geschäftsaufbau? Wie kann dafür das Internet als Werkzeugkasten genutzt werden?

Zum Thema Innovation gibt es zahlreiche Fachbücher, die einzelne Aspekte intensiv behandeln, sich aber nur an eine kleine, oft akademische Zielgruppe richten. Daneben gibt es Sachbücher, die das Innovationsmanagement anhand weniger Beispiele detailliert beschreiben. Und es gibt Managementbücher, die in oft abstrakter Schreibweise Innovation als Allheilmittel propagieren.

Dieses Buch geht einen anderen Weg. Es beruht auf den Erfahrungen des Autors Klemens Gaida als Innovationsmanager bei einem großen Mobilfunkkonzern, als Gründer des Internet-Inkubators 1stMOVER und mehrerer eigener Start-ups und als Innovationsberater. Das Buch bietet einen allgemeinverständlichen und praxisorientierten Überblick über die wichtigsten Erkenntnise sowie neue Konzepte, Methoden und Tools rund um Ideen, Inkubatoren und Inkubationsmanagement. Kurz und kompakt, angereichert mit vielen Beispielen aus der Wirtschafts- und Innovationsgeschichte.

Das zentrale Thema des Buches ist Business-Inkubation, d. h. die unternehmerische Förderung und Unterstützung der Innovationsvorhaben von privaten Gründern, von Geschäfts- und Produktplanern in Unternehmen oder von Forschungsteams an Universitäten. Dazu wird eine umfangreiche Sammlung und Bewertung von neuen Internet-Tools als Werkzeugkasten für Business-Inkubation bereitgestellt.

Das Ziel von Business-Inkubation ist das Entwickeln von Innovationen bis hin zu der kommerziellen Einführung am Markt und dem Aufbau einer zugehörigen Organisationseinheit – sei es in Form eines neu gegründeten, eigenständigen Unternehmens oder als neu gegründeter Geschäftsbereich in einem bereits bestehenden Unternehmen. Business-

Inkubation ergänzt das klassische, Ideen-zentrierte Innovationsmanagement um unternehmerische Aspekte wie Team- und Organisationsaufbau und die kommerzielle Produkteinführung am Markt:

$$\text{Inkubation} = \text{Innovation} + \text{Geschäftsaufbau}$$

Das Buch ist ein Plädoyer für die Modernisierung von Business-Inkubation mit Hilfe einer offenen Innovations- und Geschäftskultur, für die Einbindung von Partnern und Konsumenten in die Entwicklung von Innovationen und neuem Geschäft. Entlang der Phasen des Inkubationsmanagements wird aufgezeigt, wie neue, kollaborative Internet-Tools diesen Prozess verändern und unterstützen. Dank des Internets können die einzelnen Prozessschritte des Innovationsmanagements und des Geschäftsaufbaus ergänzt oder sogar auf neue Art und Weise realisiert werden.

Das ist Gründen 2.0.

Den Hauptteil des Buches bilden eine umfangreiche Sammlung und Besprechung relevanter Internet-Tools für den kompletten Inkubationsprozess. Zu jedem Prozessschritt bzw. Kapitel werden die wichtigsten Internet-Tools in einer Toolbox mit Links und Kurzbeschreibung aufgeführt, als Ausgangspunkt für eine vertiefte Recherche. Durch das Testen der verschiedenen Tools soll aufgezeigt werden, wie niedrig die Hürden für eine Unternehmensgründung geworden sind und dass es sich für manchen Leser durchaus lohnen kann, seine Ideen in Innovationen zu verwandeln und zu einem erfolgreichen Geschäft zu entwickeln.

Zunächst werden im folgenden Kapitel 2 des Buches verschiedene Arten von Inkubatoren vorgestellt, die Start-ups, Ausgründungen von Universitäten oder Unternehmen beim Aufbau neuer Geschäftsbereiche zur Seite stehen – als Mentoren, Finanzgeber oder strategische Berater. Der Schwerpunkt der Betrachtung liegt dabei auf eigenständigen, privatwirtschaftlichen Inkubatoren, die gerade im Internet- und Technologiebereich eine wichtige Rolle spielen.

In Kapitel 3 werden die wichtigsten Punkte des strategischen Innovationsmanagements vorgestellt, die für die Einschätzung des Potenzials eines neuen Geschäftskonzepts eine Rolle spielen: die Unterscheidung nach Innovationsarten, die Bedeutung von Innovationsgraden und dem richtigen „Timing", die Beurteilung der Umsetzbarkeit einer neuen Geschäftsidee, die Bestimmung von Zielgruppen eines neuen Angebots sowie die Einschätzung von Markt- und Kundenzugang, Absatzmöglichkeiten und der Profitabilität des Geschäfts. Das sind die Aspekte, die für jedes Innovationsprojekt eine große Bedeutung haben.

In den weiteren Kapiteln 4 bis 8, dem Hauptteil des Buches, wird dann entlang der Phasen des Inkubationsmanagements detailliert gezeigt, welche Auswirkungen Makrotrends wie die Globalisierung, die Wissensgesellschaft, die vernetzte und flexible Arbeitswelt, die höhere Komplexität der Produktentwicklung und die Kollaboration mit Partnern auf das Konzept von Business-Inkubation haben. Wie können in den einzelnen Phasen die Ideen, das Wissen und die Mitarbeit von anderen in den eigenen Innovationsprozess und den Geschäftsaufbau eingebunden werden? Durch neue Internet-Tools werden klassische Vorgehensweisen nicht abgelöst, aber sie werden geöffnet: für Kunden, Mitarbeiter, Partner und Investoren. Gerade für Neugründungen und kleine Start-ups sind die Gründungshürden durch neue Internet-Tools wesentlich niedriger geworden.

2 Inkubatoren - die Geburtshelfer für neue Geschäftsideen

Kapitelübersicht

Die Geschichte des Business-Inkubators begann Ende der 50er Jahre in den USA. Heute sind vier grundlegende Inkubatorarten zu unterscheiden: akademische Inkubatoren, staatliche Inkubatoren, Inkubatoren in Unternehmen und eigenständige, privatwirtschaftliche Inkubatoren. Entlang des Inkubationsprozesses agieren in der Kategorie der eigenständigen Inkubatoren unterschiedliche Vertreter: klassische Ideen-Inkubatoren, Business Angels (BA), Super Angels, Accelerator, Institutionelle BAs, Venture Capitalists (VCs) und Frühphasen VCs. Die Leistungen der verschiedenen Inkubatorarten für Gründerteams decken in unterschiedlichem Maße vier Bereiche ab: Strategieentwicklung, Infrastrukturbereitstellung, Kapitalbeschaffung und Kontaktvermittlung.

Besondere Medienbeachtung fanden während des New-Economy-Booms eigenständige Ideen-Inkubatoren aus der Technologie- und Internetbranche. Die kostengünstige Internettechnik und die Massenmarktpenetration von PCs und Internetanschlüssen legten die systematische Entwicklung von neuen Start-ups nahe. Doch mit dem Platzen der Internetblase gingen auch die Ideen-Inkubatoren zugrunde. Sie erleben seit 2008 eine Renaissance – getragen durch die andauernde Web 2.0-Welle und die neue Börseneuphorie rund um Facebook seit 2010. Auch in Deutschland sind seitdem ein Dutzend neue Internet-Inkubatoren entstanden.

2.1 Die Geschichte der Inkubatoren beginnt mit einer Hühnerfarm

Das Konzept der Inkubatoren, kleinen Firmen mit Infrastruktur und Unterstützung beim Geschäftsaufbau zur Seite zu stehen, begann in gewisser Weise mit Hühnern. Genauer gesagt mit einer Hühnerfarm, die 1959 als einer der letzten Mieter aus einem großen, weitgehend leerstehenden Gebäudekomplex in Batavia, New York auszog.

Produzierende Fabriken wanderten vermehrt aus der Stadt ab und Nachfolge-Mieter für die Fabrikhallen waren nicht zu finden. Der Immobilien-Entwickler Joseph Mancuso (1920-2008), der das Gelände umbaute, machte die Not zur Tugend: Er teilte die Gebäude in separate Abteilungen auf, um kleineren Firmen in „Managed Offices" Platz zu bieten. Er bot den Firmen einen Rundum-Service mit gemeinsam nutzbaren Bürodienstleistungen, Unterstützung bei der Finanzierung und im geschäftlichen Bereich. Das Konzept bezeichnete er als Inkubator, in Analogie zu den brütenden Hühnern. Ob dies ernst gemeint war oder nicht, das Konzept des Inkubators war geboren [2.1].

Später hochgeehrt, legte Mancuso damit den Grundstein für sein eigenes Imperium. Heute betreibt seine Mancuso Business Development Group sogenannte „Small Business Centers" im nördlichen New York auf einer Gesamtfläche, die so groß wie ca. 100 Fußballfelder ist [2.2].

Seitdem entwickelte sich das Inkubator-Modell immer weiter in verschiedenste Ausprägungen. Anfangs dominierten noch die Geschäftskomplexe, bei denen sich einzelne kleine Firmen in erster Linie die Infrastruktur teilten, die von professionellen Dienstleistern und Immobilienentwicklern gemanagt wurden. In den 60er Jahren erkannten dann auch Universitäten und staatliche Wirtschaftsförderungsorganisationen die Vorteile von Inkubatoren für die regionale Entwicklung. Erste große Inkubatoren wie der Cambridge Science Park oder Sophia Antipolis in France brachten Forschungsergebnisse in den kommerziellen Kreislauf. In den 80er Jahren erlebten dann sogenannte Wissenschaftsparks einen Boom. In Deutschland nahm zu dieser Zeit das Berliner Innovations- und Gründerzentrum BIG eine Pionierstellung ein.

In den 90er Jahren entwickelte sich schließlich eine neue Inkubatorgeneration, die zusätzlich Beratungsdienstleistungen, Netzwerkunterstützungen und Gründungskapital anbot. Diese profit-orientierten Inkubatoren waren nicht mehr reine Dienstleister, sondern direkt in die Geschäftstätigkeit der jungen, neu gegründeten Unternehmen („Start-ups") involviert. Viele Inkubatoren spezialisierten sich auf bestimmte Wirtschaftssegmente oder auf eine bestimmte Zielgruppe.

Die National Business Incubation Association bezifferte die Anzahl solcher Inkubatoren 1999 auf 600 weltweit. Knapp 20 Jahre zuvor gab es noch keine zehn solcher Inkubatoren [2.3]. Eine große Rolle bei der Entwicklung der Inkubatoren spielte dabei die Entstehung der Internetwirtschaft („New Economy") zum Ende des 20. Jahrhunderts und die damit verbundene Gründungswelle. Heute wird die weltweite Anzahl von Inkubatoren auf ca. 4.000 geschätzt [2.4].

2.2 Mehrere Inkubatorarten mit unterschiedlichen Zielen

Die Motive, die Strategien, die Geschäftsmodelle und die organisatorische Form für Inkubatoren sind sehr unterschiedlich und können grob in vier Bereiche eingeteilt werden: der öffentlich-staatliche Bereich, der akademische Bereich und die rein profit-orientierten, unternehmerischen Inkubatoren – entweder Firmen-Inkubatoren als Teil eines großen Konzerns oder eigenständige, privatwirtschaftliche und damit sehr stark finanzgetriebene Inkubatoren, zu denen auch Business Angels und Venture Capitalists gehören (vgl. **Abbildung 2.1**).

Abbildung 2.1: Inkubatorarten und Ziele

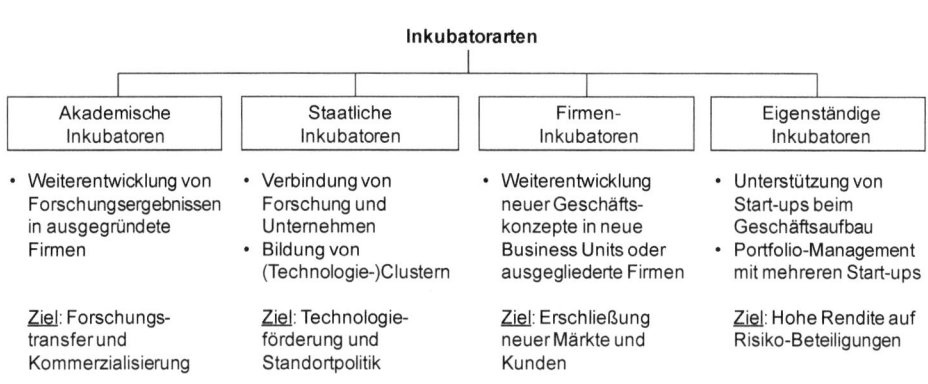

Bei den öffentlichen Inkubatoren steht ein Hauptmotiv klar im Vordergrund: die Entwicklung neuer Technologien in zukunftsträchtigen Bereichen, um damit neue Arbeitsplätze zu schaffen und langfristig die Konkurrenzfähigkeit des Standortes und der ansässigen Firmen zu sichern. Oft wird das Ziel mit der Förderung eher schwacher Regionen verknüpft, indem spezielle Technologie-Cluster einen Entwicklungsimpuls für ganze Regionen auslösen sollen. Träger solcher Inkubatoren sind meistens Wirtschaftsförderinstitutionen auf allen föderalen Ebenen. Diese Art von Inkubatoren ist nicht profitorientiert. Ganz im Gegenteil: Der Aufbau von Technologie- und Wissenschaftsparks samt Infrastruktur kostet viel Geld für die Förderung von Innovationen und Standortqualitäten.

Bei den akademischen Inkubatoren und deren Ausgründungen („Spin-offs") geht es nicht um die allgemeine Förderung von Technologien, sondern ganz konkret um die kommerzielle Verwertung von wissenschaftlichen und technischen Forschungsergebnissen und Innovationen, die an der Universität erarbeitet werden. Professoren und Studenten sollen ermuntert werden, nicht nur für den Elfenbeinturm zu forschen, sondern eigene Projekte zu verwirklichen, die im Rahmen der starren Universitätswelt nicht umsetzbar sind. Die Motivation ist sowohl vom Profitstreben geprägt als auch von der Profilierung mit Projekten, an denen die Professoren und ihre Teams oft jahrelang gearbeitet haben.

Bei den eigenständigen, privatwirtschaftlichen Inkubatoren steht wirklich nur die Rendite auf Geldeinlagen und Dienstleistungen im Vordergrund. Inkubatoren sehen in einem neuen Produkt oder in einem neuen Geschäftsmodell und einem talentierten Team ein großes Potenzial für den Aufbau einer erfolgreichen Firma und geben im Gegenzug für eine Beteiligung sowohl das notwendige Anfangskapital als auch Dienstleistungen in Form von Beratung, Kontaktanbahnung, Vertriebsunterstützung etc. Ähnlich agieren konzerneigene Inkubatoren mit dem Ziel der Schaffung neuer Geschäftsbereiche. Entsprechende Projektteams agieren wie eigenständige Start-ups und nutzen dabei aber die Infrastruktur und die Budgets des Konzerns.

2.3 Akademische Inkubatoren für den Weg aus der verstaubten Uni

Universitäten waren schon immer ein Hort von Innovationen. Es ist das originäre Ziel der Universitäten, Neues zu finden, den technischen und wirtschaftlichen Fortschritt anzuführen, Grundlagenforschung zu betreiben.

Daher liegt der Fokus der Universitäten nicht im profitorientierten Bereich. Zwar ist der Bereich der fremdfinanzierten Drittmittel-Forschung immer stärker angestiegen, aber im Allgemeinen stehen vermarktungsfähige Produkte oder Dienstleistungen nicht im Fokus der Forschung. Darauf sind die Strukturen der staatlichen Universitäten oder gemeinnütziger Forschungseinrichtungen wie die 80 Max-Planck-Institute auch nicht ausgerichtet. Eine Sonderform bildet hier die Fraunhofer-Gesellschaft, die zu einem Großteil Vertragsforschung im Auftrag von Unternehmen ausführt.

Traditionell wurden patentierte Forschungsergebnisse aus den Uni-Laboratorien über die Vergabe von Lizenzen in den kommerziellen Kreislauf gebracht. Die Lizenznehmer übernehmen gegen eine Provision die Weiterentwicklung und Vermarktung der Produkte in einer fremden Firma. Zum Wohle der Universitäten und der Professoren.

Die Universitäten scheuen in der Regel eigene Unternehmensgründungen im Rahmen ihrer Strukturen, da die akademische Kultur sich nur schwer mit der unternehmerischen Kultur vereinen lässt, bei der schnelle Entscheidungswege, Pragmatismus und ein profitorientiertes Vorgehen wichtig sind.

Eine Alternative dazu bieten die akademischen Ausgründungen („Spin-offs"), die in einer gesonderten, von der Universität unabhängigen Firma Forschungsergebnisse verwerten. Sowohl das Personal als auch das Gründungs-Know-how wechseln über auf die Spin-off-Firma. Die Forschungseinrichtung fungiert dabei als Inkubator für die Entwicklung einer Idee, eines Produktes oder eines Prozesses. Im Gegenzug erhält die Universität für die Ausgliederung eine Beteiligung an der neuen Firma und trägt kein unternehmerisches Risiko bei einem Misserfolg. Schwerpunkte solcher universitärer Spin-offs liegen im Hightech-Bereich sowie in anderen technologisch-orientierten Bereichen. Die produktorientierte Biomedizin ist ein Paradebeispiel mit unzähligen universitären Spin-offs. In Martinsried bei München entwickelt sich beispielsweise ein biomedizinisches Zentrum mit zahlreichen größeren Firmen aus dem universitären Bereich wie z. B. MediGene, Morphosys, Metabion, Micromet oder MediGenomix. Auch börsennotierte Firmen profitierten von der akademischen Business-Inkubation, wie z. B. in Aachen die Firmen Aixtron und Parsytech oder IDS Scheer in Saarbrücken.

Die Mehrzahl der Universitäten bieten mittlerweile eigene Inkubatorprogramme an und helfen mit unterschiedlichsten Maßnahmen, Gründungen zu fördern: Durch Entrepreneurkurse und Mentorenprogramme wird Gründungs-Know-how vermittelt. Die Nutzung von Technologien in Form von Patenten oder Lizenzen wird erleichtert, wenn eine Gründung in Aussicht ist. Mit der Anbahnung von Kooperationen oder Kontaktvermittlungen werden auch Netzwerkfunktionen übernommen. Oft wird auch eine entsprechende räumliche Infrastruktur am Standort angeboten. Dadurch werden Spin-offs räumlich gebunden, mit eventuellen Arbeitsplatzmöglichkeiten für folgende Studentengenerationen.

Damit wird die wichtigste Inkubatorfunktion der Universitäten angesprochen. Hier geht es nicht um eine Business-Inkubation im Sinne einer Unternehmensberatung. Vielmehr soll eine Struktur geschaffen werden, die einerseits Innovationen erzeugen kann, aber auch die schnelle Verwertung erlaubt. Zum Nutzen der Mitarbeiter, der Universitäten und im speziellen der Region. Denn eine dynamische Spin-off-Kultur kann ganze Regionen verändern, wenn sich daraus ein Innovationszentrum entwickelt. Das beste Beispiel ist die Stanford University im Silicon Valley in Kalifornien/USA.

2.4 Staatliche Inkubatoren als Hoffnungsträger der Politik

Die staatlichen Inkubatoren wie Technologiezentren, Gründerzentren oder spezielle Wissenschaftsparks richten sich ähnlich wie die akademischen Inkubatoren überwiegend an technologisch-orientierte Firmen. Auch hier stehen keine Profiterwartungen im Vordergrund. Vielmehr sind sie ein wichtiges Instrument der Wirtschaftsförderung und -entwicklung. Träger sind daher oft Handelskammern in Kombination mit lokalen oder regionalen Entwicklungsbehörden und Förderbanken.

Die ca. 160 schwerpunktmäßig in Bayern und Baden-Württemberg angesiedelten deutschen Technologiezentren richten sich nicht nur an Gründer, sondern auch etablierte Firmen können sich in den Zentren ansiedeln [2.5]. Vorteile für die etablierten Unternehmen: früher Kontakt zu vielversprechenden Start-ups für einen gegenseitigen Wissensaustausch, für Kooperationen im Bereich Entwicklung und Vertrieb und für mögliche Akquisitionen. Der Staat bietet ihnen dort optimale Bedingungen, um sich entfalten zu können. In erster Linie geht es dabei um die Bereitstellung der Infrastruktur und die Vermittlung von Know-how durch Ansiedlungen von akademischen Forschungsinstituten, die wiederum junge Firmen inkubieren können.

Im Technologiezentrum Dortmund haben sich z. B. über 280 Firmen angesiedelt, rund um den etablierten Konzern Elmos Semiconductor als „Anker"-Firma, der Technischen Universität Dortmund, zwei Fraunhofer-Instituten sowie zahlreiche andere Technologie-Zentren [2.6]. Im Berliner Zentrum WISTA/Adlershof haben sich sogar 819 Unternehmen, Forschungseinrichtungen und Hochschulinstitute angesiedelt und bilden den größten deutschen Wissenschafts- und Technologie-Cluster [2.7]. Viele Technologiezentren bieten allgemeine Existenzgründer-Beratungsstellen und Business-Inkubationsprogramme an.

Oft entstehen übergreifende Technologie-Cluster im Umfeld der überwiegend staatlich finanzierten, forschungsorientierten Wissenschaftseinrichtungen. Sie vereinigen unter einem Dach Dutzende Institute und verfügen über einen Forschungsetat von mehreren Milliarden Euro.

Die 80 Max-Planck-Gesellschaften konzentrieren sich dabei in erster Linie auf die Grundlagenforschung, oft in Kooperation mit Universitäten. Daneben bestehen ähnliche Institutionen wie die Leibniz-Gesellschaft oder die Helmholtz-Gemeinschaft, die anwendungsbezogener arbeiten und die Entwicklung neuer Technologien interdisziplinär fördern.

Für die Business-Inkubation von Innovationen spielen jedoch die 59 Institute der Fraunhofer-Gesellschaft die größte Rolle. Sie konzentrieren sich auf den natur- und ingenieurwissenschaftlichen Bereich und sind sehr anwendungsfokussiert. Konkrete Produkte und Verfahren werden dort entwickelt, überwiegend als Vertragsforschung für Unternehmen und Institutionen. Die einzelnen Fraunhofer-Institute sind für ihre Finanzen selbst verantwortlich und sehr unternehmerisch orientiert.

Ein spezieller Fraunhofer Venture Fund betreut die Verwertung der eigenen Instituts-Technologien durch Lizenzvergaben oder mit Hilfe ausgegliederter Firmen („Spin-offs"). Alleine die Lizenzeinnahmen für das am Fraunhofer IIS Institut entwickelte Audio-Kompressionsverfahren MP3 summieren sich jährlich auf einen hohen zweistelligen Millionenbetrag.

Der Venture Fund fördert allgemein die unternehmerische Kultur unter den Fraunhofer-Wissenschaftlern und bietet Inkubationsleistungen wie die Businessplan-Optimierung, Kapitalvermittlung oder Kontaktvermittlung in Industrie und Forschung an. Mit Erfolg: Seit der Gründung im Jahr 1999 konnten über 150 Spin-offs unterstützt werden [2.8].

Die Deutsche Akademie der Technikwissenschaften identifizierte im Jahr 2010 in einer Untersuchung 656 Hightech-Spin-offs aus deutschen Forschungsorganisationen: 60 Prozent wurden durch die Fraunhofer-Institute inkubiert [2.9]. Beispiele sind u. a. die ELMOS Semiconductor AG, mignos GmbH, PSE AG und die TriDiCam GmbH. Die Studie zeigte auch, dass 40 Prozent der Spin-offs ohne ein konkretes Produkt oder einen Prototyp gegründet wurden. Viel zu früh, denn viele Spin-offs unterschätzen den Aufwand für die technologische Weiterentwicklung. Die Technologien sollten möglichst weit im Inkubator weiterentwickelt werden und erst bei konkreten Anwendungsmöglichkeiten sollte ein Spin-off angestrebt werden. Die Erfolgsquote bei den genannten 656 Ausgründungen kann also noch stark verbessert werden.

Jeder Technologieförderer hat als Beispiel das Valley vor Augen, das Silicon Valley. Genauer gesagt den Stanford Research Park in Palo Alto, Kalifornien. Wegbereiter des sich daraus entwickelnden Silicon Valley war Professor Frederick Terman (1900-1982), der seine Studenten ermunterte, sich selbstständig zu machen, damit nicht die besten Graduierten nach dem Studium die Region verlassen, um sich gut bezahlte Jobs an der Ostküste der USA zu suchen. Er trat als Mentor für viele später erfolgreiche Gründer auf und vermittelte Kontakte. Die Stanford Universität lockte viele junge Start-ups, aber auch etablierte Hightech-Firmen zu sehr günstigen Konditionen in den Wissenschaftspark rund um die Uni. Bereits in den 60er Jahren bot Stanford auch Gründungskapital („Seed Capital") für Start-ups an.

Die wichtigste Rolle der Stanford Universität für die Entwicklung des Silicon Valley betraf jedoch nicht die Verwertung der in Stanford entwickelten Technologien. Wichtiger war die Katalysator-Rolle, indem sie eine Umgebung schuf, in der Innovationen möglich sind und jeder Student ermuntert wird, seine Ideen zu verwirklichen, mit oder ohne direkte Hilfe der Universität. Die meisten Stanford-Alumni entwickelten ihre teilweise bahnbrechenden technologischen Produkte und Dienstleistungen erst nach dem Ausscheiden aus der Stanford Uni. Google, Yahoo, Cisco, Hewlett-Packard, Electronic Arts oder Sun Microsystems sind eindrucksvolle Beispiele dafür. Zwischen 1960 und 1990, also bereits vor dem Internet-Boom, schufen Firmen von Stanford-Absolventen im Elektronik- und Softwarebereich mehr als 250.000 Arbeitsplätze [2.10].

Eine ähnlich starker Hightech-Cluster entstand auch im Umkreis der Universitäten von Boston und Cambridge/USA: der Boston Route 128-Cluster. Alleine die Absolventen des dortigen Massachusetts Institute of Technology (MIT) haben bis 2006 ca. 4.000 Unternehmen gegründet und 1,1 Millionen Arbeitsplätze geschaffen [2.11].

Viele Städte und Regionen haben dieses Modell der universitären Business-Inkubation mit einer Hightech-Clusterbildung erfolgreich für ihren jeweiligen Industriefokus adaptiert. Beispiele in Europa sind Silicon Fen, Silicon Glen und Silicon Ditch in Großbritannien, die deutschen Technologie-Cluster in Dresden, Stuttgart und München, Silicon Bog in Irland, die Kista Wissenschaftsstadt in Schweden, der Standort Kempele in Finnland oder das Etna Valley in Italien.

2.5 Firmen-Inkubatoren im Wechselbad der Unternehmensstrategie

2.5.1 Interne Business-Inkubation – Start-ups im Konzern

Die immer schneller werdenden Produktzyklen, ausgelöst durch Globalisierung und Digitalisierung, stellen die Unternehmen vor große Herausforderungen. Die Konkurrenz sitzt nicht mehr nur in Deutschland, sondern dank der stark gesunkenen Transportkosten auch in Kambodscha oder Neuseeland. Oft sind die Unternehmensstrukturen nicht an die Erfordernisse einer dynamischen Wirtschaftsweise angepasst. Marktanteile gehen verloren, weil Innovationen nicht schnell genug auf den Markt gebracht werden.

Um im Innovationsprozess schneller und zielgerichteter zu werden, versuchen Unternehmen, durch „Corporate Venturing" die Dynamik von kleinen Firmen mit den Ressourcen einer großen Firma zu verknüpfen. Kleinere Teams in einer unabhängigen Einheit sind flexibler, können sich ohne bürokratische Hindernisse schneller und freier entfalten und entwickeln eine andere Perspektive unabhängig von den gewohnten Denk- und Organisationsstrukturen. Nach der Marktreife eines Produktes kann das Unternehmen dann durch seinen Markennamen, seine Ressourcen und seine Produktionsvorteile dem Produkt zur Durchsetzung im Markt verhelfen.

Firmen verfolgen mit dem Corporate Venturing unterschiedliche Ziele: Sie möchten sich strategisch anders oder besser positionieren, indem sie neue Produktlinien oder Geschäftszweige aufbauen und damit auf den Wettbewerbsdruck reagieren. Dazu soll talentierten Mitarbeitern die Möglichkeiten gegeben werden, sich neue Technologien in selbstständiger Weise anzueignen, ohne Vorgaben und ohne Barrieren.

In der New-Economy-Phase gliederten viele Firmen ihre Internet-Abteilungen aus, da die junge, ungezwungene Atmosphäre der Internet-Abteilungen oft in einem starken Kontrast zur sonstigen Unternehmenskultur stand. Geschäftsmodelle und Ideen, die sonst auf der nächsten Hierarchieebene stecken bleiben, erhalten ihre Chance zur Verwirklichung. Insgesamt soll die Innovationskultur der Firma dadurch verbessert werden, dass jeder Mitarbeiter grundsätzlich die Chance hat, eigene vielversprechende Projekte mit Hilfe des Unternehmens selbstständig verwirklichen zu können.

Der Corporate-Venturing-Prozess kann sowohl intern als auch extern ablaufen: Beim „Internal Venturing" geht es um die Förderung von unternehmerischen Initiativen innerhalb der Firma. In erster Linie wird hierbei ein Produkt inkubiert.

Eine eigene flexible Abteilung wird gegründet, die sich aus visionären und unternehmerisch-denkenden Personen aus verschiedensten Abteilungen zusammensetzt. Ein firmeninternes Start-up, um Ideen in umsetzbare, nahe am Kerngeschäft angesiedelte Produkte oder neue Geschäftsfelder zu entwickeln. Diese Abteilung kann alle Funktionen des Unternehmens nutzen und sich voll auf die Produktentwicklung konzentrieren. Nach erfolgreicher Ausarbeitung eines Produktes ist die Arbeit der Abteilung beendet und die weitere Entwicklung wird an andere ausführende Firmenabteilungen abgegeben. Letztlich ist solch eine Abteilung ein zeitlich begrenztes Start-up innerhalb des Konzerns, ohne sich um administrative, finanzielle und organisatorische Belange kümmern zu müssen. Der Unterschied zu klassischen, ggf. ebenfalls temporären Forschungs- und Entwicklungsteams ist die direkte Weiterführung der Ergebnisse in die kommerzielle Verwertung und den Geschäftsaufbau.

Die Daimler AG gründete 2007 eine Business-Innovation-Abteilung, bestehend aus 15 erfahrenen Managern. Das Ziel waren die Identifizierung von vielversprechenden neuen Geschäftsideen und die Verwirklichung in einer Start-up-ähnlichen Umgebung mit schlanken und effizienten Prozessen. Kernstück ist die internetbasierte Business Innovation Community mit 20.000 Mitarbeitern, durch die mittlerweile 1.500 Geschäftsideen generiert wurden. Durch diese Community und mit eigenen Ideen der Business-Innovation-Abteilung wurden bisher 58 Ideen für konkrete Projekte ausgewählt. Davon wurden bereits elf Projekte mit Mitarbeitern aus verschiedenen Abteilungen oder mit externen Partnern gestartet [2.12]. Die direkte Auswertung und Umsetzung ausgewählter Ideen der Innovationsabteilung machen den Unterschied aus zum betrieblichen Vorschlagswesen, bei dem neuen Ideen in die verantwortlichen Fachabteilungen weitergegeben werden und dort im Tagesgeschäft oft untergehen. Das bekannteste Projekt ist das Car2Go Car Sharing-Programm, das nach der erfolgreichen Testphase in Ulm und Austin (USA) nun in großem Stil von der Daimler AG in einer eigenständigen Tochtergesellschaft umgesetzt wird [2.13].

In der Praxis entstehen bei den meisten internen Venturing-Programmen bereits nach wenigen Jahren Risse zwischen den unterschiedlichen Unternehmenskulturen. Kaum ein Programm überlebt eine Zehn-Jahre-Frist, viele werden bereits nach drei Jahren eingestellt. In der Regel werden solche Venturing-Programme in Boomphasen gegründet, wenn Budget für Zukunftsinitiativen frei ist. Sobald eine Krise eintritt, gehören diese Programme dann zu den ersten Abteilungen, in denen Stellen gekürzt werden.

Beim Telekommunikationskonzern AT&T prallten ab 1995 die unterschiedlichen Forschungskulturen zusammen. Das „Opportunity Discovery Department" sollte Initiativen für die Zukunft entwickeln, Szenarien für neue Produkte, Trends beobachten und visionäre Denker an sich binden. Bereits 1998 wurde der interne Think Tank dann von den Controllern ausgebremst: Die Abteilung hatte nach einer traditionellen Bewertung zu wenig verwertbare Patente entwickelt, umstrukturiert und in den Konzern neu eingegliedert. Der unterschiedliche Zeithorizont von langfristiger Entwicklung und kurzfristig erwarteten Erfolgen führt oft zu einer vorzeitigen Einstellung von Corporate-Venturing-Programmen. Das AT&T-Programm offenbart noch ein anderes Problemfeld: das Misstrauen des Top-Managements und anderer Forschungsabteilungen, die um Verantwortlichkeiten, Kompetenzen und Budgetumverteilungen fürchten: Wie kann es sein, dass ein kleines Team von Visionären die strategische Neuausrichtung bestimmt?

Beim Telekommunikationskonzern Alcatel-Lucent können eigene Mitarbeiter Ideen, die technisch und wirtschaftlich von einem Innovation Board positiv beurteilt wurden, mit einem internen interdisziplinären Team umsetzen. Am Ende entscheidet Alcatel-Lucent, ob die Firma selber einen neuen Produktzweig damit aufbauen möchte oder die weitere Entwicklung und Vermarktung dem firmeninternen Inkubator überlässt, der Produkt und Mitarbeiter als Spin-off in die Eigenständigkeit ausgliedert.

Ähnlich fortschrittlich ist der amerikanische Technologiekonzern Qualcomm, der mehrere Programme zur Förderung der internen Innovationskultur eingerichtet hat. Für das regelmäßig stattfindende dreitägige Qualcomm Technology Forum (QTech) können sich Mitarbeiter vorab bewerben, um dort vor der Führungsriege innovative Projekte zu präsentieren und Best-Practice-Erfahrungen auszutauschen. Das Forum dient als Katalysator für die Kollaboration zwischen verschiedenen Abteilungen und Ländern. Der gesamte Innovationsprozess wird durch das Qualcomm Innovation Network (QIN) gelenkt, das u. a. Diskussionsforen, Expertendatenbankensowie Vorhersagetools wie Mitarbeiterbewertungen, Ideenwettbewerbe sowie eine kontinuierlich betriebene Problemlösungs- und Ideen-Plattform umfasst. Eine Besonderheit ist der interne Businessplan-Wettbewerb, das QIN Venture Fest (QVF): Teams können sich aus verschiedenen Abteilungen bilden und für die Umsetzung einer Idee bei QVF bewerben. Online werden die Businesspläne von allen Mitarbeitern bewertet und Diskussionen tragen zur Verfeinerung der Pläne bei. Die am besten bewerteten Pläne durchlaufen ein drei Monate dauerndes Boot Camp, in dem die Mitarbeiter autonome Teams bilden, ein firmeninternes Start-up, ausgestattet mit Startkapital und Mentorenbegleitung. Nach den ersten drei Monaten entscheiden dann in einem mehrstufigen, aber einfachen Prozess alle relevanten Management-Ebenen, ob das Projekt wirklich ein hohes Potenzial aufweist und die volle Unterstützung von Qualcomm erhält.

Ein solches internes Corporate-Venture-Programm kann neue Impulse, neue Geschäftsmöglichkeiten und langfristig ein gutes Return on Investment liefern, ist in der Regel aber schwer im Konzern einzubinden und erfordert starke und sehr gut vernetzte Manager, die beide Unternehmenskulturen zusammenbringen und die Motivation des Teams hochhalten.

2.5.2 Spin-offs für den Weg aus der Konzernbürokratie

Für die meisten Firmen ist die externe Venturing-Lösung eine gute Alternative, wenn ein neues innovatives Produkt nicht zum Kerngeschäftfeld gezählt wird.

In erster Linie ist hier der „Corporate Spin-off" zu nennen, der nach den gleichen Prinzipien wie die akademischen Spin-offs arbeitet. Eine Firma sieht Potenzial in einer im eigenen Unternehmen entwickelten Produktinnovation, entscheidet sich strategisch aber gegen eine eigene Weiterentwicklung. Stattdessen wechseln Mitarbeiter des Entwicklungsteams mitsamt den Rechten an dem Produkt in eine unabhängige Gesellschaft. Verbunden bleiben Spin-off und Unternehmen in der Regel durch eine finanzielle Beteiligung als Gegenleistung für die Produktrechte und durch unterschiedliche starke Inkubationsleistungen der Ursprungsfirma.

Siemens hat für diesen Zweck den Siemens Technology Accelerator (STA) gegründet, um brachliegende, patentrechtlich geschützte Technologien zu vermarkten, entweder in Form eines Spin-offs oder einfach über den Verkauf oder die Lizensierung der Patente an Dritte. In enger Zusammenarbeit mit der Siemens Venture Capital GmbH investiert STA darüber hinaus in vielversprechende Start-ups, die in Zukunft die Produktplatte von Siemens erweitern könnten.

Ein Corporate Spin-off kann auch die Form eines Joint Ventures annehmen (Fast Venturing). Ein Konzern will in diesem Fall mit einem Partnerunternehmen eine Innovation, die im Hause bis zum Prototyp entwickelt wurde, möglichst schnell in den Markt bringen. Es fehlen aber Kenntnisse und Vertriebswege in dem neuen Segment. In diesem Fall sucht sich der Konzern Finanzierungs-, Produktions- oder Vertriebspartner, um den Markteintritt zu beschleunigen. British Telecom (BT) gründete z. B. zu New-Economy-Zeiten den Inkubator Brightstar, der Innovationen und Patente des Unternehmens verwerten sollte, sei es als Venture-Capital-Beteiligung, Spin-off oder als Finanzbeteiligung. Im Jahr 2003 wurde Brightstar dann selbst in einem Spin-off ausgegliedert. Durch eine Verbindung mit zwei großen Venture-Capital-Fonds sollte Brightstar ein größeres Finanzpolster für die Weiterentwicklung der Projekte erhalten. Inzwischen ist es ruhig geworden um Brightstar, der BT-Inkubator ist wieder vom Markt verschwunden.

2.5.3 Corporate Venture Capital – der Konzern als Investor

Im schnelllebigen Technologie- und Internetbereich bilden firmeneigene Venture-Capital-Fonds eine Alternative im Innovationsmanagement. Große Internetplattformen wie Facebook oder Google, Technologiekonzerne wie Intel und Software-Firmen wie Microsoft sind bekannt dafür, dass sie Start-ups mit Ideen und Angeboten ergänzend zu ihrem eigenen Geschäftssystem mit Venture Capital versorgen.

Intel Capital förderte in den letzten zwanzig Jahren immer wieder technologische und strategische Umorientierungen durch eine gezielte Venture-Capital-Strategie. Als Technologieführer wurden benötigte Zulieferer dadurch gefördert. Später investierte Intel viel in diverse Softwareproduzenten, um die Nachfrage nach Intel-Produkten zu fördern. Die stolze Bilanz Anfang 2010: Intel Capital investierte seit 1991 insgesamt 9,5 Milliarden US-Dollar in über 1.500 Start-ups in 47 Ländern [2.14]. Ein hochprofitables Geschäft, weil durch neue Anwendungsentwicklungen der Start-ups gezielt das eigene Kerngeschäft – der Verkauf immer leistungsfähigerer Prozessoren – unterstützt werden konnte.

Der Softwarekonzern Microsoft unterstützt mit seiner BizSpark-Initiative neue IT- und Softwareanbieter durch die kostenlose Nutzung von Microsoft-Produkten, durch ein weltweites Netzwerk an lokalen Inkubatoren, Partnern und Beratern sowie durch die Vermittlung an interessierte Investoren.

Insgesamt durchläuft das Thema Firmen-Inkubator, egal in welcher Spielart, wie das Thema Innovation in vielen Konzernen ein Wechselbad der Unternehmensstrategie. Im Rhythmus von zwei bis drei Jahren werden dazu neue Ansätze definiert, neue Schwerpunkte gesetzt und in der Regel ganze Bereiche und Abteilungen wieder umstrukturiert oder wieder aufgelöst. Dadurch sind Initiativen zu kurz und zu unstetig, um wirklich eine längerfristige Wirkung zu entfalten und Erfolge zu erzielen.

2.6 Eigenständige Business-Inkubatoren - vom Privat- bis zum Profi-Investor

Für die Klasse der eigenständigen, privat-wirtschaftlichen Business-Inkubatoren wird der Begriff Inkubator in diesem Buch für alle diejenigen Akteure verwendet, die in irgendeiner Weise als Finanzier, Gründungsförderer und Start-up-Entwickler auftreten, bis ein Unternehmen schließlich von reinen Finanzinvestoren oder einem anderen Unternehmen übernommen oder an die Börse gebracht wird. Diese Definition schließt nicht nur klassische Frühphasen-Inkubatoren ein, die einen Rundum-Service für Ideengeber und frisch formierte Gründerteams bieten, sondern viele weitere Akteure aus der Gründerszene. Um die einzelnen Akteure vorstellen und einordnen zu können, werden zunächst Inkubatorleistungen und Inkubationsphasen erläutert.

2.6.1 Inkubatorleistungen für Gründer - Achtung vor zwielichtigen Beratern

Jeder Gründer, der eine Idee zur Umsetzung bringen will, müsste im Idealfall ein Allround-Talent sein. Er sollte über administrative und organisatorische Fähigkeiten zur Führung einer Firma verfügen, in Finanzfragen kein Laie sein, strategisches Geschick entfalten können, netzwerken können und dazu auch noch soziale Fähigkeiten für eine optimale Zusammenarbeit mit Mitarbeitern besitzen. Doch nur selten vereinigen sich diese Fähigkeiten in einer Person oder einem Team.

Viele dieser Tätigkeiten lenken den Gründer von seiner eigentlichen Arbeit ab: der Verwirklichung seiner Idee. Das ist der gemeinsame Ansatzpunkt der verschiedenen Inkubatortypen: Unterstützung für Gründer, damit diese sich auf ihre Kernkompetenzen konzentrieren können.

Die Unterstützungsangebote umfassen in der Regel vier Bereiche: die strategische Unterstützung mit Coaching, die Bereitstellung von Infrastruktur und Sachmitteln, die Beschaffung von Kapital und der Zugang zu einem relevanten Kontaktnetzwerk (vgl. **Abbildung 2.2**). Die größten Hürden für viele Gründer sind das fehlende Anfangskapital für die Einrichtung der Infrastruktur und zur Deckung der Lebenshaltungskosten, die fehlenden Managementerfahrungen und oft auch eine Überschätzung der eigenen Fähigkeiten des Gründers und des Teams.

Abbildung 2.2: Inkubatorleistungen und Ziele

Insgesamt versucht der Inkubator, alle steuerbaren Aspekte einer erfolgreichen Unternehmensentwicklung soweit wie möglich zu professionalisieren. Dies schafft den erforderlichen unternehmerischen Freiraum für die wesentlich schwieriger zu beeinflussenden Aspekte wie das Nutzen des richtigen Trends und des richtigen Timings für die Marktpositionierung des Start-ups und der neue Produkte.

Unter den eigenständigen, privatwirtschaftlichen Inkubatoren finden sich verschiedene Akteure mit teilweise überschneidenden Handlungsfeldern: Business Angel, Accelerator, Institutioneller Business Angel, Frühphasen Venture Capitalist und eine neue Inkubatorform im Internetumfeld: Ideen-Inkubator und Super Angel.

Dabei werden Unternehmensberater bewusst ausgeschlossen, die in der Start-up-Branche zuweilen unter dem Deckmantel eines potenziellen Investors versuchen, Kunden zu akquirieren und sich dann als reine Berater statt Investoren und Förderer entpuppen.

2.6.2 Strategieentwicklung – wer bin ich und was machen wir?

Die vielleicht wichtigste und anspruchsvollste Unterstützung leistet der Inkubator durch das intensive Coaching des Managementteams. Der Inkubator hat in der Regel bereits Erfahrungen mit dem Aufbau von Start-ups gesammelt und verfügt über Managementkompetenzen aus zurückliegenden Berufsstationen. Er kann den Gründern Entwicklungsimpulse geben für den Unternehmensaufbau, für die strategische Positionierung und für die Erstellung von Businessplänen.

Welche Prioritäten müssen gesetzt werden? Welche Kontrollmechanismen gibt es? Welche Produktfeatures sind wichtig? Das sind zentrale Fragen, bei denen der Inkubator beratend zur Seite stehen kann. Er ist die erste Anlaufstelle bei Problemen aller Art, die im Gründungsprozess auftreten können.

Im Idealfall kann er zur Vertrauensperson der Gründer werden. Dabei darf nicht vergessen werden, dass der Inkubator nicht aus altruistischen Motiven handelt, sondern mit dem Start-up Geld verdienen will, in der Regel über seine Beteiligung am Unternehmen. Dies kann er nur, wenn das neue Unternehmen sich gut entwickelt.

2.6.3 Infrastrukturbereitstellung – Freiraum schaffen für Gründer

Die einfachste Funktion eines Inkubators ist die der Infrastrukturunterstützung. Sie gehört in der Regel zum Basisangebot von akademischen und staatlichen Inkubatoren sowie von Firmen-Inkubatoren, ist aber nicht immer Bestandteil der Unterstützung von eigenständigen, privatwirtschaftlichen Inkubatoren, insbesondere nicht von privaten Business Angels. Mit der Infrastrukturunterstützung bietet der Inkubator dem Gründer eine echte, greifbare Brutstätte. Dies kann die Bereitstellung von Räumlichkeiten umfassen, samt vorhandener technischer Büroausstattung wie Kopierer, Drucker und Internet-Verbindungen. Oft runden geteilte Sekretariats- und Finanzbuchhaltungs-Dienste das Rundum-Sorglos-Paket ab. Zum Teil bietet der Inkubator diese Dienste auch unter sonst üblichen Marktkonditionen an. Gelingt es dem Inkubator, mehrere Gründungsteams anzusiedeln, entstehen erhebliche Synergien bei der gemeinsamen Nutzung der Infrastruktur- und Bürodienste.

Der Gründer kann sich mit seinem Team auf die Entwicklung seines Produktes und Service konzentrieren und neue Kontakte zu benachbarten Gründern knüpfen, die mit ähnlichen Problemen beim Geschäftsaufbau kämpfen.

2.6.4 Kapitalbeschaffung – Sprit für das Start-up-Vehikel

Der Kapitalbedarf in der ersten Gründungsphase („Seed-Phase") ist in den meisten Fällen überschaubar und liegt in der Regel zwischen 10.000 und 100.000 Euro: Sachbedarf wie technische Ausrüstung, Büroräume oder Prototyp-Entwicklung des geplanten Produkts und in erster Linie Kosten für den Lebensunterhalt der Gründer. Einige Gründer greifen zur Finanzierung auf eigene Rücklagen zurück, die Familie und Freunde werden um Hilfe gebeten (die „drei F: Family, Friends und Fools"), und wenn das nicht reicht, hilft nur der Gang zur Bank. Doch diese hilft in der Regel nicht: Viele Gründer erhalten von Kreditinstituten keinen Kleinkredit, zu riskant erscheinen die Ideen der oft jungen Gründer ohne Managementerfahrungen. Ohne Sicherheiten gibt kein Bankmitarbeiter einen Kredit von 25.000 Euro für die Entwicklung mobiler Applikationen.

Hier kommt der Inkubator ins Spiel: Er verlangt keine Sicherheiten, sondern lässt sich für seine Risikoinvestition – als echtes Eigenkapital oder auch nur als Darlehen – mit Anteilen am Unternehmen bezahlen. Ein Inkubator muss nicht immer selber investieren, er kann auch Kontakte zu fremden Investoren vermitteln. In einigen Fällen verlangt er dafür eine Vermittlungsprovision.

Je nach Zeitpunkt, Investitionsumfang und Risikoeinschätzung führt der Inkubator eine Analyse und Bewertung („Due Diligence") von Teamkompetenzen, Technologiepatenten, Produktreife, Marktpotenzial sowie Geschäfts- und Finanzplanung durch. Hier gilt die Regel: Je institutioneller der Inkubator bzw. Investor, desto umfangreicher die Due Diligence – auch als Absicherung gegenüber Dritten wie z. B. Anlegern von Venture-Capital-Fonds. Umgekehrt gibt es private Business Angel, die sich eher auf ihr Bauchgefühl und die „persönliche Chemie" mit dem Managementteam des Start-ups verlassen.

2.6.5 Vernetzung – Kontakte als Katalysator für's Geschäft

Junge Start-ups, die von Inkubatoren betreut werden, haben in der Regel zwar gute Ideen und bringen Euphorie und Elan in die Gründung ein, doch das Netzwerk ist beschränkt auf Freunde und ehemalige Studien- und Arbeitskollegen. Durch erfahrene Inkubatoren erhalten sie Zugang zu einem Netzwerk, das sich auf einer höheren Erfahrungsebene befindet: Kapitalgeber, mittleres oder höheres Management in der Branche, Dienstleister aller Art und ggf. Pilotkunden. Ein Inkubator kann die Gründer mit möglichen Kooperationspartnern zusammenbringen und dem Start-up damit unter Umständen entscheidende Entwicklungsimpulse geben. Wenn ein Start-up sich gefestigt hat und eine Anschlussfinanzierung benötigt, verabschiedet sich der Inkubator aus dem Aufbauprozess und vermittelt Kontakte zu neuen, in der Regel größeren Investoren, die nicht auf den Unternehmensaufbau, sondern die Wachstumsfinanzierung wie z. B. für die Internationalisierung spezialisiert sind.

Betreut ein Inkubator zahlreiche Start-ups aus der gleichen Branche, kann er durch regelmäßige Netzwerk-Treffen auch Synergie- und Lerneffekte zwischen den Start-ups fördern. Durch den Erfahrungsaustausch mit anderen kann der Gründer Fehler vermeiden. Vermittelte Kontakte zu Experten aus verschiedenen Wissensbereichen helfen dem Gründer, Know-how und gute Anregungen für den Aufbau der Firma zu erhalten.

Auch bei der Teamzusammenstellung und der Personalsuche kann das Netzwerk des Inkubators eine hilfreiche Rolle spielen. Entscheidend sind nicht nur der Umfang und die Qualität der persönlichen Kontakte des Inkubators, sondern auch die Passung zum Unternehmenszweck und zum Branchenfokus des Start-ups.

2.6.6 Inkubationsphasen und Inkubatortypen – Versuch einer Übersicht

Ein Start-up kann also neben der Finanzierung von vielfältigen Leistungen des betreuenden Inkubators profitieren. Die meisten Inkubatoren legen großen Wert auf diese zusätzliche Leistungserbringung, nicht nur um ihre Investition zu schützen, sondern auch um sich persönlich beim Start-up-Aufbau zu engagieren. Ein rein finanzielles Engagement ist für die meisten Inkubatoren uninteressant. Es ist also auch die Offenheit des Start-ups für die nicht-finanziellen Aktivitäten des Inkubators erforderlich.

Die zuvor beschriebenen Inkubationsleistungen werden nicht von jedem Inkubator gleichermaßen angeboten. Auch die Tiefe der Betreuung unterscheidet sich stark.

In der Literatur gibt es die unterschiedlichsten Einteilungen und Definitionen zum Thema Inkubator. Business Angel, Accelerator, Venture Capitalist, Seed Inkubator sind nur einige der benutzten Begriffe. Alle befassen sich mit der Inkubation von jungen Firmen, kommen aber in unterschiedlichen Phasen des Entwicklungsprozesses eines Start-ups ins Spiel (vgl. **Abbildung 2.3**).

Abbildung 2.3: Inkubationsphasen und Typen eigenständiger Inkubatoren

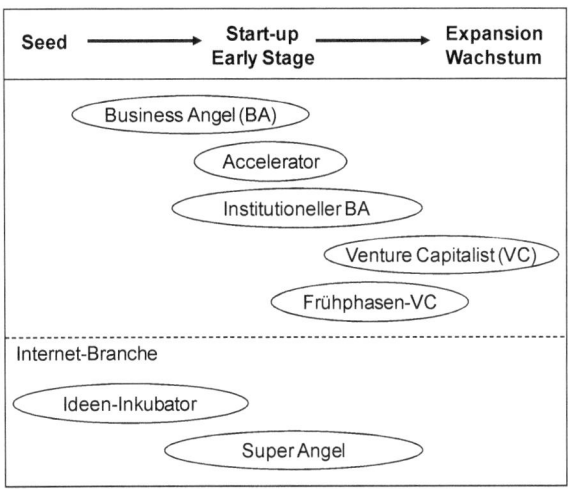

2.6.7 Klassischer Frühphasen-Inkubator – für die Initialzündung

Der Gründungsprozess lässt sich in verschiedene Phasen einteilen (vgl. **Abbildung 2.3**). In der ersten Seed-Phase wird die Saat (Seed) für die Firma gelegt. Es werden Ideen diskutiert, Strategien entwickelt, Potenziale analysiert, Marktforschung betrieben, Produktkonzepte entwickelt und Finanzierungsmöglichkeiten ausgelotet. Die ersten Ergebnisse werden an die Öffentlichkeit gebracht und in Gesprächen im persönlichen Umfeld intensiv getestet.

Während im Rahmen der staatlichen, universitären oder Unternehmens-internen Gründungsförderung klassische Frühphasen-Inkubatoren existieren, deren Schwerpunkt das Angebot von Infrastruktur, Coaching und Fördermittelbeschaffung ist, fehlt dieser Inkubatortyp im privatwirtschaftlichen Bereich fast vollständig. Hauptgrund sind die hohen Ausfallraten und geringen Renditen auf Finanzeinlagen in dieser sehr frühen Phase. Eine Ausnahme bilden „Ideen-Inkubatoren" aus der Internetbranche, die in Kapitel 2.8.5 „Neue Akteuere im Seed-Bereich" besprochen werden.

In vielen Fällen gehen Gründer diesen ersten Schritt alleine, viele beteiligen sich an den zahlreichen kostenlosen Businessplan-Wettbewerben von städtischen oder regionalen Wirtschaftsfördervereinen. Unterstützt von Informationsveranstaltungen und Coaching-Angeboten der Veranstalter sammeln Gründer erste Erfahrungen bei der Unternehmenskonzeption und schnuppern Start-up-Luft.

2.6.8 Business Angel und Accelerator – für Kapital und Coaching

In der Start-up-Phase (auch „Early Stage" genannt) festigt sich das Unternehmens- und Produktkonzept, nach einem erfolgreichen Testlauf mit einem Prototyp oder einer neuen Dienstleistung werden die kommerzielle Produktentwicklung und Markteinführung vorangetrieben. Die Gründer komplettieren dabei ihr Team und bereiten Marketing und Vertrieb für die Produkteinführung vor, erste potenzielle Kunden werden angesprochen. Dies ist die kritischste Phase, denn nun erhöht sich der Geldverbrauch („Burn Rate") für den Markteintritt und immer wieder erforderliche Produktverbesserungen, ohne dass bereits größere Einnahmen zu verbuchen sind. Zu diesem Zeitpunkt ist unklar, ob sich der Verkaufserfolg auch wirklich einstellt und das Produkt in dieser Form von Kunden positiv angenommen wird.

In der Übergangsphase von „Seed" zu „Start-up" unterstützt der sogenannte Business Angel das junge Unternehmen mit Geld und Expertise. Charakteristisch sind Investitionsgrößen zwischen 10.000 und 100.000 Euro, die viele Business Angel noch privat finanzieren können. Dafür sind sie bereit, ein hohes Risiko einzugehen, und hoffen im Gegenzug auf eine hohe Rendite beim Weiterverkauf ihre erworbenen Unternehmensanteile. Im weiteren Inkubations- und Finanzierungsverlauf werden die Investitionsvolumina in der Regel größer, dafür nehmen Risiko, aber auch Rendite ab.

Business Angel sind aktive Privatinvestoren, die kleine Start-ups mit oft weitreichenden Erfahrungen und Netzwerken aus dem eigenen Geschäftsleben, aber auch mit eigenen Finanzmitteln unterstützen. Der Großteil der Start-ups wird zunächst von einzelnen Business Angels finanziert oder von Business-Angel-Netzwerken, durch die Business Angels ihre Investitionsrisiken mit anderen teilen können.

Irgendwann erreichen die Gründer jedoch den Punkt, an dem die Entscheidung fällt, ob das Start-up tatsächlich Potenzial für weiteres Wachstum hin zu einem robusten mittelständischen Unternehmen hat. Dafür benötigt es in der Regel neue Finanzmittel, die von dem ursprünglichen Inkubator, dem Business Angel, meistens nicht aufgebracht werden. Er versucht, dem Start-up eine Anschlussfinanzierung zu vermitteln. In dieser Phase nimmt der Coachingbedarf der Gründer zunehmend ab, da sie mittlerweile umfangreiche Erfahrungen gesammelt haben und die Teams größer werden, mit entsprechend verteilten Fähigkeiten im Team. Das ist der richtige Zeitpunkt für den Ausstieg des Business Angels als erste Inkubatorstation.

Die Schätzungen über die Anzahl der Business Angels in Deutschland variieren von 1.400 bis 5.000. Die jährlichen Investitionssummen liegen im dreistelligen Millionen Euro Bereich. In den USA sollen nach neuen Studien bis zu 200.000 Business Angels jährlich 25 Milliarden US-Dollar in Start-ups investieren [2.15]. Bekannte Business Angels in Deutschland sind u. a. Friedrich Georg Hoepfner, Ingo Kett und Eckhard Wohlgehagen. Bekanntere Namen und früher selbst erfolgreiche Gründer aus der Internet-Branche wie z. B. die Samwer-Brüder, Lukasz Gadowski und Lars Hinrichs sind keine klassischen Business Angels mehr, sondern haben sich inzwischen zu institutionalisierten „Super Angels" bzw. „Ideen-Inkubatoren" weiterentwickelt (vgl. **Abbildung 2.3**).

In der englischsprachigen Literatur wird oft der Begriff Accelerator (Beschleuniger) benutzt. Dies ist ein Inkubator, der in einer etwas späteren Phase einsteigt. Also nicht in der Seed-Phase, sondern erst in der Start-up-Phase, wenn die Ideen bereits „ausgebrütet" sind und sich ein Management-Team samt Produkt ausgebildet haben. Schwerpunkt des Accelerators ist die Beschleunigung des Entwicklungsschrittes vom jungen zum reifen Start-up, in dessen Anschluss die Wachstums- bzw. Expansionsphase z. B. mit der Internationalisierung erfolgt. Der Accelerator investiert, um eine Firma möglichst schnell zu vergrößern. Viele erfolgreiche Start-up-Gründer betätigen sich nach einem Verkauf ihrer Firma in diesem Feld.

Ist die weitere Finanzierung des Start-ups gesichert, können die Markterschließung fortgesetzt, Vertriebswege ausgebaut und frische Mittel ins Marketing gesteckt werden. In die Expansionsphase gelangt nur ein kleiner Teil der Start-ups, die sich ausreichend Marktanteile in ihrem Segment erobern konnten und von da aus weiterwachsen können. Business Angel und Accelerator geben zu diesem Zeitpunkt den Inkubator-Staffelstab an größere, institutionelle Business Angels oder (Frühphasen-)Venture Capitalists ab, indem sie ihre Unternehmensanteile an diese veräußern.

2.6.9 Institutioneller Business Angel – für Synergien mit anderen Start-ups

Zu Beginn der Expansionsphase (auch Wachstum bzw. „Growth" genannt) übernehmen in erster Linie größere, Institutionelle Business Angels und die Venture Capitalists die Inkubatorfunktion, die in dieser Phase weniger das „Ausbrüten", sondern das „gesunde, kräftige Wachstum" eines Start-ups zum Ziel hat.

Institutionelle Business Angels sind Inkubatoren, die in der Regel über größere Finanzmittel und ein größeres Start-up-Portfolio verfügen als ein einzelner Frühphasen-Business-Angel. Gerade im Technolgie- und IT-Bereich tummeln sich viele ehemalige Firmengründer, die erfolgreich ihre Firmen veräußern konnten. Sie haben teilweise vielfache Erfahrungen im Aufbau von Start-ups, verfügen über ein sehr breites Branchen-Netzwerk und sind bereit, diese Erfahrungen weiterzugeben. Voraussetzung ist dabei ein bereits weit entwickeltes Produkt, das schon eine gute Marktakzeptanz bewiesen hat, und ein überzeugendes, dynamisches Gründerteam.

Der institutionelle Business Angel investiert systematisch und gemeinsam mit anderen Business Angels in mehrere Start-ups und kümmert sich um die Weiterentwicklung des gesamten Start-up-Portfolios. Eigentlich bieten sie ähnliche Dienstleistungen an wie die Inkubatoren in der vorherigen Phase. Der entscheidende Unterschied ist, dass sich die institutionellen Business Angels auf einer höheren Ebene befinden: Sie arbeiten im Verbund oder sogar in einer gemeinsamen Beteiligungsgesellschaft, haben ein größeres, wertvolleres Netzwerk, größere Finanzmittel, breitere Gründungs- und Managementerfahrungen. Daraus ergeben sich Synergien, die auch dem einzelnen Start-up nützen können, sei es durch den Austausch von neuen Technologien, durch gemeinsame Marketing- und Vertriebsaktivitäten oder durch gemeinsame Kundenprojekte.

Um ihre Beteiligungen gut betreuen zu können, begrenzen aber auch die institutionellen Business Angels die Anzahl ihrer Beteiligungen und die Branchenauswahl. Synonym zum institutionellen Business Angel spricht man auch von Business-Angel-Syndikaten oder Business-Angel-Fonds, und im Internet-Kontext auch von Super Angels. Beispiele für institutionelle Business Angels sind die Mountain Partners Group und der European Founders Fund der Samwer-Brüder. Dieser hat sich inzwischen zu einem vollwertigen VC entwickelt, der Minderheitsbeteiligungen an ausgewachsenen Internet-Start-ups hält (u. a. Facebook, LinkedIn, BigPoint). Gleichzeitig entwickelt sich die Firma Rocket Internet der Samwer-Brüder von einem reinen Ideen-Inkubator zu einem institutionellen Business Angel mit Beteiligungen an Zalando, eDarling, Groupon CityDeal. Eine ähnliche Mischform aus Institutionellem Business Angel und Ideen-Inkubator ist Team Europe Ventures von Lukasz Gadowski (vgl. Kap. 2.8.5).

2.6.10 Venture Capitalists – für das große Geschäft

Auf der obersten Inkubationsstufe stehen die Venture Capital (VC)-Fonds. In den USA ermöglichten erst die zahlreichen VC-Fonds die sagenhafte Entwicklung des Silicon Valley seit den 60er Jahren. Ins Blickfeld einer breiten Öffentlichkeit gerieten diese Fonds aber erst richtig mit der Finanzierung von Internet-Start-ups. Erfolgreiche VC-Fonds, die in einer frühen Phase die späteren Gewinner des Internet-Booms wie Amazon, Ebay oder Google mitfinanzierten, konnten sich über tausendfache Renditen freuen. Große VC-Fonds wie Kleiner Perkins Caufield & Byers oder Sequoia Capital finanzierten bis heute jeweils Hunderte von jungen Start-ups.

Generell gliedern sich die Venture Capitals in folgende Gruppen: unabhängige VCs, staatliche VCs, VC-Abteilungen von Banken und Corporate VCs. Durch die Bündelung von vielen Einzelinvestoren im Fonds eines VCs sind die potenziell zur Verfügung stehenden Finanzmittel viel höher als bei den Business Angels. Aber genau genommen kann man die VCs nicht mehr als Inkubatoren bezeichnen. In erster Linie sind sie Finanzinvestoren mit guten Branchenkenntnissen, die in einem mehrstufigen, langen Prozess oftmals Millionen Euro in Start-ups investieren, die bereits erfolgreich am Markt positioniert sind.

Anders als bei Business Angels beschränkt sich die Betreuungstätigkeit der VCs auf wenige, aber fortlaufende Treffen, bei denen insbesondere der Zielerreichungsgrad festgelegter Meilensteine geprüft wird. Die größten VCs haben Beteiligungen in vielen Dutzend Firmen und können nur die grobe Entwicklung beobachten und greifen in der Regel nicht direkt in die Unternehmenstätigkeit ein.

Einige VC-Firmen haben sich auf die Start-up- bzw. frühe Expansionsphase spezialisiert. Zu den bekanntesten Frühphasen-Venture-Capitalists in Deutschland zählen Early Bird, Neuhaus Partners und Wellington Partners. Aber auch Ableger von großen Medienhäusern wie z. B. Holtzbrinck Ventures, Burda Digital Ventures oder DuMont Ventures und von Telekomunternehmen wie z. B. T-Venture sowie öffentliche Einrichtungen wie die Kreditanstalt für Wiederaufbau (KfW) oder der High-Tech Gründerfonds versorgen junge Start-ups mit Wagniskapital.

In der New-Economy-Zeit und in der Web 2.0-Phase vor Einsetzen der Wirtschaftskrise war ein schneller Börsengang ein angestrebtes Ziel vieler VCs. Große Internet-Player wie Microsoft, Apple, Google oder Facebook hätten ohne VCs nie ihre jetzige Position erreichen können. Und sie haben ihren VCs das Risiko mit gigantischen Wertsteigerungen zurückgezahlt. In den letzten Jahren sind Börsengänge als Ausstiegsmöglichkeit weitgehend versiegt und die VCs investieren ausgewählter und mit weniger Risiko als früher.

Mit dem Einstieg eines VCs kann das große Geschäft beginnen – aber Vorsicht für die Gründer ist geboten bei knallharten Verhandlungen zum Beteiligungsvertrag mit deftigen Einbußen bei verfehlten Zielen oder mit Forderungen zu letzten Änderungen beim eigentlich nur noch formalen Unterschriftstermin. Die Gewinnung eines VCs, die dafür erforderliche Due Diligence und die anschließenden Vertragsverhandlungen können ein Gründerteam über mehrere Monate lähmen und vom operativen Geschäft abhalten.

2.7 Wechselhafte Entwicklung der Inkubatoren im neuen Jahrtausend

2.7.1 New-Economy-Boom als Nährboden neuer Inkubatoren

Der Durchbruch des Internets zu einem Massenmedium und der damit verbundene New-Economy-Boom führten zu einer regelrechten Gründungswelle und auch zu einer weiten Verbreitung von Inkubatoren. Es entstand ein spezieller neuer Typ von New-Economy-Inkubatoren.

Dabei war die New-Economy-Boomphase nicht ein einmaliges Ereignis, sondern reiht sich ein in ähnliche Technologie-inspirierte Boomphasen, wenn es zu Umwälzungen in vielen Wirtschafts- und Gesellschaftsbereichen kommt. Auch bei der Einführung der Eisenbahn und des Autos und bei der Einleitung des Elektronikzeitalters gab es regelrechte Boomphasen mit Tausenden Neugründungen rund um die neue Technologie, die nach einigen Jahren in einer schmerzhaften Konsolidierungsphase endeten.

Als Startpunkt der New-Economy-Euphorie kann der Börsengang der Browserfirma Netscape 1995 gesehen werden, als sich am ersten Börsentag der Börsenwert fast verdreifachte und den Weg freimachte für Hunderte Start-ups, die bereits nach kurzer Zeit den Weg an die Börse suchten. Kleine Start-ups mit minimalen Umsätzen und keinerlei Aussichten auf Gewinne waren über Nacht irrsinnige Milliarden US-Dollar wert. Alles, was nur im entfernten nach Internet klang, hatte keine Probleme, Finanzgeber zu finden.

Die New-Economy-Evangelisten propagierten eine völlige Umwälzung der Wirtschaft, eine neue Phase, in der die alten Gesetze der Ökonomie z. B. zur Marktdiffusion neuer Produkte und zum Liquiditätsmanagement von Unternehmen nicht mehr Bestand haben würden. Die Industrielle Massenfertigung sollte der alten Wirtschaftsweise angehören, abgelöst durch die Informationswirtschaft, in der digitale Prozesse die Hauptrolle spielen. In der Tendenz war die Analyse richtig, doch bereits schnell merkten die überwiegend jungen Gründer, dass trotz aller Euphorie alte Regeln von Profitabilität und Finanzplanung durchaus ihren Sinn haben: Ohne Gewinne ist keine Firma langfristig tragbar.

Letztlich wurde die New Economy aus einer Kombination von einer riesigen Spekulationsblase, einer Marktüberzeugung, dass die Firmen doch später Gewinne erzielen könnten, und einer breiten Verfügbarkeit von Venture Capital angefeuert. Bis zu dem Zeitpunkt, als das ganze System implodierte.

Im März 2000 war der Höhepunkt erreicht und aus den gefeierten Dot-Coms wurden Dot-Bombs: In einem halben Jahr sank die Kapitalisierung von 280 börsennotierten Internet-Werten um sagenhafte 1,7 Billionen US-Dollar [2.16]. Von 2000-2002 sanken die Unternehmensbewertungen an den Aktienmärkten um ingesamt ca. fünf Billionen US-Dollar [2.17]. Die wahren Gewinner der New Economy waren die Gründer und Seed-Investoren, die in der frühen Phase an die Börse gingen und rechtzeitig vor dem Crash ausstiegen und Kasse machten.

Der Crash sorgte letztlich dafür, dass eine reinigende Konsolidierung der Internet-Branche einsetzte und sich wieder eine auf ökonomischen Prinzipien basierende Wirtschaftsweise durchsetzte. Die überwiegend jungen Gründer hatten viele und gute Ideen, aber meistens keine Management-Erfahrungen und vernachlässigten unter dem Einfluss der Spekulationsblase der Anleger die Instrumente der klassischen Unternehmensführung, insbesondere die Finanzplanung. Während der Boomphase, in der das Geld locker saß, waren diese Fähigkeiten nicht so wichtig. Doch als der Wind sich drehte, wurde die Management-Unerfahrenheit vieler Gründer schnell offenbar.

2.7.2 Ein neues Inkubator-Modell - und was vom Hype übrig blieb

Die Spekulationsblase und die um sich greifende Gründerwelle führten adäquat auch zu einer Boomphase im Inkubatorenbereich. Hunderte Firmen entstanden, die einzelnen Start-ups Hilfen aller Art anboten. Mit der steigenden Euphorie Ende der 90er Jahre und dem frei verfügbaren Wagniskapital entwickelte sich auch eine speziellere Form eines vernetzten New-Economy-Inkubators. In der Regel waren diese auf Firmen mit neuen IT-basierten Geschäftsmodellen fokussiert, die sie mit Seed Capital unterstützten. Wie auch für klassische VCs war für Inkubatoren das übergeordnete Ziel, ein Start-up schnell an die Börse zu bringen.

In der „Harvard Business Review" wurde das Modell eines New-Economy-Inkubators näher beleuchtet. Hauptmerkmal ist die Fähigkeit, die verschiedenen betreuten Start-ups so miteinander zu vernetzen, dass daraus handfeste Synergieeffekte im Technologie- und Marketingbereich sowie Partnerschaften erwachsen, ähnlich wie heute von institutionellen Business Angels gefördert. Damit sollten für die Start-ups strategische und operative Vorteile geschaffen werden, um sich an die Spitze der Konkurrenz zu setzen. Die vernetzten New-Economy-Inkubatoren würden die Vorteile von zwei Welten vereinen: die Größe und Bandbreite von etablierten großen Firmen mit dem unternehmerischen Geist von kleinen Firmen. Vernetzte Inkubatoren für die neue, vernetzte New Economy.

Soweit die Theorie. Die Praxis sah anders aus. Wie in einem Pyramidensystem mussten Inkubatoren ihre Start-ups schnell genug an der Börse unterbringen, um die hohen Finanzierungskosten wieder einzubringen. Als die New Economy zusammenbrach, riss es auch die Inkubatoren mit sich. Doch es lag nicht nur am Crash.

Die Probleme waren auch hausgemacht. Viele kleinere New-Economy-Inkubatoren hatten selber wenig Managementerfahrungen und hätten selbst eine Art von Business-Inkubation-Unterstützung gebrauchen können. Dafür mangelte es ihnen nicht an Selbstbewusstsein. Doch ein weites Netzwerk zu Investoren reichte in der Regel nicht, denn das geplante Pyramidensystem erwies sich schnell als sehr kurzlebig.

Die führenden New-Economy-Inkubatoren wie CMGI, Internet Capital Group, Divine InterVentures oder Idealab investierten Milliarden US-Dollar in Internet-Start-ups mit irrwitzigen Geschäftsplänen, lauter vermeintliche zukünftige Weltmarktführer. Oft mit unfertigen Produkten, ohne Aussichten auf Profite.

So propagierte der Inkubator Idealab Anfang 1999 das Konzept „FreePC". Es sollten kostenlose Computer verteilt werden, wenn die Konsumente einwilligten, dass ihre Surfgewohnheiten aufgezeichnet und analysiert werden dürfen. Damit hatte die Firma großen Erfolg: Über eine Million Personen meldeten sich für den Service an. Das Problem war, dass die Firma nur 10.000 Computer vorrätig hatte [2.18]. Letztlich war es ein Segen für die Firma, dass sie nicht mehr Computer zu verteilen hatte, denn abenteuerlich war auch das Geschäftsmodell, bei dem die Firma umso mehr Geld verlor, je mehr Computer sie verteilte. Die Kalkulation basierte auf der Annahme, dass Werbekunden drei Jahre lang täglich einen US-Dollar pro FreePC-Nutzer zahlen, um an die Daten zu kommen. Doch bereits nach neun Monaten war Schluss. Die Kosten für den Kauf eines PC waren für die Firma zu hoch und es gab nur wenige Werbekunden. Die Idee der werblichen Nutzung der Surfgewohnheiten hatte durchaus ein großes Potenzial, wie wenig später Google eindrucksvoll zeigen sollte. Nicht die Idee, sondern die Umsetzung war das Problem für FreePC.

Der FreePC-Service war nur ein Start-up aus dem Portfolio von Idealab mit dem charismatischen Selbstvermarkter Bill Gross an der Spitze. Idealab umfasste zu Spitzenzeiten über 50 Internetfirmen („Dot-Coms") [2.19]. Seine Strategie war einfach: Er wollte die Start-ups vernetzen und schuf einen gemeinsamen Wissens-Pool. Dann förderte er nach dem immer gleichen Schema Websites, die verschiedene Nischen abdeckten. Sein größter Erfolg war der Paid-Search-Pionier GoTo.com (Overture), der 2003 für 1,6 Milliarden US-Dollar an Yahoo verkauft wurde [2.20]. Der Großteil seiner Firmen brach im großen Crash zusammen. Idealab selbst überlebte als Inkubator und ist heute weiterhin führend im Bereich Internet, neue Technologien und Solar tätig. Aber auch Bill Gross hat seine Lehren gezogen: In seinem Portfolio befinden sich viel weniger Start-ups, die langsamer entwickelt und seriöser finanziert werden. Auch der Finanzierungshorizont von mindestens zwei Jahren ist länger als in der New-Economy-Zeit.

Ein anderer prominenter New-Economy-Inkubator, Divine InterVentures, ging einen Schritt weiter als Idealab. Der Vernetzungsgedanke wurde zusätzlich dadurch verstärkt, dass viele der geförderten Start-ups räumlich am eigenen Standort angesiedelt wurden, um eine gemeinsame Infrastruktur nutzen zu können. Nach dem Crash konnte sich Divine noch einige Zeit halten, bis 2003 die Reste bei einer Konkursversteigerung unter den Hammer kamen [2.21]. Nicht zum Nachteil des Divine-Gründers Andrew Filipowski, der zuvor genügend Geld mit schnellen Börsengängen verdiente hatte und sich einige der Divine-Firmen bei der Auktion billig sichern konnte. Dies bildete die Grundlage für seinen neuen Inkubator SilkRoad Technologies. Aber auch dieser Inkubator war nicht erfolgreicher, heute firmiert die Firma als Anbieter von IT-Lösungen für das Management von Bewerbern in großen Konzernen.

In Deutschland verlief die New-Economy-Phase stets mit einiger zeitlicher Verzögerung zu den USA. Auch die New-Economy-Inkubatoren kamen erst spät in Fahrt. Zu den bekanntesten Inkubatoren zählten Firmen wie Econa, Webmedia, Upside Ventures oder Venturepark. Der groß angekündigte Inkubator Venturepark sollte einer der großen Player der New Economy in Europa werden. Unter Führung der Internet-Agentur Pixelpark brachten Investoren wie GoldmanSachs oder Daimler insgesamt 34 Millionen Euro auf, um Start-ups zu fördern. Nur das Timing war etwas unglücklich gewählt. Beim Start im August 2000 befand sich die New Economy schon längst im Abwärtssog. Bereits im Juni 2001 wurde der Inkubator wieder aufgelöst und die Investoren mussten 40 Prozent abschreiben [2.22].

Eine ähnliche Popularität mit gleichem Schicksal hatte die iWorldGroup von Andreas Gerdes, der zuvor mit René Obermann das Handelsunternehmen ABC Rufsysteme (später in ABC Telekom umbenannt und von Hutchison Telecom aufgekauft) mit Sitz in Münster aufgebaut hatte. Die iWorldGroup wurde im Januar 2000 mit Sitz in Malta und Horstmar gegründet und war als Inkubator für Mobile-Commerce-Geschäftsideen konzipiert. Die erste Finanzierungsrunde brachte der iWorldGroup rund 37 Millionen US-Dollar Liquidität von Investoren wie der Deutschen Bank, der Bank of America oder Hikari Tsushin, die dadurch zwölf Prozent der Firmenanteile erwarben – keine kleine Unternehmensbewertung für ein Bündel von Ideen, die zu diesem Zeitpunkt lediglich auf Papier bestanden [2.23]. Neben dem Platzen der New-Economy-Blase hatte iWorld auch das falsche Timing für seine Geschäftsideen erwischt: Mobiles Internet wurde erst in 2008 mit dem iPhone zu einem echten Massenmarkt.

Nur der Berliner Inkubator Econa zählt zu den wenigen überlebenden Firmen der New-Economy-Zeit, jedoch mit einem veränderten Fokus: Econa wandelte sich vom Inkubator zu einer Venture-Capital-Firma.

Die Beispiele zeigen deutlich, dass das Konzept der New-Economy-Inkubatoren in der Praxis wenig ausgereift und ebenso riskant wie das Start-up-Geschäft selbst war. Die Euphorie in Bezug auf Internet-Inkubatoren schlug in eine regelrechte Ablehnung um, obwohl das Konzept an sich nach wie vor seine Berechtigung hatte. Für Start-ups bedeutet dies: Das Unterstützungsangebot eines eigenständigen Inkubators muss genauso geprüft werden, wie umgekehrt der Inkubator das Start-up bezüglich einer Förderung prüft.

2.8 Die Web 2.0-Ära

2.8.1 Neue Gründerwelle

Im Jahr 2001 war die New-Economy-Euphorie vollends verflogen. Zwar kristallisierten sich einige große Internet-Unternehmen wie Amazon und Ebay mit tragfähigen Konzepten heraus, die tatsächlich ganze Branchen revolutionierten. Doch Kleinanleger flüchteten in Scharen aus dem Aktienmarkt und nur wenige Investoren wollten noch in neue Internet-Start-ups investieren.

Es dauerte nicht lange, bis wieder eine neue Gründerwelle einsetzte. Startpunkt war 2004 der erfolgreiche Börsengang der Suchmaschine Google, die in den folgenden Jahren in schneller Folge immer neue, innovative Dienste auf den Markt warf, oft durch Aufkäufe von Start-ups. Google sorgte für den erneuten Zulauf von Geldern in die Internet-Branche [2.24].

Die eigentliche Gründungswelle kam dann ins Rollen. Das neue Zauberwort hieß Web 2.0. Dies sollte nichts weniger bedeuten als eine Neuerfindung des Internets. Diesmal ging es nicht nur um den Aufbau der Infrastruktur, den Aufbau von Shops oder die Verlagerung von Geschäften ins Internet. Technische Fortschritte und neue Tools ermöglichten nun auch einzelnen Personen ohne viel technisches Wissen oder Anwendungserfahrung, mit wenig Kapital und Kosten Dienstleistungen im Internet anzubieten. Die verteilte und gemeinsame Nutzung von Inhalten und technischen Diensten erlaubt eine bisher nicht für möglich gehaltene Zusammenarbeit verschiedenster Menschen über Grenzen hinweg. Das Internet entwickelt sich immer weiter zu einer zentralen Plattform in allen möglichen Wirtschafts- und Gesellschaftsbereichen, mit dem Web 2.0 kamen die Elemente Vernetzung unterschiedlicher Plattformen und Dienste, Einbeziehung von Kunden in den Produktions- und Marketingprozess von Unternehmen sowie die Bildung von Online-Communities hinzu.

Es war auch nie einfacher, Firmen zu gründen. Ein Laptop, eine Internetverbindung und eine gute Idee, mehr ist nicht nötig, um sein Lieblingsprojekt zu verwirklichen. Mit inzwischen kostengünstiger Internettechnik, Google-Marketing und spezialisierten Logistikdienstleistern konnte jeder seinen Unternehmensauftritt und Shop im Internet realisieren. Die ausreichende Penetration von PCs und Breitbandanschlüssen in den Haushalten machte einen Massenmarkt mit nur einem Knopfdruck erreichbar. Soweit die Theorie, denn dann ist doch ein größeres Budget erforderlich, um mit Marketing und PR die potenziellen Kunden auch anzusprechen und um die erste Version des Angebots kontinuierlich an die Kundenwünsche anzupassen.

Mit einer zeitlichen Verzögerung schwappte die Gründerwelle auch nach Deutschland und es entwickelte sich ab 2005 auch hier erneut eine lebhafte Start-up-Szene. Befeuert wurde die neue Euphorie Ende 2006 durch den Börsengang der Business-Netzwerkes OpenBC (später Xing) und im Jahr 2007 durch eine rege Übernahmewelle: Im Januar 2007 kaufte die Verlagsgruppe Holtzbrinck das soziale Netzwerk StudiVZ für ca. 85 Millionen Euro; die Deutsche Telekom übernahm die Mehrheit an Immobilienscout24; ProSieben erwarb myVideo.de, das soziale Netzwerk lokalisten.de und die Preisvergleichsseite billiger.de; Gruner+Jahr kaufte chefkoch.de [2.25].

2.8.2 Copycats - Wettrennen um die Übernahme durch US-Unternehmen

Eine Besonderheit bei den verschiedenen Erfolgen von deutschen Start-ups verdient eine nähere Betrachtung: In der überwiegenden Anzahl handelt es sich bei den großen deutschen Start-ups um Firmen, die ein US-amerikanisches Geschäftsmodell kopiert haben, sogenannte Copycats oder Klone. Oftmals wurde nicht nur das Konzept kopiert. Viele Portale gleichen sich auch im Webseitenaufbau und in der Gestaltung bis hin zum Logo.

Kaum hat sich ein Dienst in den USA als vielversprechend erwiesen, erscheinen in Deutschland unzählige Nachahmer und versuchen, das Modell in Deutschland erfolgreich zu etablieren. Die meisten von ihnen stellen bereits nach kurzer Zeit ihren Dienst wieder ein, nur wenige werden von der Konkurrenz aufgekauft. Meistens bleiben nach einer Konsolidierung nur ein bis zwei Plattformen übrig, die dann mit einem tragfähigen Konzept arbeiten.

Solch eine Nachahmerstrategie hat durchaus ihre Reize: Potenzielle Finanziers geben leichter Geld für ein Start-up, wenn sich das Geschäftsmodell bereits bewährt hat und sich das Risiko durch die Erfahrungen des Pioniers minimieren lässt. Und dann lockt der Verkauf an ein US-Unternehmen, dessen Expansion nach Deutschland und Europa vorgezeichnet ist.

Ein herausragendes Beispiel für diese Copycat-Kultur ist das Portal „StudiVZ", das als 1:1-Kopie des sozialen Netzwerks „Facebook" in Deutschland startete. Mit viel Personal und Kapital wurde in kurzer Zeit ein erfolgreiches Portal aus dem Boden gestampft. Das US-Unternehmen Facebook beschuldigte StudiVz vor deutschen Gerichten, seinen Quellcode illegal nachgebaut und die ganze Seite kopiert zu haben. Erst 2009 folgte die Entscheidung des Kölner Landgerichtes: StudiVz hätte zwar kopiert, da aber Facebook zum Zeitpunkt der StudiVZ-Gründung in Deutschland noch kaum bekannt gewesen sei, läge keine „Herkunftstäuschung" vor [2.26]. Sprich: Kopieren ist erlaubt, wenn der Dienst noch nicht selbst in Deutschland aktiv ist und die Aufbauleistung und Bekanntmachung des entsprechenden Konzeptes in Deutschland beim Nachahmer liegen. Die Chance, das Deutschlandgeschäft von StudiVZ an Facebook zu verkaufen, hat dann aber der Holtzbrinck-Verlag, der seinerseits StudiVZ von den Gründern gekauft hatte, verpasst.

Auch die Samwer-Brüder, die wohl bekanntesten Unternehmer der deutschen Internet-Szene, sind ein gutes Beispiel für innovative Imitatoren. Sie sind nicht die großen Ideengeber oder Innovatoren. Ihre Stärken liegen in der schnellen und professionellen Umsetzung bewährter Konzepte. Nicht die Idee zählt, sondern die gute Umsetzung. Die eigentliche Leistung besteht darin, die US-Konzepte an die unterschiedlichen Bedürfnisse der deutschen Nutzer anzupassen. Denn ein US-Modell muss nicht unbedingt auch in Deutschland erfolgreich sein.

Das Erfolgsrezept der Samwers setzt auf eine eingespielte Organisation mit bewährten Technologien, eingespielten Prozessen und einem breiten Netzwerk aus Mitarbeitern, die bei Bedarf nacheinander bei verschiedenen Start-ups eingesetzt werden. Diese Organisation kann dann bei jeder neuen Idee sofort eingesetzt werden, um das Konzept in alle möglichen Nischen zu tragen. Das jüngste Erfolgsbeispiel war 2010 der Verkauf der noch jungen Copycat-Plattform „Citydeal" an das US-Unternehmen „Groupon". Gestartet waren die Samwer-Brüder mit dem deutschen Online-Auktionshaus „Alando", das 1999 von Ebay übernommen wurde [2.27]. Gleiches war für das Online-Schuhgeschäft Zalando geplant, das es dann sogar aus eigener Kraft geschafft hat, europäischer Marktführer zu werden, und jetzt sogar das US-Vorbild Zappos übernehmen könnte.

Copycats sind nicht immer reine Nachahmerprodukte. Das deutsche Businessnetzwerk OpenBC startete anfangs als Nachbau des US-Vorbilds LinkedIn, entwickelte dann aber unter dem Namen Xing das Konzept eigenständig fort, bis LinkedIn später sogar Funktionen wie das Anlegen von Jobangeboten und Unternehmensporträts von Xing kopierte.

2.8.3 Niedrige Einstiegshürden, aber fehlendes Kapital

Für junge Start-ups ist die Anfangsfinanzierung in den letzten Jahren schwieriger geworden, obwohl Gründungen durch das Web 2.0 nie so einfach und so billig zu verwirklichen waren. Kein Vergleich zur New-Economy-Zeit, wo das Geld für Gründungen viel leichter zu finden war.

Ein offensichtlicher Punkt ist sicherlich die schwere Wirtschaftskrise der letzten Jahre, die zu Sparmaßnahmen in allen Wirtschaftsbereichen führte. Besonders schmerzlich war die Situation für Start-ups, die auf werbefinanzierten Konzepten aufbauten. Rapide abnehmende Werbeausgaben der deutschen Wirtschaft trugen nicht dazu bei, eine Anfangsfinanzierung für diese Start-ups zu finden. Ein weiterer Aspekt ist die bereits erwähnte Tatsache, dass ein Marktstart zwar einfach ist, die Markterschließung mit Marketing und PR und kontinuierlichen Produktverbesserungen aber sehr viel mehr Kapital erforderlich macht.

Auch die großen Venture Capitals oder Business Angels, die dazu in der Lage sind und die die Gründungswelle bis 2007 finanziert hatten, mussten nun sparen. Es flossen kaum noch neue Investorengelder in Venture-Capital-Fonds. Die fehlende Perspektive eines schnellen Ausstiegs über einen Börsengang verstärkte diesen Effekt nur noch. In 2010 verbesserte sich diese Situation in Deutschland nur geringfügig – trotz des rasanten Konjunkturaufschwungs (vgl. **Abbildung 2.4**).

Abbildung 2.4: Venture-Capital-Investitionen in Deutschland seit 2008

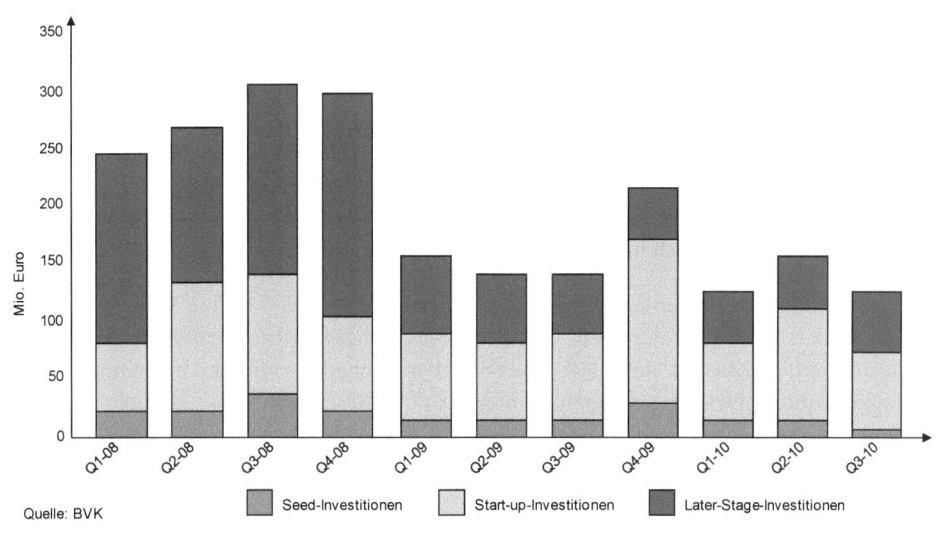

Eine gewisse Robustheit weisen nur die Start-up-Investitionen auf. Die Start-up-Finanzierer scheinen sich zu jeder Zeit, relativ krisenunabhängig, auf die Sicherung des Portfolios zu konzentrieren. Die Start-up-Phase verspricht generell die besten Renditen, denn in der Seed-Phase ist das Risiko und in der Expansions-Phase (in **Abbildung 2.4** Later Stage genannt) ist der Finanzbedarf überproportional groß.

Der Trend ging also hin zu einer Risikominimierung statt aufwändiger Neuentwicklungen oder großer Later-Stage-Finanzierungen. Die sowieso nicht so risikofreudige Finanzierungskultur in Deutschland setzte gerade in dieser Situation noch stärker auf den Copycat-Trend. Sichere, bewährte und potenziell profitable Geschäftsmodelle, die schnell umzusetzen sind und ihre Anfangsphase bereits überstanden haben, waren nun gefragt. Nicht das Gründen stand im Vordergrund der Finanzierer, sondern die Ausweitung bestehender Geschäftsmodelle.

Innovative neue Start-ups stehen vor echten Hürden, ihre Anfangsfinanzierung sicherzustellen. Auch bei geringen Gründungskosten entsteht schnell weiterer Kapitalbedarf für fortlaufende Personalkosten, Marketing und PR sowie fortlaufende Produktverbesserungen. Dafür benötigt ein Start-up die Anfangsfinanzierung. Und genau hier setzen die Seed-Finanzierer an, die nun einen neuen Boom erleben.

2.8.4 Ein neues altes Inkubator-Modell

Nachdem sich die großen Venture Capitalists in der Wirtschaftskrise 2008/2009 aus dem frühen Gründungsbereich weitgehend zurückgezogen hatten, nutzten spezielle Business Angels diese Lücke. Viele von ihnen sind durch frühere Internet-Deals wohlhabend gewordene Unternehmer, die oft mehrere Firmen aufgebaut haben und nun alleine oder im Team mit mehreren Partnern ihre Erfahrungen und Finanzmittel an junge, vielversprechende Firmen weitergeben wollen. Nicht so träge wie viele risikoscheue Venture-Capital-Fonds agieren diese sehr schnell, mit viel Risiko und sind in der Internet-Szene meistens besser vernetzt als die reinen Finanzinvestoren. Damit kommt wieder der reine Inkubator-Typ zum Vorschein, der sich wirklich in den Firmen engagiert und nicht nur Finanzgelder verteilt.

2010 verkündete der amerikanische Venture Capital Verband, dass auch bei VCs ein erneuter starker Anstieg in der Seed- und Early-Stage-Phase zu beobachten ist. Auch große Venture-Capital-Geber in den USA investieren nun wieder verstärkt in neue Start-ups: Sequoia Capital investierte im ersten Halbjahr 2010 in 33 neue Beteiligungen, darunter viele im Seed-Bereich. Kleiner Perkins Caufield & Byers investierte in 54 Start-ups und First Round Capital half 33 Firmen in der Seed-Phase. In Europa ist dieser positive Trend erst wieder seit dem 4. Quartal 2010 zu spüren [2.28]. Der Treiber für Investitionen im Seed-Bereich sind die Business Angels und neue Formen der Seed-Finanzierung.

2.8.5 Neue Akteure im Seed-Bereich

Eine neue Form der Seed-Finanzierung ist mit dem sogenannten „Super Angel" entstanden, angesiedelt zwischen Business Angel und Venture Capitalist. Der Super Angel agiert wie ein Business Angel auch als Mentor für Start-ups und legt den Fokus auf die Seed- und Start-up-Phase, überwiegend im Internetbereich. Der Super Angel investiert aber nicht nur eigene Mittel, sondern legt zusätzlich einen Fonds auf, um Zugang zu größeren Investitionsvolumina zu erhalten. Er versteht sich dabei als Fonds von Unternehmern für Unternehmer.

In den USA sind in den letzten Jahren Dutzende solcher Seed-Finanzierer entstanden, die sich explizit auf die Frühfinanzierung spezialisiert haben. Die größten Super Angel-Fonds sind jedoch in Europa entstanden: In Frankreich haben sich führende Internet-Unternehmer in wenigen großen Fonds wie Kima Ventures, Jaina Capital (100 Millionen Euro) oder ISAI vernetzt. In Großbritannien haben die Skype-Gründer einen 165 Millionen US-Dollar schweren Atomico-Fonds aufgelegt.

In Deutschland stehen Firmen wie Rocket Internet oder Team Europe Ventures im Vordergrund. Rocket Internet ist der Seed-Investor der Samwer-Brüder, die parallel für Minderheitsbeteiligungen an ausgewachsenen Internet-Start-ups den European Founders Fund betreiben (Beteiligungen an Facebook, LinkedIn, Bigpoint u. a.). Bei Rocket Internet steht der schnelle Aufbau von Copycats im Fokus. Hinter Team Europe Ventures stehen Lukasz Gadowski und Kolja Hebenstreit, die ihre Erfahrungen aus dem Aufbau von erfolgreichen Firmen wie Spreadshirt oder StudiVZ gewinnbringend an Start-ups weitergeben.

Tabelle 2.1: Internet-Inkubatoren: Super Angels

Rocket Internet www.rocket-internet.de	Super Angel und Ideen-Inkubator (siehe **Tabelle 2.2**) der Samwer-Brüder (Gründer von Alando, Jamba) – Fokus: Copycats im Internetbereich, transaktionsgetriebene Start-ups. – Mitarbeiter werden teilweise nacheinander bei mehreren Start-ups eingesetzt; Rückgriff auf ein großes, erfahrenes Start-up-Netzwerk; Hilfe bei Unternehmensaufbau, Online-Marketing- oder IT-Strukturen. – Portfoliounternehmen: Groupon CityDeal, eDarling, Zalando. – Management: Florian Heinemann (Gründer von JustBooks/AbeBooks), Uwe Horstmann, Arnt Jeschke
Team Europe Ventures www.teameurope.net	Super Angel und Ideen-Inkubator (siehe **Tabelle 2.2**) – Fokus: Beteiligung bei Neugründung von Internet-Start-ups. – Finanzen: 40 kleine bis mittlere Co-Investments. – Portfoliounternehmen: StudiVZ, MyMüsli, Brands4Friends, Käuferportal. – Management: Lukasz Gadowski (Gründer von Spreadshirt), Kolja Hebenstreit u. a.
German Seed Fund www.germanseedfund.com	Start-up-Aggregator – Fokus: Scouting von Ideen, Teams und Unternehmen (Veranstaltung von Seedlounges); Seed-Phase: Bündelung des Kapitalbedarfs von vielen kleineren, einzelnen Start-ups in einem Seed Capital Fonds. – Finanzierung: In der Seed- und Early-Stage-Phase für die ersten sechs bis zwölf Monate zwischen 100.000 und 300.000 Euro. – Angestrebtes Volumen des Fonds: 50 Millionen Euro.
Ausländische Super Angels	500 Start-ups (USA) 30 Millionen US-Dollar Fonds. http://500Start-ups.com Felicis Ventures (USA) 40 Millionen US-Dollar Fonds. http://www.felicisvc.com

Floodgate (USA)
70 Millionen US-Dollar Fonds.
http://www.floodgate.com

Founder Collective (USA)
40 Millionen US-Dollar Fonds.
http://foundercollective.com

IA Ventures (USA)
25 Millionen US-Dollar Fonds.
http://www.iaventurepartners.com

Lowercase Capital (USA)
28 Millionen US-Dollar Fonds.
http://lowercasellc.com

SV Angel (USA)
20 Millionen US-Dollar Fonds.
http://svangel.com

Isai (F)
35 Millionen Euro Fonds.
http://www.isai.fr

Jaina Capital (F)
100 Millionen Euro Fonds.
http://www.jaina.fr

Kima Ventures (F)
K. A.
http://www.kimaventures.com

Atomico (UK)
165 Millionen US-Dollar Fonds.
http://www.atomico.com

Profounder`s Capital (UK)
20 Millionen Pfund Fonds.
http://www.profounderscapital.com

The Accelerator Group (UK)
K. A.
http://www.acceleration-group.com

Eine andere neue Form der (Pre-)Seed-Finanzierung sind Start-up Challenges (Wettbewerbe), bei denen junge Firmen ihre Ideen mit detaillierten Geschäftsplänen vorstellen können.

Am bekanntesten sind Firmen wie Y-Combinator, die Start-ups durch solche Challenges inkubieren. Y-Combinator entstand 2005 eher zufällig: Der erfolgreiche Programmierer Paul Graham hatte das Start-up Viacom aufgebaut und für 50 Millionen US-Dollar an Yahoo verkauft. Sein Viacom-Partner Robert Morris nahm eine Professur am renommierten MIT an und gemeinsam schrieben sie einen kleinen Ideen- und Businessplan-Wettbewerb am MIT aus, als Semesterferienalternative zu Praktika in Unternehmen. 5.000 US-Dollar wurden als Preisgeld ausgelobt, inklusive Betreuung durch die Partner.

Graham und Morris waren erstaunt über den Zulauf und die Qualität der 400 eingereichten Businesspläne. Acht Start-ups gingen aus diesem ersten Wettbewerb hervor, darunter einige sehr erfolgreiche wie Loopt, ein GPS-basierter Social Mapping Service mit über vier Millionen Nutzern, oder Reddit, eine nutzerbasierte Nachrichtenseite, die bereits 2006 an den amerikanischen Conde Nast-Verlag verkauft wurde. Nach diesen ersten Erfolgen wurde der Start-up-Wettbewerb in der Firma Y-Combinator institutionalisiert [2.29].

Kleine Teams mit bis zu vier Personen werden mit maximal 25.000 US-Dollar während eines Zeitraums von drei Monaten unterstützt. Während dieser Zeit muss sich das Start-up an dem Y-Combinator-Standort ansiedeln, um dort im Austausch mit anderen Start-ups und dem Y-Combinator-Team das Start-up zur Reife zu führen. Als Gegenleistung erhält Y-Combinator einen Anteil von bis zu zehn Prozent an dem jeweiligen Start-up. Damit findet das New-Economy-Inkubator-Modell seine Renaissance, nur mit einem kurzfristigeren Fokus und besser umgesetzt.

Das Y-Combinator-Modell hat in den letzten Jahren zahlreiche Nachahmer auf der ganzen Welt gefunden. Dabei variieren die Anteile, die der jeweilige Inkubator als Gegenleistung verlangt. Der Inkubator TechStars wählt z. B. jedes Jahr einige förderungswürdige Start-ups aus, die dann den ganzen Sommer über zusammen am Standort Boulder/Colorado betreut werden. Nach Ende der Mentorenphase werden Investoren eingeladen und die Start-ups bewerben sich („pitchen") um eine mögliche Anschlussfinanzierung.

Beim Inkubator Seedcamp können sich Start-ups regelmäßig in ganz Europa stattfindenden „Seedcamp Weeks" vorstellen und für eine nachfolgende Betreuung und Finanzierung durch Seedcamp qualifizieren (vgl. **Abbildung 2.5**).

Nicht nur Inkubatoren bieten solche Challenges an. Auch Universitäten oder halbstaatliche Institutionen veranstalten allgemeine Start-up-Challenges, um potenzialreiche Businesspläne auszuzeichnen und die Gründerkultur zu fördern. Die ausgelobten Preisgelder erreichen sechsstellige Beträge. Wer in einer oft nur wenigen Minuten dauernden Präsentation („Elevator Pitch") Investoren überzeugen kann, dem öffnen sich die Türen für die Weiterentwicklung seines Start-ups.

Berühmt ist die jährlich Venture Labs Investment Competition, bei der sich vierzig Teams um die Gunst der Investoren bewerben. Studenten der weltweit wichtigsten Business Schools entwickeln jährlich im Wettbewerb Geschäftspläne, die vor einem breiten Panel von Investoren präsentiert werden. Das Siegerteam erhält das Gründungskapital, um direkt von der Uni aus ein Unternehmen gründen zu können [2.30].

Abbildung 2.5: Regelmäßige „Seedcamp Weeks" für Start-ups
(Quelle: http://seedcamp.com)

Das Massachusetts Institute of Technology (MIT) veranstaltet regelmäßige Contests, bekannt als „MIT100K", bei denen Start-ups 100.000 US-Dollar Startgeld gewinnen können. Einzige Bedingung: Die Gründer müssen die Investoren in nur 60 Sekunden überzeugen können. Im Businessplan-Wettbewerb werden vielversprechende Bewerber ausgewählt, die mit Hilfe von Mentoren des MIT einen echten Geschäftsplan ausarbeiten. Aber nur ein Start-up kann 100.000 US-Dollar Startgeld gewinnen [2.31].

Die amerikanische Ewing Marion Kauffman Foundation bietet mit istart eine Hosting- und Managing-Plattform für webbasierte Start-up-Wettbewerbe an. istart soll dabei auch als Informationszentrum rund um Geschäftspläne und Start-ups dienen. Alle Geschäftspläne, die für die verschiedenen Wettbewerbe eingereicht wurden, werden auf der Plattform veröffentlicht und anderen Gründern als mögliches Vorbild präsentiert (vgl. **Abbildung 2.6**).

Abbildung 2.6: istart-Portal für Start-up-Wettbewerbe (Quelle: http://istart.org)

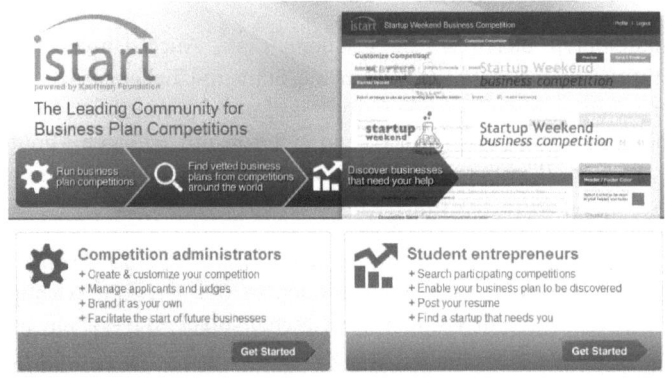

Doch es muss nicht immer die Universität sein. Der durch Paypal und Facebook sehr wohlhabend gewordene Internet-Unternehmer Peter Thiel hat eine ungewöhnliche Vorstellung von Innovationsförderung. Der für seine ultra-liberalen, staatsfeindlichen Ansichten bekannte Thiel will bis zu 100.000 US-Dollar an zwanzig junge Innovatoren vergeben, damit sie ihre Projekte verwirklichen können. Einzige Voraussetzung: Sie müssen jünger als 20 Jahre sein und ihr Studium abbrechen, denn nach Thiels Vorstellungen müssen Ideen sofort umgesetzt werden. Durch zu viel akademischen Stoff würden sie nur von der Praxis abgelenkt. Thiel selbst hätte sich für sein Programm nicht bewerben können, denn er schloss mit Erfolg die Stanford Law School ab [2.32].

Eine andere Form sind die unternehmensnahen Wettbewerbe, speziell im Internet- und Telekommunikationsbereich. Vodafone, O2 oder Amazon, sie alle veranstalten regelmäßig Wettbewerbe, um Innovationen im Unternehmensumfeld zu fördern.

Facebook startete sogar ein eigenes Mentorenprogramm am Firmensitz, um die Entwicklung von Facebook-nahen Applikationen zu fördern. Mittlerweile hat sich das Ecosystem um Facebook anscheinend weit genug entwickelt, denn das Seed-Programm hat Facebook wieder eingestellt. Stattdessen geht Facebook neue Wege und hat auch bereits einen neuen Partner gefunden: Y-Combinator.

In Deutschland wurden in den letzten Jahren ebenfalls sehr interessante Projekte gestartet, die ihren Fokus auf die allererste Inkubationsphase legen, die Phase der Ideenkonzeption, Teamformierung und Prototypenentwicklung. Spezielle Ideen-Inkubatoren erleben seit 2008 eine Renaissance getragen durch die andauernde Web 2.0-Welle und die neue Börseneuphorie rund um Facebook seit 2010. Seitdem sind ein Dutzend neue Internet-Inkubatoren entstanden (vgl. **Abbildung 2.7**).

Abbildung 2.7: Neue Internet-Inkubatoren in Deutschland (Quelle: www.gruenderszene.de)

Neben der Entwicklung und Vermarktung neuer Internet-Geschäftskonzepte durch Rocket Internet und Team Europe Ventures ist der Gründer des börsennotierten Business-

Netzwerkes Xing, Lars Hinrichs, einer der Vorreiter für Ideen-Inkubatoren. Mit seinem neuen Inkubator HackFwd will er keine Copycats aufbauen, sondern Programmierern und Entwicklern die Möglichkeit geben, eigene Projekte zu verwirklichen. Anders als bei Firmen wie Y-Combinator oder TechStars sind die Teams nicht am Standort angesiedelt. Vierteljährliche Netzwerk-Treffen sollen aber die Zusammenarbeit der Teams fördern. Der Gründer erhält eine Finanzierung über ein Jahr, im Gegenzug erhält HackFwd einen Anteil von 27 Prozent an dem Start-up. Der Inkubator Hanse Ventures will Ideen zusammen mit gründungswilligen Talenten umsetzen und dann in Start-ups verwirklichen. Auch Personen, die gründen wollen, ohne bereits eine gute Idee zu haben, sind willkommen [2.33, 2.34].

Es geht aber auch ganz einfach: Mark Cuban ist einer der Gewinner der New Economy, der 1999 vor dem großen Crash seine Firma Broadcast.com für 5,9 Milliarden US-Dollar an Yahoo verkaufen konnte [2.35]. Seitdem investierte er in diverse Start-ups, konnte aber keinen wirklich großen Coup mehr landen. Im September 2010 verkündete er in seinem Blog, dass er Ideen und Projekte im Bereich Social Gaming finanziell unterstützen möchte. Ideengeber und junge Start-ups sollen sich einfach bei ihm melden, ohne bürokratische Hürden, einfach über seinen Blog (vgl. **Abbildung 2.8**).

Abbildung 2.8: Unkonventionelle Einladung für Start-ups und Entwickler
(Quelle: http://blogmaverick.com/2010/09/02/social-gaming-developers-wanted)

Social Gaming Developers Wanted
Sep 2nd 2010 5:29PM

If you develop Social Games I want to talk to you. Im looking to invest in games, developers and projects

Im looking for consumer and corporate applications. I'm not looking for knockoffs of existing games/apps. I'm also looking for physical products that have integrated social gaming components. My preference for all the above is that they run on or integrate deeply with Facebook and/or Itunes 10/Ping and all the devices they support.

You can post them here or email me at blogmaverick@aol.com.

If I like it, I will respond. If I dont, I wont. I wont sign and NDA.

TIA

Tabelle 2.2: Internet-Inkubatoren: Ideen-Inkubatoren

Y-Combinator (USA) http://ycombinator.com	First Mover, Inkubator; Seed Investments für Start-ups, Start 2005 – Fokus: Kleine Teams von zwei bis vier Personen, die eine Idee in ein Produkt umsetzen wollen. – Finanzen: Nur kurzfristiges Seed Capital: 5.000 US-Dollar je Firma und zusätzlich 5.000 US-Dollar je Gründer. Dreimonatige Ansiedlung am Y-Combinator-Standort erforderlich; Y-Combinator erhält dafür einen Anteil von zwei bis zehn Prozent. – Referenzen: u. a. Reddit, Scribd, Weebly; Ziel: 60 geförderte Start-ups bis Ende 2010.
TechStars (USA) http://www.techstars.org	Y-Combinator Copycat, Seed Fund – Fokus: Die geförderten Firmen arbeiten den ganzen Sommer über an einem Standort in Boulder/Colorado. TechStars-Mentoren helfen den Start-ups. Am Ende des Sommers können die Firmen um eine Anschlussfinanzierung vor Investoren pitchen. – Finanzen: Teams von maximal drei Gründern, die jeweils 6.000 US-Dollar Seed Capital erhalten; TechStars erhält dafür einen Anteil von sechs Prozent. – Referenzen: Brightkite, SendGrid.
Seedcamp (UK) http://seedcamp.com	Micro Seed Fund für Investments in Start-ups – Fokus: Identifizierung von Erfolg versprechenden Firmen durch regelmäßig stattfindende „Seedcamp Weeks" in ganz Europa, wo sich Gründer vorstellen können. – Finanzen: Standard-Investment von 30.000 bis 50.000 Euro. Die Start-up-Teams siedeln sich dann für drei Monate am Seedcamp-Standort an.
fb-Fund (USA) http://fbfund.com/	Facebook-Inkubator (Facebook, Founders Fund, Accel Partners) – Fokus: Applikationen und Websites rund um Facebook; Drei Monate dauerndes Mentorenprogramm am Firmensitz von Facebook. – Finanzen: 25.000 bis max. 250.000 US-Dollar. – Im August 2010 wurde die Einstellung angekündigt.

Amazon Web Services (USA) http://aws.amazon.com/ Start-upchallenge	Start-up Challenge – Fokus: Start-ups, die die Cloud-Computing-Plattform von AWS nutzen und aus Nordamerika, Europa oder dem asiatisch-pazifischen Raum kommen. – Finanzen: bis zu 50.000 US-Dollar in bar sowie in Form von AWS-Credits.
Rocket Internet www.rocket-internet.de	Ideen-Inkubator (und Seed-Investor, siehe **Tabelle 2.1**) der Samwer-Brüder (Gründer von Alando, Jamba), Standort Berlin – Fokus: Einfache, transaktionsbasierte Geschäftskonzepte. – Portfoliounternehmen: Panfu, BillPay, LadenZeile, Netzoptiker u. a. – Finanzen: Gründer halten mittelfristig nur Minderheitsanteile, können dafür mit dem erfolgreichsten Inkubator in Deutschland zusammenarbeiten. – Management: Florian Heinemann (Gründer von JustBooks/AbeBooks), Uwe Horstmann, Arnt Jeschke.
Team Europe Ventures www.teameurope.net	Ideen-Inkubator (und Seed-Investor, siehe **Tabelle 2.1**), Standort Berlin – Fokus: Team Europe stellt für neue Geschäftsidee Gründerteams selbst zusammen und unterstützt diese beim Unternehmensaufbau, hilft bei Online-Marketing-Maßnahmen und IT-Strukturen. – Portfoliounternehmen: Mister Spex, SponsorPay, Digitale Seiten, Lieferheld u. a. – Finanzen: Eigengründungen/Lead Investments; Investments im Seed-Bereich von 250.000 bis 500.000 Euro. – Management: Lukasz Gadowski (Gründer von Spreadshirt), Kolja Hebenstreit u. a.
HackFwd (D) http://hackfwd.com	Inkubator mit Finanzierung, Start 2010 in Hamburg – Fokus: Keine Copycats, sondern neue Ideen; – Zielgruppe: Programmierer und Entwickler, denen die Möglichkeit gegeben werden soll, ihre eigenen Ideen in einem Projekt zu verwirklichen; Vierteljährliche Networking Meetings der Teams.

	– Portfoliounternehmen: DeltaStrike, ReignofSteel, Loved.by, Meettro, Project FS, TheDeadline, Flockofbirds. – Finanzen: Gründer erhält Finanzierung für ein Jahr gegen einen Anteil von 27 Prozent für HackFwd. – Management: Lars Hinrichs (Gründer von Xing), Marco Börries (Gründer von OpenOffice) u. a.
Hanse Ventures (D) www.hanse-ventures.de	Inkubator mit Full-Service-Infrastruktur, Start 2010 in Hamburg – Fokus: Umsetzung von eigenen Ideen zusammen mit gründungswilligen Talenten. – Portfoliounternehmen: Carmio, HochzeitsPlaza, Captain Travel, TopTranslation. – Finanzen: sechs bis acht Internet-Start-ups pro Jahr, Beteiligungsquote 30 bis zu 70 Prozent bei eigenen Gründungen. – Management: Bernd Kundrun (Ex Chmn Gruner+Jahr), Rolf Schmidt-Holtz (CEO Sony Music), Jochen Maaß (artaxo), Sarik Weber (Gründer von Cellity, eh. Vorstand Xing).
Beta-Fabrik www.betafabrik.de	„Lean Start-up Konzept", d. h. schnelles Testen, Anpassen/Verwerfen, Aufbauen, Standort Köln – Fokus: Informationsdienste und Communities. – Portfoliounternehmen: Townster, Updt.me, JobLeads, GreenPocket, FirstCircle. – Finanzen: Förderung im mittleren Bereich. – Management: Michael Schwetje (Gründer von OnVista), Dennis Kämker, Lars-Rüdiger Fink.
FoundersLink www.founderslink.com	Inkubator mit wenigen, selbst gemanagten Start-up-Projekten, Standort Berlin – Fokus: E-Commerce, Advertising, IT. – Portfoliounternehmen: Deal United, RatePay, Aka-Aki. – Management: Oliver Beste (Gründer von MyToys), Fabian Hansmann.
Nabru Ventures www.nabruventures.com	Förderung von Start-ups aus dem Münsterland durch Invest und Sachleistungen, Standort Osnabrück – Fokus: Verlagswesen, Internet-Marketing.

	– Portfoliounternehmen: Tag-Cloud-Generator, Mindwerk, Sumanauten, Pergamon Verlags GmbH. – Finanzen: Förderung im mittleren Bereich, Beteiligungsquote mindestens zehn Prozent. – Management: Michael Urban (Gründer von Buch.de).
Rheingau Ventures www.rheingau-ventures.com	Inkubator, der mit Know-how und Kontakten, insbesondere für größere Finanzierungsrunden hilft, Standort Berlin – Fokus: Geschäftsideen zu aktuellen Trends. – Portfoliounternehmen: Kuponjo, Markencafe, Customer Alliance, Madvertise, MyAppCoach. – Finanzen: Kleinere Invests und Anteile als Provision für Investorenvermittlung. – Management: Philipp Hartmann, Tobias Johann, Kai Hansen (Gründerteam von YourDelivery/Lieferando).
YouIsNow www.youisnow.de	Inkubator von ImmobilienScout 24, Standort Berlin – Fokus: Immobilienwirtschaft, aber auch andere Internet-Themen. – Portfoliounternehmen: Online-Marktplatz für den professionellen Gewerbeimmobilienhandel. – Finanzen: Gründer werden, ähnlich wie bei HackFwd, über ein Jahr lang durch die Ressourcen der Scout24-Gruppe gefördert, Gesamtpaket entspricht 500.000 Euro für eine Beteiligung von zehn bis 30 Prozent. – Management: Die Leiter IT und Produktmanagement von ImmobilienScout24.
1stMOVER www.1stmover.org	Inkubator mit wenigen, selbst gemanagten Start-up-Projekten, Standort Düsseldorf – Fokus: New Media Services zu Videos, Büchern, Spielen. – Portfoliounternehmen: LikeTV, bookpecker/UnserGeschenkbuch, pinbooks, My-Dynastie. – Finanzen: Seed-Invests bis 100.000 Euro, Anschlussfinanzierungen mit Business Angels und VCs. – Management: Klemens Gaida, Ex-Vodafone Group Head of New Service Development.

3 Business-Inkubation 2.0

> **Kapitelübersicht**
>
> Das strategische Innovationsmanagement unterscheidet Produktinnovationen, Prozessinnovationen und Geschäftsmodellinnovationen sowie verschiedene Phasen der Marktreife, um daraus die richtige Markteintrittsstrategie für ein neues Geschäftskonzept abzuleiten. Dabei geht es um die zentralen Fragen des richtigen Zeitpunkts und der richtigen Rolle beim Markteintritt. Man unterscheidet zwischen First Mover, Early Mover bzw. Smart Follower und Late Mover, wobei deutlich wird, dass langfristige First-Mover-Vorteile in vielen Fällen nicht existieren und die Rolle des Smart Followers zu bevorzugen ist.
>
> Die praktische Durchführung des Inkubationsmanagements von der Ideenfindung bis zu kommerziellen Produkteinführung wird in den letzten Jahrzenten radikal von einer steigenden Marktdynamik, von vernetzten Arbeitswelten und von neuen Kommunikationsformen beeinflusst. Die erforderliche Öffnung des Inkubationsprozesses für die eigenen Mitarbeiter sowie für Kunden, Lieferanten, Partner und Investoren kann mit zahlreichen neuen Internet-Tools in allen Prozessschritten unterstützt werden. Ein zentrales Prinzip ist dabei die Mobilisierung einer großen Anzahl von Mitwirkenden, das sogenannte Crowdsourcing.

3.1 Strategisches Innovationsmanagement für unterschiedliche Innovationsarten

Das professionelle Innovationsmanagement spielt eine entscheidende Rolle für die Umsetzung einer Idee, denn hohe Misserfolgsraten sind die Regel. Es gibt unterschiedlichste Schätzungen über die Erfolgsrate von Innovationen, je nach Definition, Innovationsgraden und Branche. Die meisten liegen im Bereich von fünf bis zehn Prozent für den Erfolg eines neuen Produktes. Bei den vielen einzelnen Erfolgsgeschichten werden oft die unzähligen Ideen und gescheiterten Innovationen vergessen, die nicht zum Ziel führten. Selbst Erfinder wie Edison benötigten Hunderte Versuche, um die erfolgreichste Art der Glühbirnenherstellung zu finden.

Die Art der Innovation hat einen wesentlichen Einfluss auf das Ausmaß des möglichen Erfolgs: Die meisten Innovationen sind nur Verbesserungen von bestehenden Produkten. Die Einstiegshürden sind gering und der Wettbewerb ist stark. Viele Konkurrenten bemühen sich, doch nur wenige können sich durchsetzen. Je innovativer ein Produkt ist, desto geringer die Konkurrenz und höher das Erfolgspotenzial. Doch auch das Risiko steigt, der Kunde könnte das neue Produkt ablehnen. Die Schwierigkeit im Innovationsmanagement besteht darin, den Charakter und das Potenzial einer Innovationsidee zu analysieren (vgl. **Abbildung 3.1**) und daraus eine Strategie für die richtige Art des Markteintritts zu entwickeln.

Abbildung 3.1: Innovationsarten und Beispiele

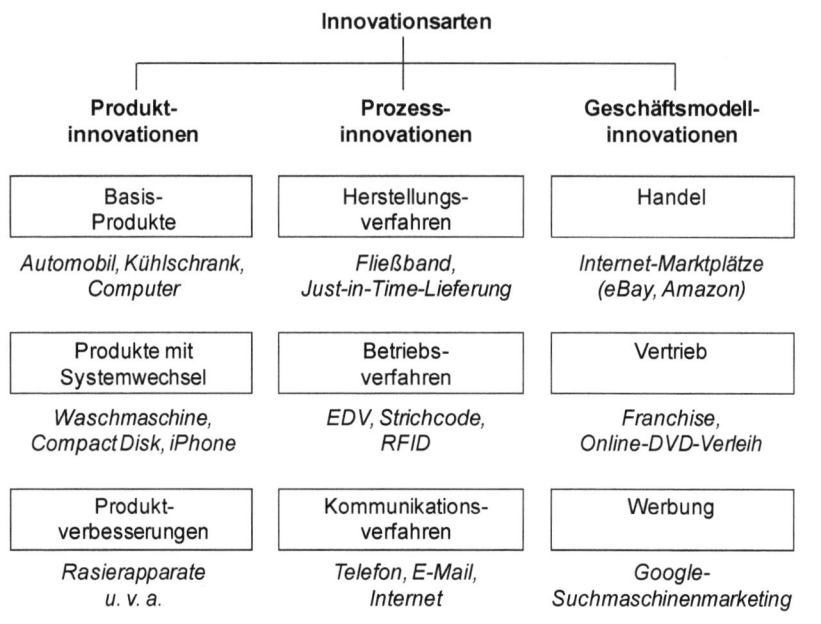

3.1.1 Produktinnovationen – greifbar und manchmal beängstigend

Radikale, umwälzende Innovationen machen nur eine kleinen Teil aller Innovationen aus. Sie können ganz neue Produktkategorien erschaffen, neue Marktsegmente öffnen oder durch neuartige Dienstleistungen ganze Branchen erschüttern. In der Regel ist die Entwicklung von radikalen Innovationen mit hohen Risiken verbunden. Die Entwickler können sich nicht an Vorbildern orientieren, Investoren müssen von der Vision überzeugt werden, neue und oft komplizierte technologische Prozesse erfordern hohe Entwicklungskosten. Oft vergehen viele Jahre von der Konzeptphase bis zur serienreifen Einführung eines wirklich neuen Produktes. In dieser Zeit können sich Trends und Märkte ändern, neue Erfindungen können die eigene Entwicklung wertlos machen. Und das alles vor dem Hintergrund einer ungewissen Akzeptanz beim Publikum. Andererseits winken sehr hohe Profite, die sogenannte Pionierrente, wenn sich radikale Innovationen am Markt durchsetzen, viel höher als bei einfachen Produktverbesserungen.

An der Spitze stehen die sogenannten Basisinnovationen, aus denen vorher nicht vorhandene, ganz neue Basisprodukte hervorgehen. Nicht so sehr einzelne Erfindungen, sondern ein Bündel an verschiedenen radikalen Innovationen, die ein neues Zeitalter einleiten. Die Eisenbahn, das Automobil, die Elektrizität, der Kühlschrank, der Computer. Das sind

Basisinnovationen, die eine neue Ära einleiteten, mit fundamentalen Auswirkungen auf alle Lebensbereiche, früher oft mit großen Ängsten verbunden. So glauben nicht wenige Menschen, dass die Geschwindigkeit der Eisenbahn sie verrückt machen könnte. Basisinnovationen entstanden aus einer Unzahl von Zwischenschritten und werden auch heute noch weiterentwickelt. Viele risikobereite Tüftler und Entwickler waren daran beteiligt, die meisten scheiterten und ihre Ideen setzten sich nicht durch.

Interessant ist, dass das Internet an sich keine Basisinnovation ist, dass aber die Vernetzung von Computern Innovationen bei allen Innovationsarten hervorbrachte (vgl. **Abbildung 3.1**). Die Gründerwelle des Internet-Booms ist dabei keine Erfindung des Computerzeitalters. Anfang des 20. Jahrhunderts konkurrierten z. B. Tausende Autohersteller auf der ganzen Welt um die Gunst der Kunden. Die radikale Innovation Auto verhieß ein großes Potenzial und zog fähige Tüftler aus technisch verwandten Bereichen an: Wagen- und Kutschenbauer, Nähmaschinenhersteller, Mechaniker aller Art, Motorenerfinder oder Fahrradhersteller bastelten in kleinen Werkstätten an eigenen Entwürfen für ein Automodell, ähnlich wie später ihre Pendants in den Silicon Valley-Garagen. Große Autopioniere wie Siegfried Bettman (Standard Motors), der spätere Lord Nuffield (Morris Motors) oder James Kemp Starley (Rover) in Großbritannien und Heinrich Büssing in Deutschland begannen ihre Karriere in Fahrradwerkstätten. Die Autopioniere Armand Peugeot und Adam Opel zählten sogar zu den größten Fahrradproduzenten in ihren Ländern, bevor auch sie in die Autobranche einstiegen.

Die Einstiegshürden waren damals noch niedrig und lokale Finanziers stellten das Startkapital bereit. Alle hofften in einer regelrechten Boomphase auf den Durchbruch, doch bereits nach wenigen Jahren brachen die meisten Firmen zusammen oder wurden übernommen. Erstaunlich: Bis in die 20er Jahre waren die elektrischen Autos den mit Benzin betriebenen Autos mindestens ebenbürtig, in den Aspekten Komfort und Nutzerfreundlichkeit sogar überlegen. Stationen zur Wiederaufladung von Batterien wurden in größeren Städten betrieben und elektrische Autos eigneten sich sehr gut als Stadtauto. Erst Mitte der 20er Jahre setzte sich das Benzin-Auto endgültig durch.

Auch Edison, der berühmteste aller Erfinder, versuchte, in der Autoindustrie Fuß zu fassen. Bereits vor 1900 tüftelte er wie andere Erfinder auch an einem batteriebetriebenen elektrischen Auto und 1912 gewann er dafür einen finanzkräftigen Investor, der ihn zeitlebens vergötterte: Henry Ford. Edison sah in den Autos einen großen Massenmarkt für seine selbst produzierten Batterien. Doch nach einigen Jahren Entwicklungszeit stellte sich heraus, dass die Edison-Batterien für den Betrieb in Autos nicht wirklich geeignet waren. Der Tüftler verlor sein Interesse an dem Projekt und Ford musste nach heutigem Kurs ca. 30 Millionen US-Dollar abschreiben [3.1]. Knapp 100 Jahre später startet der Ford-Konzern nun einen neuen Versuch: Bis 2012 sollen 450 Millionen US-Dollar für den Serienstart eines Elektroautos investiert werden [3.2].

Diese Zyklen sind typisch für wirklich umwälzende Innovationen: Mit einem „technologischen Auslöser" startet eine euphorische Boomphase und Gründungswelle bis zu einem „Gipfel der überzogenen Erwartungen". Danach setzt eine ernüchternde Konsolidierungsphase ein bis in ein tiefes „Tal der Enttäuschungen". Dann beginnt der „Pfad der Erleuchtung", auf dem Innovationen mit bewährtem Produkt und Geschäftsmodell weiterentwickelt werden, bis man schließlich zu einem „Plateau der Produktivität" gelangt (vgl. **Abbildung 3.2**).

Abbildung 3.2: Hype-Zyklus nach Gartner
(Quelle: http://de.wikipedia.org/wiki/Hype-Zyklus)

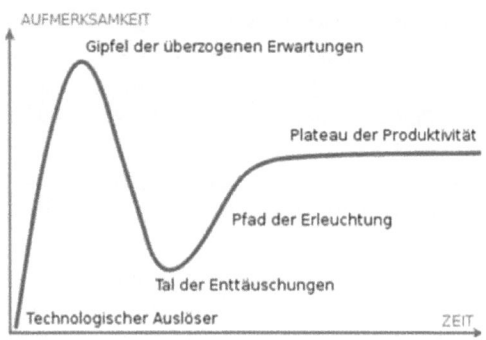

Das größte Geschäftspotenzial bieten einzelne Innovationen mit einem neuen Produkt, das einen Systemwechsel einleitet. Hier wird nicht ein ganz neuer Markt erschaffen, sondern ein bestehendes Produkt wird durch ein grundlegend neuartiges Produkt abgelöst. Diese Art der Innovation führt nicht zu einer Gründungswelle wie die Basisinnovationen, aber zu einer fortlaufenden Markterweiterung mit neuen Produktvarianten und Komponenten. Die Schreibmaschine, das Grammophon, die Waschmaschine, der Walkman, die Compact Disc, das iPhone mit Touchscreen und Appstore. Alles neue Produkte, die auf eine bereits vorhandene sehr hohe Nachfrage trafen. Sony ermöglichte 1979 mit seinem Walkman eine Veränderung des Musikhörens. Ungebunden konnte der Nutzer nun jederzeit, an jedem Ort seine Lieblingsmusik hören. Und popularisierte ganz nebenbei auch die Jogging-Kultur [3.3].

Ein Pionier kann versuchen, seinen technologischen Vorsprung durch Patente wasserdicht abzusichern, doch bereits kurze Zeit später versuchen Konkurrenten, durch kleinere, evolutionäre Weiterentwicklungen in den Markt einzudringen. Je komplexer die Innovation ist, desto höher sind die Einstiegshürden für Nachahmer.

Für Inkubatoren und Innovationsmanager spielen in der Praxis jedoch in erster Linie größere Produktverbesserungen eine Rolle, die wenigsten Produkte sind wirklich komplett neu.

3.1.2 Prozessinnovationen – für Konsumenten meistens unsichtbar

Für den Erfolg einer radikalen Innovation spielen nicht nur neue Produkte eine Rolle, oft sind auch völlig neue technische Herstellungs- und Verfahrensprozesse das entscheidende Kriterium. Henry Ford gilt mit seinem berühmten „Model T" als einer der größten Autopioniere. Dabei baute er nicht die besten Autos. Er revolutionierte die Autoentwicklung nicht durch verbesserte Produktinnovationen, sondern in erster Linie durch neue Produktionsmethoden. Das ist sein großer Verdienst. Nicht die Idee zählt, sondern die Umsetzung.

Ford verknüpfte verschiedene vorhandene Technologien und Verfahren zu einem neuen System. Die Produktion von Autos mit austauschbaren, standardisierten Teilen praktizierte bereits der Konkurrent Cadillac vor Ford und das Prinzip wurde in anderen Branchen bereits seit Jahrzehnten angewandt: Samuel Colt stieg dadurch z. B. zum größten Revolverhersteller auf und Isaac Singer machte die Nähmaschine zum Massenprodukt. Auch das Fließband wurde im großindustriellen Bereich schon lange in den Großschlachtereien von Chicago genutzt.

Fords Innovation bestand nicht nur darin, ein Auto mit austauschbaren Teilen am Fließband billiger bauen zu können. Er beschränkte die Produktion auf nur ein einziges Modell, während die anderen Anbieter unzählige Versionen anboten. Erst durch die Konzentration auf ein einziges Modell konnte Ford die ökonomischen Vorteile der Massenproduktion ausnutzen. Und durch eine ungewöhnlich gute Bezahlung seiner Arbeiter schuf er zugleich Nachfrage nach seinen Produkten.

Ein ähnlicher Quantensprung durch Prozessinnovationen gelang Toyota ein halbes Jahrhundert später durch die Entwicklung des Just-in-Time-Systems, der ziel- und zeitgenauen Lieferung von Produktionsteilen durch Zulieferer direkt in die Produktionshallen.

Auch die Tatsache, dass die Konzernzentrale des weltgrößten Konzerns der Welt in der US-amerikanischen Provinz in Betonville/Arkansas beheimatet ist, hängt indirekt mit dem Toyota-System zusammen. Sam Walton baute von dort seine Walmart-Discount-Supermarktkette mit Hilfe eines ausgeklügelten Just-in-Time-Systems auf. Das Management erkannte frühzeitig das enorme Potenzial neuer Technologien, die Walmart als erster Handelskonzern großflächig und mit hohen Investitionen einsetzte. Walmart gilt als einer der Pioniere für den Einsatz von Strichcodes im Handelsbereich. 1988 waren bereits alle Walmart-Kassen mit Scannern ausgerüstet. Hunderte Millionen US-Dollar investierte der Konzern bereits in den 80er Jahren in die Entwicklung des modernsten IT-Systems im Handelsbereich [3.4]. 1983 baute der Konzern sogar ein eigenes Satellitsystem auf, das ab 1989 die Ortung von Lkws per GPS und eine genaue Koordinierung der Lieferketten ohne große Lager in den einzelnen Läden ermöglichte [3.5]. Die Just-in-Time-Belieferung durch intelligente Steuerungssysteme war die Grundlage für das äußert effiziente Logistiksystem von Walmart [3.6].

Die Erfahrungen beim Aufbau des Walmart-Systems konnten später auch zum Erfolg von Konzernen wie Dell, HP, Amazon oder Microsoft beitragen, deren spätere Chief Information Officer (CIOs) aus dem Walmart-Team stammten [3.7]. Z. B. war der ehemalige Vizepräsident für Informationssysteme bei Walmart, Rick Dalzell, von 1997 bis 2007 verantwortlich für den Aufbau der gesamten Amazon-Plattform [3.8].

Solche technischen Prozess- und Verfahrensinnovationen bieten eine große Chance für das Innovationsmanagement. Denn sie sind in der Regel nicht patentgeschützt und können leicht auf andere Branchen oder in andere Länder übertragen werden.

Fast alle deutschen Handelspioniere kopierten ihre Geschäftsmodelle aus den USA. Sei es der Versandhandel, die Einführung der Selbstbedienung, das Discounter-Konzept, das Franchising oder der Internet-Handel. Nichts davon wurde ursprünglich in Deutschland entwickelt. Dennoch gelten die Albrecht-Brüder mit Aldi oder Otto Beisheim mit Metro als erfolgreiche Innovatoren. Zu Recht, denn die eigentliche Schwierigkeit liegt in der Umsetzung des Konzepts. Das musste der weltgrößte Konzern Walmart, großer Innovator der Branche, in Deutschland erleben. Die geplante Expansion verlief alles andere als zufriedenstellend: 2006 zog sich Walmart aus dem deutschen Markt zurück [3.9]. Andere Länder, andere Erfordernisse.

3.1.3 Geschäftsmodellinnovationen – neues Konzept für alle Beteiligten

Im Kino werden die erfolgreichsten Filme als Blockbuster bezeichnet. Echte Megaseller, die von Millionen Menschen nachgefragt werden. Doch nicht immer ist ein Blockbuster drin, wo Blockbuster draufsteht. Im September 2010 endete für die US-Videoverleihkette Blockbuster, einstiger Innovator der Branche, die Geschäftstätigkeit in 6.500 Läden mit der vorläufigen Insolvenz [3.10]. Ein klassisches Beispiel dafür, dass es nicht genügt, durch Innovationen eine Branche zu revolutionieren, denn der nächste Innovator steht schon vor der Tür.

In den 80er und 90er Jahren stieg Blockbuster durch diverse Innovationen zum unangefochtenen Marktführer auf: kurze Ausleihzeiten, kleine Preise, große Auswahl. Aus einem fragmentierten Handelsbereich, geprägt durch viele kleine Händler, schuf Blockbuster ein landesweites Netz, das Videos zu günstigen Preisen anbieten konnte. Ausgefeilte Verträge mit den Filmkonzernen schufen zum beiderseitigen Nutzen einen neuen, lukrativen Vertriebsweg zur Zweitverwertung der Filme.

Ein sicheres Geschäft eigentlich, denn kaum ein Konkurrent hatte eine Chance, eine ähnliche Videokette mit 40 Millionen Kunden profitabel aufzubauen [3.11]. Doch durch ein komplett anderes Geschäftsmodell bekommen auch Newcomer gegen einen scheinbar übermächtigen Gegner eine Chance. Die Firma Netflix nutzte konsequent die neuen Möglichkeiten, die das Internet bot. Statt in einen Laden zu fahren, dort Videos auszuleihen und sie rechtzeitig wieder abgeben zu müssen, konnten sich Netflix-Kunden die Film-DVDs über ein Internetportal zu Hause aussuchen, die dann per Post oft schon am nächsten Tag im Briefkasten lagen – eigentlich nicht wirklich revolutionär neu.

Schnell waren Nachahmer mit ähnlichen Services am Start. Selbst der weltgrößte Handelskonzern Walmart und mit großer zeitlicher Verzögerung auch der Marktführer Blockbuster versuchten, DVDs via Mail zu versenden. Doch das Start-up Netflix konnte sich erfolgreich behaupten durch fortlaufende Produkt- und Service-Verbesserungen. Seit vielen Jahren zählt Netflix zu den Internet-Firmen mit den höchsten Kundenservice-Bewertungen in den USA. Denn es erfüllt genau das, was ein Kunde erwartet: große Auswahl, einfache und informative Auswahlmöglichkeiten, schnelle und pünktliche Lieferung und das Ganze zu einem fairen Preis. Die Auswahl in dem Internetportal ist sehr viel höher als in den jeweiligen Blockbuster-Filialen, wo viele Filme oft nicht vorrätig sind und Nischen-Geschmäcker (der sogenannte „Long Tail" kleinster Marktsegmente) nicht bedient werden. Durch ein flexibles Flatrate-Modell können Kunden eine Liste von Wunschfilmen erstellen und angeben, wie viele dieser Filme sie im Monat ausleihen möchten. Der Kunde erhält einen Film und kann selbst entscheiden, wann er den Film wieder zurückschickt. Anschließend bekommt der Kunde dann einen neuen Film aus seiner Wunschliste zugesandt.

Ermöglicht wird der Erfolg durch eine weitflächige Logistik, um die Kunden schnell und zuverlässig beliefern zu können, und durch eine technische Innovation, die eine hohe Kundenloyalität sicherte: Netflix entwickelte die „Collaborative Filter"-Software Cinematch, mit der Kunden die Filme bewerten können und Empfehlungen für weitere Filme erhalten. Auch Amazon setzte frühzeitig auf solch ausgefeilte Technologien. Wie wichtig die Technologie für den Erfolg des Unternehmens ist, wird durch den Netflix-Prize deutlich [3.12]. Die Firma lobte, trotz Marktführerschaft, eine Million US-Dollar für denjenigen aus, der die Rating-Mechanismen der eigenen Cinematch-Software um zehn Prozent verbessert [3.13].

Anders als Blockbuster reagierte Netflix auch frühzeitig auf einen erneuten Innovationsschub durch internetbasierte Video-Streaming Services: Der Kunde wählt einen Film aus und kann ihn sofort im Internet, aber auch auf iPads oder auf der Xbox anschauen. Doch auch in Zukunft muss Netflix innovativ bleiben. Die Konkurrenz von Kabel-TV-Sendern und Telekommunikationskonzernen ist groß, die in diesen Markt einsteigen. Ob das Geschäftsmodell auch in Zukunft Bestand hat, wird sich zeigen. Zu Spitzenzeiten erreichen die Downloads der Netflix-Plattform in den USA bis zu 20 Prozent des gesamten Internet-Verkehrs [3.14].

Auch andere Firmen, die durch Innovationen einst zu Marktführern aufgestiegen sind, mussten die Erfahrung machen, neue Innovationsschübe zu verpassen. Kodak öffnete vor hundert Jahren mit seinen Fotofilmen den Fotomarkt für Amateure und konnte sich jahrzehntelang auf sichere Geschäfte verlassen. Ein satter Marktführer, von Erfolgen verwöhnt. Doch das Digitalgeschäft unterschätzte und verpasste der Konzern. Trotz des klar erkennbaren Trends investierte Kodak weiterhin massiv in das angestammte Geschäft statt in neue Technologien. Erst in den späten 90er Jahren investierte der Konzern stark in den digitalen Bereich. Aus einem Early Mover wurde ein Late Mover – Bewahrung statt Innovation. Polaroid, Schöpfer der Sofortbildkamera, fand jedoch kein neues Geschäftsmodell mehr für die neue digitale Fotowelt und musste 2008 Insolvenz anmelden [3.15].

Auch in vielen anderen Branchen wurden langjährige Marktführer durch Newcomer verdrängt, die das Geschäftsmodell völlig neu definierten. Besonders stark ist der Innovationsdruck durch internetbasierte Geschäftsmodelle, die einen hohen Mehrwert für Kunden anbieten: personalisierter, bequemer, schneller, billiger.

Ganze Branchen wie Reisebüros oder der gesamte Fachhandel mit allen Ausrichtungen müssen Strategien entwickeln, um Marktanteile gegen Internetanbieter zu verteidigen. Billigflieger wie Ryan Air stellten die Flugindustrie auf den Kopf, der Internet-Versandhändler Amazon ist der Schrecken vieler Handelskonzerne.

All diese Unternehmen waren erfolgreich, weil sie die bestehenden Strukturen, Funktionsweisen und Regeln des Marktes veränderten und ein neues Geschäftsmodell mit neuen Leistungs-, Bezahl- und Informationsflüssen einführten.

Auch Google ist im Internetbereich in erster Linie durch eine Geschäftsmodellinnovation groß geworden: die Nutzung von Suchergebnislisten für die Einblendung passender Werbung, für die Werbekunden nur bezahlen müssen, wenn Kunden darauf klicken. Basierend auf dem gigantischen Geschäftserfolg dieser Innovation war Google in der Lage, eine weitere, scheinbar allgemeingültige Regel auf den Kopf zu stellen: die Regel, das jede Firma ein Produkt oder eine Dienstleistung für einen bestimmten Preis verkaufen will. Googles einfache Strategie lautet hingegen: Alle Produkte werden kostenlos angeboten, so dass schnell neue Marktanteile von anderen Anbietern gewonnen werden, die bis dahin kostenpflichtige Angebote hatten: qualitativ hochwertige und dazu kostenlose Produkte von Google, ein starker Anreiz für einen Kunden zum Wechseln. Auf diese Weise können mit einem Handstreich ganze Märkte revolutioniert und andere Anbieter komplett in Frage gestellt werden, wenn Google z. B. auf Basis von Google Maps einen kostenlosen Navigationsdienst einführt. Und alle kostenlosen Google-Dienste generieren millionfache Nutzungsdaten, die wiederum für Googles komplexe Werbeplattformen mit möglichst genauer Kundenansprache genutzt werden. Die kostenlosen Dienste stärken das Milliarden-Geschäft von Google mit großen und kleinen Werbekunden.

Eine Geschäftsmodellinnovation kann auch die Öffnung und die Anpassung eines bestehenden, erfolgreichen Produktes für eine neue Zielgruppe sein. Marktführer scheuen sich oft, Risiken einzugehen, und überlassen Geschäftsfelder den Newcomern. Der japanische Elektronikkonzern Canon schaffte den Durchbruch durch die Adaption von Fotokopieren für den Massenmarkt.

Der erste Anbieter Xerox hatte die technischen Grundlagen für diesen Bereich gelegt und verdiente in den 60er Jahren fast monopolartig an seinem Geschäftsmodell: dem Leasing von großen Fotokopierern an Firmen, verbunden mit sehr profitablen Serviceverträgen. Der Fokus lag auf der Weiterentwicklung von schnelleren Fotokopierern und der Verbesserung des Service. Doch es gab auch andere Wege, aus einem Fotokopierer ein Milliardengeschäft zu machen, mit einer anderen Zielrichtung und einer anderen technischen Weiterentwicklung: Canon entwickelte kleine Fotokopierer mit austauschbaren Kartuschen und schuf damit den Markt für Massenkopierer: billig, leicht zu bedienen, austauschbare Teile, ohne notwendigen Service und über den Handel zu vertreiben. Canon entwickelte damit Fotokopierer für Zielgruppen, die Xerox nicht bedienen wollte: den Massenmarkt von kleinen Firmen. Ein Markt mit einem viel größeren Potenzial als der mit wenigen Großunternehmen.

Selbst unangefochtene Marktführer können nie davor sicher sein, einen nächsten Innovationsschub zu verpassen. Dies kann durchaus nachvollziehbare Gründe haben: Bestehende Produkte und Vertriebswege können durch neue Innovationen kannibalisiert werden. Die Bereitschaft, auf neue Produkte oder Prozesse zu setzen, ist bei einer satten Marktführerschaft relativ gering. Nur wenige Unternehmen verändern das eigene, erfolgreiche Geschäftsmodell gegen eine ungewisse Zukunft. Denn die erfolgreichen zukünftigen Innovationen erkennt man häufig erst im Rückblick. Die meisten Innovationen sind allerdings nicht geschäftsbedrohend. Nur die wenigsten Firmen kommen mit dem Problem einer zerstörenden Innovation in Berührung. Zuvor muss eine Firma erst einmal eine Marktführerschaft errungen haben.

Microsoft, erfolgreichster Softwarekonzern und ausgestattet mit Milliarden US-Dollar Rücklagen, hätte alle Gelder zur Verfügung gehabt, um auch das Internet zu beherrschen. Im Bereich der Internet-Browser für PC setzte Microsoft große Mittel ein, um Netscape vom Markt zu verdrängen. Doch mit seiner Unternehmenskultur der Abschottung der eigenen, hochprofitablen Produkte und der Konzentration auf überladene Produkte konnte Microsoft seine Dominanz nur langsam und nicht nachhaltig auf den Internet-Bereich übertragen: Nachdem Netscape über Jahre tatsächlich zurückgedrängt wurde, erobert nun die Open-Source-Organisation Mozilla mit dem Firefox-Browser jeden Monat Marktanteile von Microsoft. Auch die Suchmaschine Bing kann trotz enormer Entwicklungsgelder nicht wirklich gegen Google konkurrieren, die jüngste Kooperation mit Facebook zur Einbindung von Informationen aus dem sozialen Netzwerk hat noch nicht zum gewünschten Erfolg geführt. Microsoft ist zu behäbig geworden, um bei neuen Trends schnell genug reagieren zu können. E-Books, Smartphones, Web-TV, Tablet-PCs – die Innovationen in diesen Bereichen stammen nicht von Microsoft. Der Konzern versucht weiterhin, sein PC-basiertes Geschäftsmodell zu verteidigen.

Ähnlich Nokia: Der Konzern galt lange als Prototyp für eine innovative Firma, die sich aus einem diversifizierten Industriekonglomerat zum größten Mobilfunkhersteller entwickelte. Um 2000 stand Nokia unangefochten an der Spitze dieser zukunftsträchtigen Branche. Heute hingegen muss Nokia kämpfen, hat große Marktanteile im Handygeschäft verloren und sein mobiles Betriebssystem Symbian verliert rapide gegen Systeme von Apple (iOS) und Google (Android). Um zu retten, was zu retten ist, hat sich Nokia nun mit Microsoft verbündet, um das neue, vielversprechende, aber auch zu spät entwickelte Microsoft-Betriebssystem Windows Mobile 7 auf Nokia-Smartphones einzusetzen.

Dabei hat Nokia in den letzten Jahren stets innovative Produkte entwickelt. Bereits 2004 stellte Nokia seinen Partnern ein funktionsfähiges, internetfähiges Smartphone mit großem Display und Touchscreen vor [3.16]. Drei Jahre, bevor Apple mit seinem iPhone einen Megaseller landete und den Boom bei Smartphones einleitete. Doch das Nokia-Management stoppte das Smartphone-Projekt aus Furcht vor einem Flop. Die Entwicklungs- und

Produktionskosten waren hoch und der Erfolg ungewiss. Grund genug für Nokia, den satten Marktführer, lieber kein großes Risiko einzugehen und das Projekt nicht weiter zu verfolgen. Auch ein Vorgänger von Apples iTunes Store wurde zur gleichen Zeit nicht weiterverfolgt. Trotz großer Ressourcen, die Nokia jährlich in die Entwicklung stecken konnte. Im Zweifel gegen eine wirklich neue Innovation. Die Bürokratie scheute das Risiko.

Ganz anders Apple: Als ständiger kleiner Widersacher gegen Microsoft entwickelte Apple mit seinem Gespür für verborgene Kundenbedürfnisse und zündende Marketingkampagnen ganz neue Märkte, mit einem Bruchteil der Microsoft oder Nokia zur Verfügung stehenden Gelder. Apple als Innovationstreiber: iPod, iPhone, iTunes oder iPad schufen digitale Lifestyle-Produkte, die riesige neue Märkte öffneten. Das US-Wirtschaftsmagazin „Fortune" kürte Steve Jobs Ende 2009 zum „CEO of the Decade". Begründung: „He is an individual who relentlessly pursued new opportunities, chasing new possibilities without being deterred by whatever obstacles he encountered [3.17]."

Innovationsmanagement ist ein ständiger Prozess, um sich im Markt zu behaupten. Nicht nur die Entwicklung und Umsetzung der eigenen Ideen sind wichtig, sondern gerade auch die systematische Beobachtung anderer Ideen und Trends ist überlebensnotwendig.

3.1.4 Der richtige Markteintritt: First Mover – Early Mover – Late Mover

In der Literatur gibt es unzählige Abhandlungen über die Wichtigkeit der Markteintrittsstrategie, das richtige Timing. Darin sind sich alle einig: Das richtige Timing kann über den Erfolg und Misserfolg einer Innovation entscheiden.

Die Unterscheidung erfolgt in der Regel in First Mover, Early Mover (auch Smart Follower genannt) und Late Mover, mit einer deutlichen Erfolgspräferenz für die beiden ersten Modelle. Es gibt keinen allgemeingültigen Rat für die richtige Timing-Strategie. Auch hier entscheidet eine detaillierte Analyse aller Bausteine einer Potenzialanalyse und letztlich auch die eigene Einschätzung, das Bauchgefühl, welche Strategie im Einzelfall Erfolg versprechend ist.

Die New-Economy-Phase ist ein besonders krasses Beispiel für die Ausblendung vieler Potenzialkriterien wie die Umsetzungsqualität oder Profitabilität zugunsten einer einseitigen Timing-Strategie: „Get established first. At any cost" – das war das weitverbreitete Credo der New Economy. Wer sich zuerst auf dem Markt etabliert, der gewinnt in der neuen Internet-Welt einen unüberwindbaren Vorteil gegenüber den Nachfolgern, so hieß es. First Mover um jeden Preis. Oft wurde mehr Geld in das Marketing investiert als in die solide Umsetzung einer Produkt- und Geschäftsstrategie.

Doch was ist aus all den First Movern wie eToys, Altavista, Boo.com oder Pets.com geworden? Bereits nach kurzer Zeit waren die vermeintlich hohen Hürden doch von anderen Firmen überwunden.

Andere First Mover dieser Zeit wie Ebay oder Amazon überlebten den Zusammenbruch der New Economy und haben sich erfolgreich als Marktführer behauptet. Entscheidend sind nicht nur die Ideen, sondern auch die operative Ausführung, die schnelle Reaktion.

Es gibt viele handfeste Gründe, die für Produktimitationen statt Produktinnovationen sprechen, für den Early Mover bzw. Smart Follower. Der Innovator und First Mover hat in der Regel viel Geld und Arbeitszeit in die Entwicklung und den Markenaufbau gesteckt. Er kann durch die technologische Führerschaft Standards setzen, an denen sich die Konkurrenz orientiert, und profitiert vom Innovationsbonus beim Kunden.

Je höher die technologischen Hürden sind, desto länger ist der Innovator vor der Konkurrenz geschützt und kann die Preise bestimmen. Gerade im technologischen Konsumenten-Bereich ist diese Phase mittlerweile sehr kurz. Kaum hat sich ein iPad oder ein iPhone als erfolgreich herausgestellt, dauert es in der Regel nicht lange, bis eine Menge Imitatoren, Early Movers, dem Innovator Konkurrenz machen. Kein Wunder: Viele Marken lassen ihre Geräte bei den gleichen Outsourcing-Firmen wie Foxconn, Quanta oder Compal in Fernost herstellen.

Eine Imitation kann oftmals vielversprechender sein als die langwierige Entwicklung eines neuen Produktes. Ein First Mover kann sich auch nicht sicher sein, ob sein Konzept vom Markt angenommen wird oder er beim Scheitern alle Anfangsinvestitionen abschreiben muss. Der Early Mover hingegen hat die Gewissheit, dass es grundsätzlich einen neuen, funktionierenden Markt gibt, und er kann ein fertiges Konzept übernehmen und dabei aus dem Vorgehen und insbesondere den Fehlern des First Movers lernen. Durch Produktverbesserungen, effizientere Produktionsmethoden oder hohe Marketingbudgets kann der Early Mover dann schnell zum First Mover aufschließen.

Die Imitatoren haben durchaus ihre Berechtigung, denn durch sie kann unter Umständen viel schneller ein Massenmarkt aufgebaut werden. Ein First Mover kann all seine Pioniervorteile auch verspielen, wenn er zu sehr in alten Innovationsmechanismen verhaftet ist und ganz alleine einen Markt monopolisieren möchte.

Ein gutes Beispiel ist der Sony Betamax-Videorekorder. 1975 schuf Sony mit dem Betamax einen ganz neuen Produktbereich. Jeder Konsument konnte sich nun zu Hause Videos vom Fernseher aufnehmen oder abspielen. Ein Milliardenmarkt, der sich daraus entwickelte. Nur Sony profitierte nicht davon. Einige Jahre später verschwand das Betamax-System trotz 18 Millionen verkaufter Geräte vom Markt. Es hatte den Kürzeren gezogen gegen das technisch unterlegene, nicht kompatible VHS-System von JVC und Panasonic, das erst ein Jahr nach Betamax vermarktet wurde [3.18]. Eine verfehlte Marketing- und Preisstrategie trug zu dem Misserfolg bei. Doch der Hauptgrund lag in der fehlenden Bereitschaft oder Unfähigkeit zur Kollaboration mit anderen Partnern. Sony wollte das System komplett selbst vermarkten und vergab keine Lizenzen für das neue System. Die Early Mover dagegen teilten von Anfang an ihr selbst entwickeltes VHS-System. Closed Innovation versus Open Innovation.

Der Kunde musste entscheiden zwischen zwei unterschiedlichen System. Die Innovatoren von Sony hatten großen Wert auf die Ton- und Bildqualität gelegt, aber ein kleines Detail störte viele Kunden. Mit Betamax konnte anfangs maximal eine Stunde auf Video aufgenommen oder abgespielt werden. Danach musste, mitten im Spielfilm, die Kassette gewechselt werden. Ein Ausschlusskriterium für viele Kunden, das kein Sony-Entwickler beachtet hatte. Da zahlreiche Geräteproduzenten durch die Lizenzen nun VHS-Rekorder anboten, war das Angebot auch größer und der Preis der Geräte sank. Erst 1988 schwenkte Sony auf das VHS-System über, obwohl Betamax weiterhin produziert wurde.

Für einen Pionier ist es auch wichtig, die Nachahmer zu beobachten und sich immer weiter zu entwickeln und damit die Eintrittskosten in den Markt zu erhöhen. Hohe Hürden für ein Nachahmerkonzept bestehen dann, wenn das Modell sehr komplex ist.

Doch selten werden Produkte 1:1 imitiert. Aus einem Imitator kann auch ein neuer Innovator entstehen, ein innovativer Imitator. Die Grenzen zwischen Innovatoren und Imitatoren sind oft fließend: Auch Vorzeige-Innovatoren wie Apple haben bei bahnbrechenden neuen Produkten oft auf vielen, bestehenden kleineren Innovationen anderer Firmen aufgebaut, die dann in einem langen Innovationsprozess zu einem neuen Produkt zusammengefügt wurden.

Ein hohes Potenzial haben Imitationen besonders dann, wenn sie nicht direkt mit dem First Mover konkurrieren, sondern wenn ein erfolgreiches Modell auf eine andere Branche oder eine andere Region übertragen wird. Aus wirtschaftlicher Sicht ist dies ein ideales Konzept, solange der First Mover mit seinen Pioniererfahrungen und Vorteilen noch nicht auf dem lokalen Markt präsent ist.

Wer spricht heute noch davon, dass der Metro-Gründer Otto Beisheim sich die Idee des Cash-und-Carry-Großhandels in den USA abschaute und nach seiner Rückkehr in Deutschland kopierte? Zahlreiche deutsche Industriepioniere aus dem 19. Jahrhundert wie Alfred Krupp, Eberhard Hoesch oder Friedrich Harkort arbeiteten für einige Zeit in britischen Stahlwerken oder Eisenhöfen, um durch Wirtschaftsspionage Verfahren und Prozesse zu erkunden und dann in Deutschland anzuwenden.

Perfektioniert haben das Nachahmerkonzept die bekanntesten Unternehmer der deutschen Internet-Szene, die Brüder Marc, Oliver und Alexander Samwer. Bereits in der New-Economy-Boomphase setzten sie einen Meilenstein, als sie das US-amerikanische Online-Auktionshauses Ebay mit ihrem Portal Alando 1:1 kopierten, noch bevor Ebay in Deutschland aktiv war. Bereits nach wenigen Monaten verkauften die Nachahmer ihr Portal an den First Mover Ebay für geschätzte 50 Millionen US-Dollar, der sich damit in Deutschland die Aufbauarbeit sparen konnte. Auch bei StudiVz waren die Samwers als Investoren mit ihm Spiel.

2010 konnten die Samwer-Brüder erneut einen Coup landen. Auf dem Höhepunkt der Hype-Phase um die amerikanischen Rabattseite „Groupon" verkauften die Samwers ihre 1:1-Kopie „CityDeal" für einen stolzen Betrag von geschätzten 50 Millionen Euro an den Pionier [3.19] – und das in Form von Groupon-Anteilen, deren Wert sich danach etwa verzehntfacht hat [3.20]. Für eine Übergangsphase firmiert nun der Doppelname Groupon-City Deal im europäischen Internet (vgl. **Abbildung 3.3**). Groupon gilt als das am schnellsten gewachsene Start-up in der Geschichte des Internets, noch vor Ebay, Amazon oder Google. Groupon erzielte bereits nach sieben Monaten Gewinne und im April 2010 wurde das Unternehmen nach nur 17 Monaten bereits mit 1,35 Milliarden US-Dollar bewertet. Nachdem im Herbst 2010 ein sechs Milliarden US-Dollar-Übernahmangebot von Google ausgeschlagen wurde, wird Groupon nun mit ca. 15 Milliarden US-Dollar bewertet [3.21]. In 2010 hat Groupon ca. 760 Millionen US-Dollar umgesetzt [3.22].

Abbildung 3.3: City Deal wird Groupon
(Quelle: http://www.groupon.de/deals/koeln)

Nach der Übernahme von CityDeal erklärte Groupon-Gründer Andrew Mason, dass die Samwers zwar Konzepte kopieren, aber dass ihre Umsetzungsfähigkeit unglaublich sei. In nur fünf Monaten hätten sie eine Nachahmer-Firma mit 600 Mitarbeitern in 80 Städten aufgezogen [3.23]. Dafür hätte Groupon bei einem eigenen Aufbau in Europa viel mehr Zeit benötigt. In diesem Fall also eine Win-Win-Situation für den Pionier und den Nachahmer. Und das Erstaunliche: Groupon hatte zum Zeitpunkt der Übernahme nur rund 300 Mitarbeiter, City Deal dagegen bereits eine doppelt so große Belegschaft. Damit setzten sich die Samwers gegen unzählige Konkurrenten durch, die ebenfalls das Groupon-Modell in Deutschland kopiert hatten.

Doch in Deutschland gibt es nicht nur Copycats in allen möglichen Facetten. Gerade im Bereich Mass-Customization, dem Vertrieb individualisierter Massenprodukte, haben deutsche Start-ups Standards gesetzt und der Ideentransfer verlief hier umgekehrt: von Ost nach West und nicht auf der üblichen Route vom Silicon Valley nach Osten.

Trendsetter waren MyMuesli, wo sich jeder Nutzer individualisierte Müslis im Internet zusammenstellen und ausliefern lassen kann, oder Spreadshirt, der Pionier im Bereich der individualisierten T-Shirts. Diesmal sitzen die Copycats nicht in Deutschland, sondern in den USA und Asien.

Letztlich haben sowohl Innovatoren als auch Imitatoren ihre Berechtigung am Markt. Entscheidend ist nicht immer das Timing. Der Markteintritt ist nur ein Aspekt unter vielen. Zwar hat ein First Mover in den meisten Fällen eine bessere Position, doch die Umsetzung muss auch stimmen: ständige Innovation, Marktbeobachtung, aufmerksame Beobachtung der Kundenwünsche, schnelle Reaktion auf neue Technologien und sich ändernde Trends sowie auch die Bereitschaft, selbst Teilbereiche zu imitieren und sich Partnern zu öffnen.

3.2 Aktuelle Trends und Einflüsse auf den Innovationsprozess

Ein Inkubator muss auch die Trends seiner Zeit kennen und in seine Arbeitsweise einbinden können, um die vielfältigen Auswirkungen von allgemeinen, langfristigen Trends für einen verbesserten Innovationsprozess nutzen zu können: die Digitalisierung, Globalisierung, neue Arbeitswelten und Organisationsstrukturen, dynamischere Produktzyklen, Web 2.0 oder der Trend zur Kollaboration und beschleunigten Kommunikation. All diese Makro-Trends verändern die Art und Weise, wie aus Ideen echte Innovationen und Produkte entstehen.

3.2.1 Zunehmende Marktdynamik

Die Geschäftsprozesse haben sich in den letzten 20 Jahren stark verändert. Die Welt ist globaler, digitaler, vernetzter geworden. Wir leben in einer Phase eines rasanten technologischen Schubs, der alle Bereiche der Gesellschaft und der Wirtschaft beeinflusst. Ähnlich wie in der Industrialisierung, bei der Einführung der Eisenbahn, bei der Einleitung des Strom- und Autozeitalters. In jedem dieser Technologieschübe verkürzten sich die Kommunikations- und Verkehrswege enorm.

Im Jahr 1840 benötigte ein Brief von London nach Edinburgh (400 Meilen) noch zwei Tage per Eisenbahn und Kutsche; nach Einführung des Telegraphen konnte 1850 eine 200 Meilen-Strecke schon in fünf Minuten überwunden werden [3.24]. Heute kann jede Ecke der Welt via E-Mail oder Skype nahezu kostenlos in Echtzeit erreicht werden. Die Konkurrenz ist durch die Globalisierung stark erweitert worden. Es reicht nicht mehr, nur die Konkurrenten im eigenen Land zu beobachten. Die Konkurrenz sitzt nun in Vietnam, Kambodscha oder Indien. Sinkende Transportkosten, ermöglicht durch die Containerschifffahrt, machen den Transport in vielen Bereichen zu einem zu vernachlässigenden Faktor. Die Zulieferketten von Firmen haben sich global erweitert.

Für die einzelnen Unternehmen hat dies gravierende Folgen: Die Produktlebenszyklen haben sich enorm verkürzt. Nur wer schnell auf Änderungen von Kundenwünschen reagieren kann, überlebt am Markt.

Auch von Kundenseite gibt es neuen Druck auf die Unternehmen: Die Kunden sind durch das Internet aufgeklärter und bekommen durch Preisvergleichsportale endlich die in den Wirtschaftswissenschaften früher immer so theoretisch beschworene Preis- und Informationstransparenz. Produkte können über das Internet oft billiger als im Laden bestellt werden, weltweit.

Um sich vom Wettbewerber abzusetzen, müssen Unternehmen innovativer werden, um einzigartige Produkte teurer verkaufen zu können und nicht in den Preissog sich ähnelnder Produkte zu geraten. Die Kunden stellen immer höhere Anforderungen an die Unternehmen, sei es durch differenzierte, individuellere Produkte oder durch schnelleren, besseren Service. Die Konkurrenz sitzt durch das Internet oft nur einen Klick entfernt.

Der spanische Handelskonzern Zara konnte dank eines sehr flexiblen Unternehmensmodells in wenigen Jahren zu einem Giganten aufsteigen. In der spanischen Zentrale fließen ständig Markttrends aller Art in den Design-Prozess ein. Die Entwürfe werden sofort digital in die überwiegend osteuropäischen Produktionsstätten transferiert und dort umgehend produziert. Geliefert werden die Kleidungsstücke just-in-time in die Filialen. Große Lager entfallen in diesem System. Wenn sich bestimmte Kleidungsstücke nicht gut verkaufen, wird die Produktion sofort gestoppt und neue Designs werden umgesetzt, flexibel und schnell auf Kundenwünsche reagierend.

Dieser steigende Wettbewerbsdruck, aber auch die neuen Absatzmöglichkeiten stellen höhere Anforderungen an das Management, die Mitarbeiter und auch an die Logistik. Flexibilität, Integration und die Vernetzung mit Partnern sind Merkmale eines neuen Innovationsprozesses.

3.2.2 Vernetzte Arbeitswelten

Der verstärkte Einsatz neuer Technologien ermöglichte um 1900 eine enorme Beschleunigung der Büroarbeit. Die ganze Arbeitsweise veränderte sich, mit enormen Konsequenzen in vielen Gesellschaftsbereichen. Zwei wirklich revolutionäre Innovationen standen dabei im Mittelpunkt: das Telefon und die Schreibmaschine. Sie setzten sich um die Jahrhundertwende 1900 in den Büros durch.

Eine Jahrhundertwende später ist die Schreibmaschine aus den Büros verschwunden. Zwei neue Technologien führten zu ähnlich gravierenden Veränderung in der Arbeitsweise, wie hundert Jahre zuvor: Computer und E-Mail machen Büroarbeit noch billiger, schneller, einfacher.

Auch der Trend zum „Mobile Working" wird sich in den nächsten Jahren noch verstärken. Treiber ist die durch das iPhone ausgelöste weite Verbreitung von Smartphones in Unternehmen. Die bisher üblichen Palms oder Blackberrys ermöglichten eine schnelle Kommunikation durch E-Mails, doch erst die neue Generation von Smartphones oder auch iPads erlaubt eine komfortable Nutzung von geschäftlichen und Office-Anwendungen jenseits von sperrigen Laptops. Es ist für den „Mobile Worker" selbstverständlich, ständig erreichbar zu sein.

British Telecom ist ein Vorreiter mit seinem „BT Workstyle Project". Fast 90.000 Mitarbeiter sind mit dem nötigen Equipment ausgestattet, um zumindest teilweise von Zu Hause oder unterwegs im Hotel arbeiten zu können. Laptop und Internet-Verbindungen, mehr benötigt der flexible Mitarbeiter nicht. 15 Prozent aller Mitarbeiter arbeiten komplett im Home-Office, oftmals im (Call-Center)-Kundenservice. 15 Prozent arbeiten wie traditionell üblich nur im Büro, während der größte Teil der Mitarbeiter zeitweise im Home-Office arbeitet. Je nach aktuellen Kundenprojekten können Mitarbeiter zeitweise in den am nächsten liegenden BT-Standorten im Büro arbeiten. Nach internen BT-Berechnungen hat der Konzern von 1993 bis 2006 fast 950 Millionen US-Dollar jährlich durch die Reduzierung der Bürokapazitäten eingespart [3.25].

Der IT-Dienstleister IBM mit weltweit ca. 400.000 Mitarbeitern geht mit seinem On-Demand-Workingplace-Programm noch einen Schritt weiter. Fast die Hälfte aller Mitarbeiter verfügt nicht mehr über einen festen Büroarbeitsplatz. Das neue Arbeitsmodell besteht aus einem Mix von Heim-Arbeitsplätzen und geteilten Büro-Arbeitsplätzen. Über internetbasierte Reservierungssysteme können Mitarbeiter Arbeitsplätze an IBM-Standorten zu bestimmten Zeitpunkten reservieren. Interne Internet-Portale dienen dabei als zentrale Kommunikations- und Informationsplattformen. IBM will nach eigenen Berechnungen durch diese neue Arbeitsform jährlich 1,3 Milliarden US-Dollar eingespart haben [3.26]. Solche Rechnungen sind aber immer unter Vorbehalt zu betrachten, denn sind auch nützlich für das IBM-Geschäft: Das Unternehmen IBM bietet die entsprechenden technischen Lösungen für moderne, flexiblen Arbeitsumgebungen auch seinen Kunden an.

Tim Ringo, Leiter des IBM Human Capital Managements, skizzierte in einem Interview eine mögliche Zukunft der Arbeit bei IBM: Demnach wäre eine Reduzierung der festen Mitarbeiter auf ein Viertel der heutigen Belegschaft bis 2017 möglich. Gleichzeitig würden die freigesetzten Mitarbeiter dann auf Projektbasis engagiert. Ganz nach dem Bedarf von IBM: Kosteneinsparungen und ein flexibler Mitarbeiterstamm [3.27]. Ob solch eine Projektwirtschaft in so einem großen Stil funktionieren wird und für die Projektarbeiter attraktiv ist, bleibt abzuwarten.

Eine Studie des internationalen Personaldienstleisters Kelly Services untersuchte 2009 die Attraktivität der neuen Arbeitsformen: 67 Prozent der befragten Deutschen beurteilen die Möglichkeit, außerhalb des Büros zu arbeiten, als positiv und sind der Überzeugung, dadurch deutlich produktiver zu sein. Einziger Wermutstropfen: Home-Office-Arbeiter gaben an, eher länger zu arbeiten als früher im Büro [3.28].

Bisher haben sich solche neue Arbeitswelten in erster Linie in der Informations- und Kommunikationstechnik-Branche und bei Start-ups entwickelt. Nur ein kleiner Teil der Bevölkerung möchte in Reinform so arbeiten und ist dafür geeignet, denn solch eine Arbeitsform erfordert ein hohes Maß an Kommunikation, Selbstdisziplin, Engagement und die Selbstaneignung von Wissen. Arbeit und Freizeit verschwimmen, die Grenzen der „9 to 5"-Arbeitszeit verschwinden.

Eine neue Generation von sogenannten „Digital Natives" ist nun im Arbeitsprozess eingebunden. Sie sind mit Computern, Mobiltelefonen und dem Internet großgeworden und für sie ist der Einsatz neuer Technologien kein Fremdwort. Sie nutzen sie ganz selbstverständlich: zum Arbeiten, zum Vernetzen, aber auch in der Freizeit. Die Vorstellungen von Arbeit und die Art zu arbeiten unterscheiden sich stark von der vorherigen Generation.

Digital Natives möchten gerne selbst bestimmen, ob sie im Büro, im Café oder zu Hause arbeiten. Wie und wann sie ihre Arbeit verrichten, alleine oder mit anderen zusammen. WLAN und UMTS machen es möglich. Erreichbarkeit und Schnelligkeit sind Markenzeichen dieser Generation. Das Ergebnis zählt und nicht die Form. Bezahlung nach Leistung und nicht nach Arbeitszeit.

Zahlreiche Studien prognostizieren, dass Mitte des 21. Jahrhunderts nur noch 30 bis 40 Prozent der Menschen in Arbeitsverhältnissen arbeiten werden, die im Jahr 2000 noch vorherrschend waren. In Zukunft wird es viel mehr sogenannte Projektarbeiter geben, die oft gleichzeitig in mehreren befristeten Projekten arbeiten. Viel mehr Menschen werden als Freiberufler („Freelancer") arbeiten [3.29]. Nach IDC-Schätzungen arbeiten bereits heute in den USA ca. zwölf Millionen Freelancer, überwiegend zu Hause [3.30].

3.2.3 Neue Kommunikationsformen

Mitarbeiter vergeuden täglich eine Stunde mit der Bearbeitung von E-Mails, so lautete noch vor zwei Jahren die Aussage verschiedener Studien. Die berechnete Zeit variierte, doch der Tenor blieb gleich: Mitarbeiter nutzen E-Mails, aber auch das Internet in hohem Maße für private Zwecke. Jeder macht es, jeder kennt es. In den meisten größeren Firmen dürfen Mitarbeiter, zumindest inoffiziell, im Büro das Internet auch für private Zwecke nutzen. Nur in wenigen Firmen sind private E-Mail-Seiten wie Web.de oder Google-Mail für Mitarbeiter gesperrt. Zu selbstverständlich sind die Vorzüge und die Schnelligkeit des Mediums E-Mail geworden.

Soziale Plattformen wie Facebook oder Twitter, die in den letzten Jahren stark an Popularität gewonnen haben, machen eine ähnliche Entwicklung durch, stehen aber noch auf einer niedrigeren Akzeptanz-Stufe. Viele große Unternehmen kommunizieren mittlerweile über soziale Plattformen, doch in der Regel ist dies eine Aufgabe der PR- oder Marketingabteilung. Intern jedoch werden die sozialen Plattformen in großen Firmen wie Commerzbank, Porsche oder VW teilweise gesperrt. Früher war die E-Mail die beliebteste Schleuse für schädliche Software, heute sind es soziale Netzwerke. Zu groß sind die Befürchtungen nicht nur vor Sicherheitslücken und Datenspionage, sondern vor der Zeitvergeudung der Mitarbeiter. Eigene, firmeninterne soziale Netzwerke können hier Abhilfe schaffen, für die interne Kommunikation, zur Kollaboration und zum Wissensmanagement.

Diese Art der Kommunikation muss in Zukunft in Unternehmen verstärkt angewendet werden. Kreativität und die Vernetzung des Wissens sind Kernqualifikationen in einer sich immer stärker entfaltenden Wissensgesellschaft. Streng hierarchische Arbeitsprozesse sind für Wissensarbeiter eher hinderlich. Dezentralere Organisationsstrukturen, eine flexible Arbeitsplatz-Nutzung, die Teilung von Wissen und Ressourcen sowie die Teamarbeit spielen künftig eine größere Rolle als heute. Denn Wissensarbeiter sind in der Regel sehr gut ausgebildete und technik-affine Mitarbeiter und sie werden in einer alternden Gesellschaft mit niedrigen Geburtenquoten immer wichtiger für den Erfolg eines Unternehmens.

Zunehmende Marktdynamik, vernetzte Arbeitswelten und neue Kommunikationsformen machen für Unternehmen eine verstärkte Kollaboration auf allen Ebenen möglich und erforderlich. Unternehmen müssen ihre Zulieferer, Partner und Kunden – und damit fremdes Wissen – immer stärker in die Produktentwicklung einbinden. Insbesondere die Kunden müssen bereits in der Entwicklungsphase von neuen Produkten einbezogen werden, um deren sich ändernde Bedürfnisse frühzeitig erkennen zu können. Der Trend geht zur sogenannten Innovationswirtschaft, zum kooperativen Innovationsmanagement in verschiedenen Formen von Partnerschaften. Das gilt nicht nur unternehmensextern, sondern auch intern und umfasst die unternehmens- und abteilungsübergreifende Zusammenarbeit und die schnelle Formierung von Projektteams mit hohem Wirkungsgrard.

3.2.4 Open Innovation – raus aus dem Elfenbeinturm

3.2.4.1 Die Closed-Innovation-Kultur

Der Begriff „Closed Innovation" bezeichnet das traditionelle Modell, in dem alle Ideen und Innovationen im eigenen Unternehmen oder im sehr engen Unternehmensumfeld entwickelt und umgesetzt werden. Kundenbedürfnisse werden durch traditionelle Marktforschung erhoben und die eigene Forschungsabteilung entwickelt Innovationen, mit denen die Bedürfnisse befriedigt werden können. Forschungsergebnisse, die nicht sofort umgesetzt werden können, werden nicht aktiv verwertet, sondern verschwinden im Firmenarchiv. Das Unternehmen als Allrounder, der seine Kunden kennt und weiß, was sie kaufen wollen.

Dieses traditionelle Innovationsmodell war lange in fast allen Branchen vorherrschend. Im Laufe der 60er Jahre entwickelten sich dann in den USA die ersten Ansätze für einen offeneren Innovationsprozess. Führende technologische Unternehmen wie IBM oder AT&T unterhielten weitverzweigte Forschungslaboratorien, in denen zahlreiche grundlegende Innovationen entwickelt wurden. Doch die Manager konnten sich nun nicht mehr sicher sein, dass ihre Entwicklungen auch dem Unternehmen nutzen. Sie mussten beobachten, dass viele Visionäre und talentierte Innovatoren sich von den hierarchischen und bürokratischen Hürden in diesen Unternehmen behindert fühlten und ihre Ideen nun verstärkt in eigenen Firmen weiterentwickelten.

Es wurde den Innovatoren leichter gemacht, sich selbstständig zu machen als in früheren Zeiten, bedingt auch durch die vorherrschende technologische Euphorie. Alles schien machbar und beherrschbar. Das Raumfahrtprogramm entwickelte sich zum Katalysator für die Computer- und Technologie-Industrie. Riesige staatliche Forschungslabors wurden eingerichtet, Universitäten aufgebaut, Fördergelder aller Art gestreut. Es ergaben sich vielfältige Arbeitsplatzmöglichkeiten für talentierte Entwickler. Dabei stand stets ein Ziel vor Augen: den technologischen Vorsprung vor der Sowjetunion sichern.

Eine wichtige Rolle spielte auch die Entwicklung einer neuen Art der Finanzierung: Erste Venture Capitalists gaben im Silicon Valley einigen späteren Pionieren das nötige Startgeld. Wie wäre die Entwicklung ohne Investmentbanker wie Arthur Rock verlaufen? Rock gilt als einer der Väter des Venture Capitals im Hightech-Bereich, der 1957 acht talentierten Gründern ihre Startfinanzierung sicherte: Nach 35 vergeblichen Versuchen fanden diese mit Rock einen willigen Investor, der 1,5 Millionen US-Dollar Venture Capital für die neue Firma Fairchild Semiconductors zur Verfügung stellte [3.31].

Die Firma entwickelte sich zu einer der wichtigsten Brutstätten im neuen Silicon Valley. Dort wurden die Grundlagen für die Halbleiterindustrie gelegt. Die besten Forscher des neuen Forschungsgebietes setzten in dieser Firma eine anregende, möglichst hierarchiefreie Firmenkultur um, mit herausragenden Ergebnissen. Doch schon bald entstanden starke Differenzen zwischen den Forschern und dem Management in der fernen Zentrale von Fairchild in South Portland/Maine. Die sich entwickelnde freiere Start-up-Kultur passte nicht zu dem etablierten Konzern.

Die besten Forscher verließen daraufhin Fairchild und gründeten eigene Start-ups, ermöglicht durch zahlreiche neue Venture Capitalists, angelockt von den ersten Erfolgen. Hunderte Firmen führen heute ihren Ursprung auf Fairchild zurück, darunter auch Schwergewichte wie Intel oder AMD. Auch viele erfolgreiche Venture Capitalists arbeiteten zeitweise bei Fairchild Semiconductors. Eine sich selbst befruchtende Start-up-Kultur war entstanden, die eine offenere Innovationskultur propagierte.

In der Literatur wird Xerox häufig als Paradebeispiel genannt für einen Konzern, der den Übergang von einer Closed-Innovation-Kultur zu einer offeneren Innovationskultur verpasste. Aber streng genommen eignet sich Xerox nicht dafür.

Ab 1970 wurden in den Xerox PARC Research Labs viele technologische Quantensprünge eingeleitet: Vom Laserdrucker bis hin zu LCD-Displays wurden völlig neuartige Produkte entwickelt, mit denen der Konzern Milliarden US-Dollar hätte umsetzen können. Xerox PARC-Wissenschaftler schufen durch die Entwicklung von ersten grafischen Oberflächen, dem ersten PC, dem Ethernet oder ersten objektorientierten Programmiersprachen Grundlagen der Computer- und Softwareentwicklung [3.32].

In den Xerox PARC Research Labs versammelten sich Visionäre dieser noch jungen Industrie. Viele kamen von der benachbarten Stanford Universität. Weit entfernt vom Xerox-Hauptquartier in New York konnte sich dort eine sehr offene Forschungskultur entwickeln, Open Innovation in Reinkultur. Ganz im Gegensatz zur Xerox Firmenkultur. Die neuen Entwicklungen im Computerbereich waren für die Xerox Manager zu radikal, zu weit vom eigentlichen Geschäft entfernt. Sie konnten das Potenzial nicht erkennen und stoppten die Weiterentwicklung vieler Ideen. Die Unternehmenskulturen von Open Innovation in den Labs und Closed Innovation im übrigen Konzern waren zu unterschiedlich.

Das Ergebnis: Viele führende Visionäre verließen die Xerox PARC Labs, um ihre Projekte in eigenen Firmen zur Produktreife zu bringen. Ehemalige Xerox-Mitarbeiter konnten bei Apple ihre Forschungen zu grafischen Oberflächen erfolgreich weiterführen und bei Microsoft die Word-Softwareprogramme zum Abschluss bringen. Firmen wie Adobe, Documentum oder der Ethernet-Pionier 3Com entstanden als Spin-off aus den Xerox PARC Labs. Xerox profitierte über Beteiligungen an diesen Firmen schließlich doch noch von den verpassten Innovationschancen.

Dieses Beispiel zeigt, dass eine klare Unterscheidung zwischen Closed und Open Innovation nicht immer möglich ist. Einerseits wurden für den Kernbereich Fotokopierer die Xerox PARC Labs-Entwicklungen bereitwillig im Konzern aufgenommen und zu einem Milliardenmarkt ausgebaut. Andererseits gab es keine Unterstützung des Managements, um die radikalen Neuentwicklungen im Computerbereich fortzuführen. In der Folge wanderten die wichtigsten Forscher aus diesem Bereich in andere Unternehmen ab oder gründeten Spin-offs.

Mittlerweile hat Xerox seine Lektionen aber gelernt und das Open-Innovation-Prinzip in allen Bereichen verinnerlicht. Xerox nutzt Technologiebroker, die neue Technologien vorstellen; entwickelt größere Innovationen mit Partnern weiter, um das Risiko zu minimieren; nutzt externe, webgestützte Ideen-Plattform und versucht, Kundenmeinungen nach Ideen zu filtern.

Erst in den 80er Jahren begannen weitere Firmen, die die besten Entwickler nicht mehr halten konnten, an den alten Prinzipien der Closed Innovation zu zweifeln. Gerade Unternehmen wie IBM mussten zusehen, wie sich viele Mitarbeiter in den 60er und 70er Jahren selbstständig machten und dabei zu schnellen, flexiblen Konkurrenten für IBM wurden.

Vielleicht war es doch besser, diese Leute nicht gehen zu lassen und sich an der Weiterentwicklung der Produkte zu beteiligen oder eine offenere Unternehmenskultur zu schaffen, damit diese Produkte im eigenen Haus weiterentwickelt werden können? Auch IBM hat seine Lektionen gelernt. Heute verdient der Konzern jährlich mehr als eine Milliarde US-Dollar mit Lizenzgebühren für selbstentwickelte Technologien [3.33].

3.2.4.2 Der Übergang zur Open Innovation

Inzwischen sind die zunehmende Marktdynamik, vernetzte Arbeitswelten und neue Kommunikationsformen auch im Innovationsmanagement angekommen. Wegbereiter des noch recht jungen „Open Innovation"-Begriffes ist Henry Chesbrough, der seine grundlegende Definition 2003 entwickelte:

„In the model of open innovation, a company commercialises both its own ideas as well as innovations from other firms and seeks ways to bring its in-house ideas to market by deploying pathways outside its current businesses" (The Era of Open Innovation, 2003).

Open Innovation bedeutet eine Abkehr von der Abschottung der Forschungsabteilungen nach außen, eine offenere Innovationskultur, die Impulse von außen aufnimmt. Die bestehenden Forschungsabteilungen der Unternehmen sollen durch Open Innovation nicht ab- oder aufgelöst werden. Vielmehr geht es um eine Ergänzung, einen zusätzlichen Input von Partnern, Zulieferern und Kunden, um schneller auf die Kundenbedürfnisse und sich ändernde Nachfragesituationen reagieren zu können. Trends und Marktentwicklungen können so frühzeitiger entdeckt werden. Das ist auch nötig, denn im Konsumgütermarkt fallen nach allgemeinen Schätzungen 80 Prozent der neu eingeführten Produkte beim Kunden bereits kurz nach der Einführung durch. Weitere geschätzte zehn Prozent werden nach fünf Jahren aussortiert.

Ziel kann auch die frühzeitige Sicherung von Forschungsergebnissen für Zukunftstechnologien sein. Innovative Firmen öffnen sogar ihre gesamte Forschungsinfrastruktur für vielversprechende externe Forschungsteams. Der Elektronikkonzern Philips investierte zur Jahrtausendwende insgesamt 500 Millionen US-Dollar in sein Mi(crosystems)Plaza-Projekt, angesiedelt im Hightech Campus in Eindhoven [3.34]. Große Hightechfirmen, Start-ups, Wissenschaftler und Forschungsinstitute sollen hier in einem offenen Netzwerk Projekte im Bereich Halbleiter, Nanotechnologie oder Life Sciences verwirklichen, inkubiert durch Philips. MiPlaza soll einen schnellen Zugriff auf das neueste Know-how bieten und bezeichnet sich als „Shared Research Service Provider".

Philips öffnet seine Reinräume für Außenstehende und ermöglicht ihnen die Herstellung von Kleinserien neuartiger Entwicklungen. Auch beim Übergang zu einer Großserienproduktion können Philips-Teams helfen, gemeinsam oder auch in alleiniger Verantwortung des Partners. Die Partner können die gesamte Expertise von Philips nutzen, die Dienstleistungen und die Infrastruktur, die gesamten Werkzeuge, die zur Herstellung benötigt werden. Ein komplettes Angebot, um aus einer Idee ein fertiges Produkt zu machen.

Ähnliche Projekte wurden auch in Deutschland initiiert, z. B. der Hoechst-Industriepark in Frankfurt am Main und der Chemiepark auf dem früheren Hüls- und Vebagelände in Marl bei Recklinghausen.

Die schnellere Produktentwicklung bis zur Marktreife ist das wichtigste Ziel in Open-Innovation-Projekten. Bei neuen Technologien ist oft das nötige Know-how nicht komplett im Unternehmen oder in der Abteilung vorhanden. Sie erfordern unterschiedliche Qualifikationen. Bei Partnerschaften mit anderen Unternehmen kann jeder Partner seine Kernkompetenzen einbringen und so die Ressourcen und das technologische Wissen für das Projekt verbreitern, mit den entsprechenden Kostenvorteilen für beide Seiten. Mit einer solchen Arbeitsweise ist die Chance viel höher, die wirklich geeigneten und motivierten Personen zu finden, ungeachtet der Hierarchie und bisherigen Stellung. Das Ergebnis zählt und nicht die Stellung im Unternehmen.

Durch die Einbindung der Kunden in den Innovationsprozess steigen gleichzeitig die Chancen, dass die Produkte sich im Markt etablieren können. Das Risiko eines Flops sinkt. Auch die Effizienz und der Return on Investment der investierten Entwicklungsgelder kann verbessert werden. Besonders Unternehmen im Consumer-Bereich haben sich dem

Open-Innovation-Konzept verschrieben. Unilever verfügt z. B. über einen mehr als 900 Millionen Euro großen Forschungsetat, beschäftigt 6.000 Entwickler in weltweiten Produktentwicklungszentren und ist dennoch auf Ideen und Anregungen von Kunden und Partnern angewiesen [3.35].

Open Innovation ist aber keine Einbahnstraße: Es bedeutet auch, dass unternehmensinterne Ideen nicht unbedingt innerhalb der Firma umgesetzt werden müssen. Spin-offs oder Corporate Venturing (Venture Capital-Finanzierung) können eine echte Alternative sein.

Bis in die 90er Jahre war Open Innovation weitgehend auf Partnerfirmen und einige ausgewählte Kunden beschränkt. Zu schwierig war die Identifikation der Kundenbedürfnisse. Marktforschungs-Umfragen und Studien sind teuer und es werden nicht unbedingt die innovativen Kunden erreicht, die ihren Input zum beiderseitigen Nutzen einbringen wollen. Erst die weite Verbreitung des Internets und die Entwicklung von Web 2.0-Tools, bei denen die Kommunikation und Zusammenarbeit im Vordergrund stehen, ermöglichen in den letzten Jahren die Einbindung breiter Massen in den Innovationsprozess.

Der amerikanische Nahrungsmittelkonzern General Mills entschied sich 2005 für einen Open-Innovation-Ansatz, der 2007 im General Mills Worldwide Innovation Network (G-WIN) formalisiert wurde, eine webbasierte Ideen-Plattform für externe Partner (vgl. **Abbildung 3.4**). Die Firma stellt konkrete Produktverbesserungen, die erwünscht sind, auf der Plattform zur Diskussion. Jeder, der einen Beitrag zur Verbesserung leisten kann, ist willkommen. Ob Mitarbeiter, Zulieferer, Wissenschaftler oder Kunde. In nur drei Jahren konnte der Konzern mit Hilfe eines Open-Innovation-Ansatzes 40 neue Produkte generieren [3.36]. Dieser Ansatz wird mittlerweile auch von vielen deutschen Unternehmen wie z. B. BMW verfolgt.

Abbildung 3.4: Open-Innovation-Plattform G-WIN von General Mills
(Quelle: https://genmills.inno-360.com)

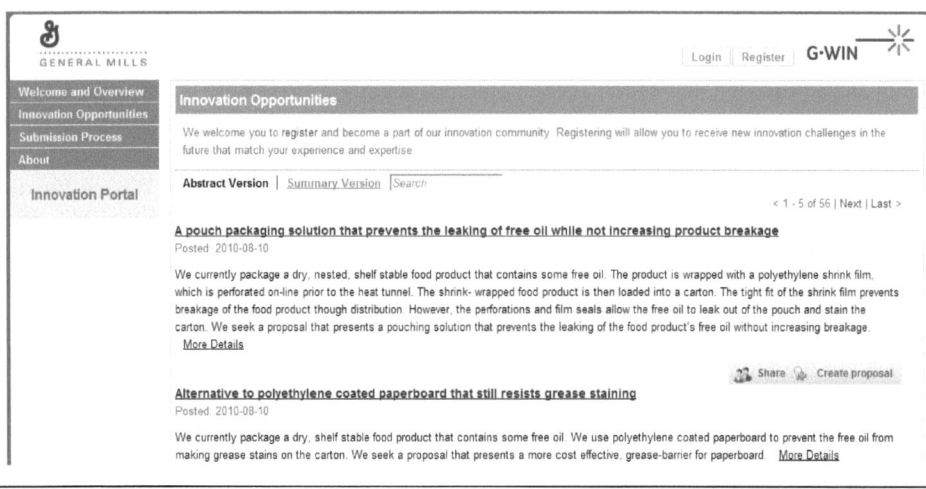

Unternehmen wollen also externes Wissen und Ideen durch verschiedene Tools und Internetplattformen aufspüren und für sich nutzen. Doch was sind die Motive der einzelnen, privaten Nutzer, der Ideengeber? Für viele Ideengeber ist es eine Mischung aus dem Wunsch, später ein verbessertes Produkt kaufen zu können, sozialer Anerkennung, Selbstvermarktung und finanziellen Anreizen. Wie in anderen sozialen Netzwerken und Communities im Internet spielen auch bei Ideen-Plattformen die Anerkennung durch andere Mitglieder und durch die Unternehmen eine große Rolle. Viele Menschen haben Spaß an der Lösung von Rätseln und Problemen, speziell in Wettbewerbsform.

Der Ideengeber kann aus seiner gewohnten Arbeitsumgebung ausbrechen und Impulse für andere geben. Impulse auch für eine eventuelle berufliche Umorientierung, denn viele Unternehmen nutzen solche Plattformen auch, um talentierte Menschen zu identifizieren. Unter Umständen bieten sie sogar einen Arbeitsplatz, die Förderung eines Start-ups zur Verwirklichung der Idee oder eine partnerschaftliche Entwicklung an.

Auch finanzielle Anreize sind nicht zu vernachlässigen. Selbst mit einfachen Ideen kann ein Ideengeber mit etwas Glück viel Geld verdienen. Bei Lösungsplattformen wie Innocentive liegen die ausgeschriebenen Gewinne für komplexe Fragestellungen oft im hohen fünfstelligen Bereich.

Am stärksten ist die Motivation, wenn ein großes Verlangen nach einem neuen Produkt besteht. Jemand wünscht sich unbedingt ein Produkt, das es noch nicht gibt, und ist bereit, an der Verwirklichung mitzuwirken.

Trotz aller Vorteile ist die Umsetzung eines Open-Innovation-Ansatzes ein schwieriger Prozess, der auf viele Hürden in den Unternehmen stößt. Voraussetzung für den langfristigen Erfolg ist die Unterstützung des Top-Managements.

Ein eindrucksvolles Beispiel dafür ist die amerikanische Firma Whirlpool. Der CEO dieses amerikanischen Haushaltsgeräteproduzenten, David R. Whitman, stellte ab 1999 die komplette Unternehmenskultur der Firma auf den Kopf. Das „Innovation 101"-Programm schuf eine innovationsfreudige Kultur mit größerer Fehlertoleranz. Experimente alle Art werden gefördert, Misserfolge werden akzeptiert. Auf unterster Ebene erfolgt der Ideenaustausch über interne Online-Foren sowie Ideenwettbewerbe und jeder Mitarbeiter erhält Fortbildungen im Innovationsmanagement. Klar definiert ist auch der Innovationsprozess: In einem mehrgliedrigen Verfahren bewerten 600 zertifizierte Innovations-Mentoren und verschiedene Innovations-Boards die Ideen, verteilen die Venture-Gelder und kontrollieren die Ergebnisse. Einfache Erkenntnis der Manager: Wer viele kleine Projekte finanziert, hat eine höhere Wahrscheinlichkeit, dass einige große Innovationen dabei sind. Und das bei überschaubarem Risiko, denn die Venture-Finanzierung der zahlreichen Ideenprojekte erfolgt in progressiven 25.000 US-Dollar-Schritten. Jedes Mal entscheiden die Innovations-Boards, ob das Projekt weiterfinanziert werden soll. Stolzes Ergebnis: 2006 erzielte Whirlpool 1,0 Milliarden US-Dollar Umsatz aus neuen Innovationen; 2007 waren es bereits 2,7 Milliarden US-Dollar; 2008 stiegen sie auf 4,0 Milliarden, über 20 Prozent des Gesamtumsatzes [3.37]. In nur zwei Jahren entwickelte Whirlpool mehr Innovationen als in der bisherigen Geschichte. Whirlpool konkurrierte nun nicht mehr in erster Linie über den Preis, sondern etablierte sich als Innovationstreiber der Branche.

Open Innovation ist nicht einfach. Das fängt bei Ideen für Produktinnovationen und Verbesserungen an: Endkundenbefragungen liefern oft Erkenntnisse, die Marketing- und Entwicklungsteams bereits bekannt sind, die aber nicht umgesetzt werden. Diese externen Impulse müssen aufgenommen, priorisiert und budgetiert werden.

Open Innovation erfordert auch ein Umdenken in der Art zu arbeiten. Teams werden aus verschiedenen Abteilungen und mit Partnern gebildet, um gemeinsam Innovationen zu entwickeln. Hierarchien müssen abgebaut werden. Die Prozesse müssen genau definiert werden, um zielgerichtet Innovationen zu fördern. Und nicht zuletzt sind gute Internet-Tools eine notwendige Voraussetzung für das Funktionieren eines gemeinsamen Innovationsprozesses. Erst sie ermöglichen eine schnelle und wirksame Kollaboration von Mitwirkenden aus allen Abteilungen über Ortsgrenzen hinweg.

Das Top-Management muss hinter dem Projekt stehen und mit seinem ganzen Gewicht in einem Top-down-Ansatz die Innovationskultur fördern und auch leben. Die Innovationen sollten nicht am nächsten Quartalsbericht gemessen werden, denn der Wirkungshorizont von Innovationsmanagement ist auf Jahre ausgelegt. Fehlentwicklungen und Flops sind zwangsläufige Ergebnisse und müssen erlaubt sein. Innovation beinhaltet Risiko.

Wenn die Unternehmensspitze keine Rückendeckung gibt, sind die Netzwerke und die Stellung eines Innovationsmanagers in der Regel nicht stark genug, die natürlichen Hürden in einem Unternehmen zu überwinden, die bei einer starken Veränderung der Unternehmenskultur entstehen.

Wie es funktionieren kann, zeigt auch das indische Firmenkonglomerat Tata. Gefördert vom Firmenchef Ratan Tata dürfen Mitarbeiter wöchentlich fünf Stunden für eigene Projekte verwenden. Beim jährlichen Mitarbeiter-Beurteilungsgespräch ist die Innovation eines von neun Kriterien, die Auswirkungen auf Lohnerhöhungen haben. Mitarbeiter und das Top-Management erhalten Kreativitätstraining. In einem formalen Prozess können auch Ideen aller Art in mehreren Stufen an verschiedene Entwicklungsabteilungen geleitet werden. An der Spitze steht ein zwölfköpfiges Tata Group Innovation Forum. Mit der Ideamax-Ideen-Plattform können Tata-Mitarbeiter auch Ideen eingeben und bewerten. Hunderte Ideen entwickelten sich daraus zu Projekten. Innovista heißt ein interner Tata-Ideenwettbewerb. 2009 nahmen 1.700 Teams aus 17 Tochterfirmen aus aller Welt teil. Eine Jury aus Außenstehenden bewertete die Projektvorschläge nach zahlreichen Kriterien, darunter auch die ökonomischen, finanziellen und sozialen Auswirkungen [3.38].

Ähnliche Programme mit Freiräumen für Innovationsaktivitäten existieren bei Google, 3M und Hewlett-Packard, allesamt Firmen, die für ihre Innovationskultur bekannt sind.

3.3 Internetbasiertes Inkubationsmanagement

3.3.1 Die Phasen des Inkubationsprozesses

Mittlerweile hat sich ein ganzer Forschungszweig zur Open Innovation entwickelt mit unterschiedlichsten Einstufungen und Definitionen zu Open Innovation. Im Kern sind sich alle einig, dass es dabei um die Öffnung des Innovationsprozesses im Unternehmen für externes Wissen, sei es durch Partner, Kunden oder die Allgemeinheit, geht. Im Vordergrund steht die Kollaboration der Beteiligten zum gegenseitigen Nutzen. Im Folgenden wird ein Schwerpunkt auf die Veränderungen von Open Innovation durch das Internet gelegt.

Beim Innovationsmanagement werden in einem mehrstufigen Prozess das Potenzial und die Umsetzbarkeit von Geschäfts- oder Produktideen getestet und bewertet. In vielen größeren Firmen gibt es spezielle Abteilungen, die das Innovationsmanagement übernehmen, damit sich die Forscher und Entwickler auf die Ideenfindung und Konzeption konzentrieren können.

Abbildung 3.5: Der Inkubationsprozess

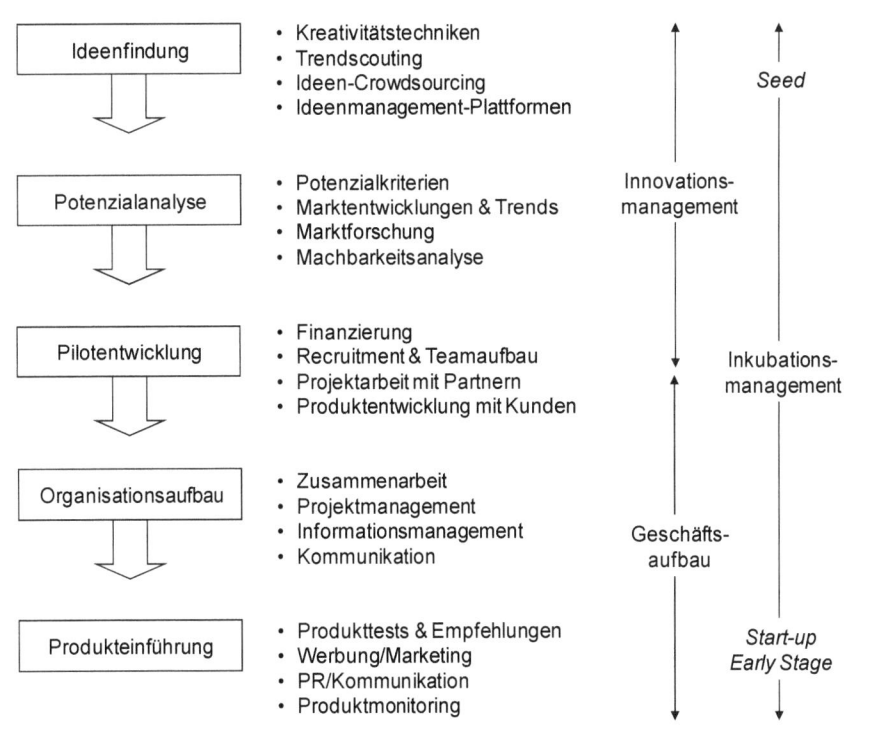

Das Inkubationsmanagement erweitert das Innovationsmanagement um den eigentlichen Geschäftsaufbau hin zu einer neuen Geschäftseinheit im bestehenden Unternehmen oder zu einem neuen, eigenständigen Unternehmen (vgl. **Abbildung 3.5**). Viele Gründer, Unternehmen oder Uni-Teams scheitern auf dem langen Weg von der initialen Idee bis zur kommerziellen Produkteinführung. Business-Inkubatoren als Geburtshelfer für neues Geschäft können in dieser Phase wertvolle Unterstützung geben. In einem definierten Inkubationsmanagementprozess können sie strategische und operative Entscheidungen in die richtige Richtung lenken.

Im ersten Schritt geht es um die Ideenfindung und Konkretisierung. Eine Anfangsidee wird weiterentwickelt, eine Lösung für ein Problem wird gesucht oder eine neue Technologie soll entwickelt werden. Verschiedene Kreativitätstechniken ermöglichen dabei eine systematische Ideensuche.

Wenn es gelungen ist, eine Idee als schlüssiges Unternehmenskonzept (und nicht nur als Produkt oder sogar nur Produktmerkmal) zu formulieren, beginnt die zweite Phase, die Potenzialanalyse. Durch Marktrecherchen und Marktforschung werden Informationen herangezogen, um das Potenzial, das richtige Timing, die Chancen und Risiken bewerten zu können. Macht es Sinn, Geld und Zeit in die Produktentwicklung zu stecken? Welche Mittel werden für den Aufbau des neuen Unternehmens oder der neuen Geschäftseinheit innerhalb eines Unternehmens benötigt und wer finanziert das Ganze? Die Erkenntnisse münden dann in einen Businessplan.

Die Potenzialanalyse beantwortet also zwei zentrale Fragen: Machbarkeit – Kann die Idee in ein tragbares Geschäftskonzept übersetzt werden? Wirtschaftlichkeit – Ist das Geschäftskonzept robust und nachhaltig profitabel? Wenn beide Punkte erfüllt werden, kann die Pilotentwicklung folgen, in der ein Prototyp eines Produktes hergestellt oder eine neue Dienstleistung im kleinen Maßstab entwickelt wird. Erste Tests im Pilotbetrieb zeigen bestehende Schwachpunkte und Wettbewerbsvorteile/-nachteile auf und geben dadurch wichtige Anhaltspunkte, ob die Idee wirklich tragfähig ist.

Nach einer positiv verlaufenden Testphase erfolgt der eigentliche organisatorische Aufbau einer neuen Firma oder Geschäftseinheit mit vollem Einsatz von Gründerteam und Ressourcen. Mitarbeiter werden eingestellt, Infrastruktur wird aufgebaut. Management-Qualitäten sind gefragt. In der anschließenden letzten Produkteinführungsphase muss sich das fertige Produkt durch Marketing- und Vertriebsmaßnahmen am Markt durchsetzen.

An diesem komplexen Inkubationsprozess scheitern viele Gründer. Ein Großteil der Pläne ist unrealistisch oder die nötigen persönlichen Fähigkeiten zur Team- und Organisationsentwicklung sind nicht vorhanden. Ein Inkubator bietet genau diese Dienstleistung. Er begleitet Gründer in allen Phasen des Prozesses für den Aufbau eines neuen Unternehmens oder einer neuen Geschäftseinheit in einem Konzern.

Alle Phasen und Probleme im Inkubationsmanagement (Ideen-/Innovationsmanagement & Geschäftsaufbau) bleiben auch bei einem internetgestützten Vorgehen bestehen. Doch die traditionellen Methoden können durch internetbasierte Tools begleitet und in vielen

Bereichen beschleunigt und verbessert werden. Diese Tools reflektieren die zuvor beschriebenen Trends eines veränderten Innovationsprozesses mit einer hohen Dynamik und Flexibilität, einer schnellen und komplexeren Produktentwicklung sowie einer vernetzten Arbeitswelt.

In den folgenden Kapiteln werden entlang der Phasen des Inkubationssprozesses verschiedene, internetbasierte Tools vorgestellt, durch die Innovationen und Kollaboration gefördert werden können. Und wie die kollektive Intelligenz, die große Masse der Internetnutzer, Mitarbeiter, Partner oder Kunden, in den Innovationsprozess eingebunden werden kann. Mit Ideen, Lösungsvorschlägen, Feedback oder mit einer konkreten Mitwirkung bei der Entwicklung.

3.3.2 Internetbasierte Open Innovation

Eine internetbasierte Open-Innovation-Kultur kann den Inkubationsprozess an vielen Punkten ergänzen, bereichern und beschleunigen. Dabei sind verschiedene Methoden zu unterscheiden, die hier kurz im Überblick dargestellt und in den folgenden Kapiteln vertieft werden.

Abbildung 3.6: Internetbasierte Open Innovation im Inkubationsprozess

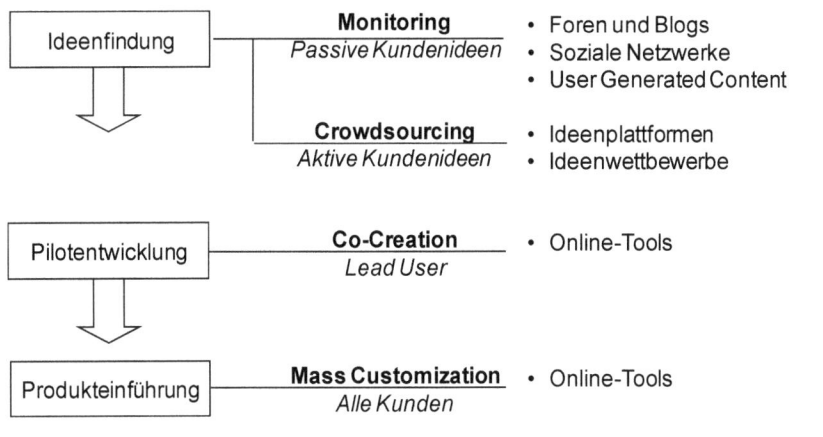

Durch das Internet kann ein Unternehmen theoretisch mit Hunderten Millionen Menschen direkt und indirekt verbunden sein. Die aktiven Internet-Nutzer äußern ihre Meinungen auf den verschiedensten Internet-Plattformen, zu jedem Thema, zu Produkten, zu Unternehmen. Dieses Wissen kann von Unternehmen für den Innovationsprozess genutzt werden.

Durch das regelmäßige Beobachten (Monitoring und Scannen) der Internet-Diskussionen in Foren, sozialen Netzwerken oder Firmen-Communities erhält ein Unternehmen wertvolle Informationen zu Trends, Feedback zu Produktschwächen und Stärken oder allgemeinen Wünschen der Kunden. In diesem Fall wird das Kundenwissen passiv abgeschöpft: Kunden äußern sich und das Unternehmen beobachtet und nimmt Ideen auf. Noch wertvoller werden die Informationen, wenn das Unternehmen dabei auf die Kunden reagiert und eine wechselseitige Kommunikation entsteht.

Unternehmen können neue Ideen durch das Crowdsourcing-Prinzip auch aktiv generieren. Die breite Masse („Crowd") der Internetnutzer wird aufgefordert, ihre Ideen einzubringen und sich für eine Sache zu engagieren. Werkzeuge dafür sind internetbasierte Ideen-Plattformen und Ideenwettbewerbe, bei denen sich jeder beteiligen kann.

Der zweite Schritt der Open Innovation erfolgt dann in der Co-Creation-Phase, der konkreten Produktentwicklung, gemeinsam mit Partnern oder Kunden. Hier geht es u. a. darum, visionäre und motivierte Kunden mit ihren Ideen und ihrer Tatkraft direkt in den Entwicklungsprozess einzubinden. Durch das Internet, speziell das Monitoring der Foren und sozialen Netzwerke, wird die Identifizierung solcher Lead User sehr erleichtert. Firmen erstellen eigene Diskussionsplattformen, um mit diesen Kunden in Kontakt zu kommen.

In der dritten Phase, wenn ein Produkt in die Produktion und den Verkauf geht, gibt es mit dem sogenannten „Mass Customization", der Individualisierung von Produkten, eine weitere Möglichkeit, Kunden zu involvieren. Unternehmen bieten Konsumenten Internet-Plattformen an, auf denen sie Merkmale von Produkte nach ihren Vorlieben gestalten und bestellen können. Im Rahmen dieser Individualisierung fallen wertvolle Daten über die Vorlieben der Kunden an, die als Anregungen und Ideen wieder in Produktentwicklung fließen können und Möglichkeiten aufzeigen, höherpreisige Produktvarianten zu verkaufen („Up-Selling)") oder andere Produkte mitzuverkaufen („Cross-Selling").

3.3.3 Das Crowdsourcing-Prinzip

Die Open Innovation beruht in verschiedenen Formen auf der Nutzung von Massen, von vielen einzelnen Personen, der „Crowd". Oberflächlich betrachtet ist die Masse ein träges Gebilde. Doch allein durch die bloße Beobachtung von Massen kommen erstaunliche Ergebnisse zum Vorschein.

Ohne ihr Wissen kann eine Masse von Menschen für Innovationen und Planungen eingesetzt werden. 1970 nutzte der Architekt Christopher Alexander die unbewusste kollektive Intelligenz der Masse, um Straßen und Wege auf dem neuen Universitätscampus von Oregon optimal anlegen zu können: Auf dem ausgesäten Rasen zeichneten sich bereits nach kurzer Zeit die beliebtesten Weg ab, die danach dann befestigt wurden [3.39]. Die Planer eines neuen Bürogebäudes am Stockholmer Bahnhof beobachteten die täglichen Menschenmassen im Bahnhof und entwickelten ein Konzept, in dem die Massen unwissentlich das neue Bürogebäude heizen. Die aufgestaute und abgeleitete Körperwärme der Bahnhofspendler erhitzt über Wassertanks das Heizungssystem der Büros [3.40]. Diese einfachen Beispiele zeigen, wie viel Potenzial die Masse bereits in ihrer passiven Form in sich trägt. Dies ist jedoch noch viel wirkungsvoller, wenn die Aufmerksamkeit einer breiten Masse von Menschen direkt angesprochen und auf ein Ziel, eine Aufgabe gelenkt wird.

Ein einfaches Beispiel ist der Publikumsjoker bei „Wer wird Millionär". Die Vielfalt der Menschen bewirkt, dass sich in einer Masse immer gewünschte Zielpersonen befinden, wenn die Masse groß genug ist.

Durch die weltweite Verbreitung des Internets steht erstmals ein Medium zur Verfügung, um eine breite, undefinierte Masse an Menschen zu vertretbaren Kosten direkt anzusprechen und zum Engagement zu bewegen und ihnen gleichzeitig die Instrumente an die Hand zu geben, um gemeinsam zu agieren, ohne Beschränkungen durch Länder und Grenzen.

In den sozialen Netzwerken, die sich für jeden Interessen- und Altersbereich gebildet haben, können sich Menschen weltweit vernetzen und damit Gleichgesinnte finden, um Projekte anzutreiben. Aber die eigentliche Kollaboration steht bei Plattformen wie Facebook, Xing oder StudiVz nicht im Mittelpunkt. Sie können jedoch der Ausgangspunkt für weltweite Projekte sein.

Das volle Kollaborations-Potenzial der Masse kommt erst bei von Nutzern gestalteten Wissensplattformen wie Wikipedia zum Tragen. Unzählige Menschen aus den unterschiedlichsten Kulturen und Regionen verwirklichen gemeinsam Projekte im Internet oder sammeln Wissen in strukturierter Form. Dabei erhalten sie keinen finanziellen Anreiz. Die Belohnung ist das entstehende Produkt und die soziale Anerkennung durch die anderen. Die Nutzer können sowohl Produzent als auch Konsument sein. Jeder kann mitmachen.

Wikipedia stellt zurzeit über 18 Millionen Artikel zur freien Verfügung [3.41]. Traditionellen Enzyklopädien wurde dadurch komplett das Geschäftsmodell entzogen, da die Qualität der Wikipedia-Artikel überzeugt und kein Medium aktueller ist. Für jeden Bereich gibt es sehr engagierte Nutzer, die die Artikel bei neuen Ereignissen schnell aktualisieren. Die Weisheit der Massen schlägt die kleinen Fachredaktionen einer Encyclopedia Britannica.

Jeder Mensch hat Informationen zu seiner Umgebung, die für sich genommen keinen großen Mehrwert bieten. Bei einer strukturierten Sammlung kann daraus ein Mehrwert für die Masse entstehen. Auf Plattformen wie Wikimapia und Openstreetmap kann jeder seine geografischen Kenntnisse freiwillig und kostenlos in Karten markieren. Hotels, Geschäfte, Fabriken, Besonderheiten, alles kann sehr einfach eingetragen werden.

Auf Wikimapia sind bereits über elf Millionen Markierungen gesetzt worden [3.42]. Durch Filteroptionen erhält der Nutzer bei einer entsprechenden Masse an Einträgen beispielsweise einen Überblick über alle markierten Sehenswürdigkeiten, Parks, Krankhäuser, Hotels u. v. m. der Welt (vgl. **Abbildung 3.7**). Das Projekt basiert auf dem Programm Google Earth, das bisher bereits über 700 Millionen Mal auf Computern installiert wurde und als Innovator mit einer eigenen Community die freiwillige Markierung der Welt fördert [3.43]. Bei dem OpenStreetMap-Projekt werden frei nutzbare Geodaten gesammelt. Fast 400.000 Freiwillige haben bisher schon mehr als 2,2 Milliarden GPS-basierte Markierungen gesetzt [3.44].

Abbildung 3.7: Crowdsourcing von Kartenmarkierungen auf Wikimapia
(Quelle: http://www.wikimapia.com)

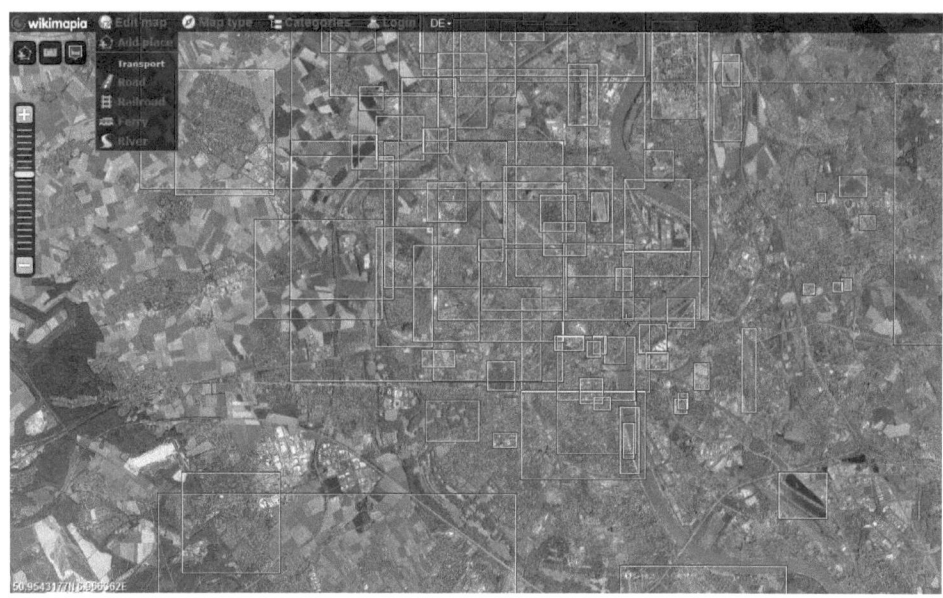

Diese Arbeit wäre durch eine einzelne Organisation nicht mit vertretbaren Kosten zu verwirklichen. Das breite, verteilte Wissen wäre nicht vorhanden, ganz abgesehen von den Kosten.

Eine andere Form für die gemeinsame Zusammenarbeit der Masse ist die Open-Source-Bewegung im Software-Bereich. Open-Source-Projekte richten sich in der Regel nicht an die breite Allgemeinheit, sondern sprechen Programmierer an, die ihre Kenntnisse freiwillig neben ihrer eigentlichen Arbeit einbringen.

Wer hätte vor einem halben Jahrhundert gedacht, dass weltweit Gleichgesinnte gemeinsam komplexe Softwareprogramme entwickeln können, in einer offenen und transparenten Weise. Mit einem Ergebnis, das kostenlos der Öffentlichkeit zur Verfügung gestellt wird. Nur das Internet ermöglicht den Zugang zu so einer breiten Masse, dass genügend fähige Freiwillige für solche Projekte zu finden sind.

Anfang 2009 zählte das Open-Source-Verzeichnis SourceForge.net weltweit rund 230.000 Open-Source-Projekte im Software-Bereich [3.45]. Die meisten Projekte sind zwar sehr klein, aber Erfolgsgeschichten wie Linux und Unix (Betriebssysteme), Apache (Marktführer bei Internet-Servern), Firefox (Browser) oder OpenOffice (Office-Software) zeigen, was die Masse bewirken kann.

In dem Open-Source-Betriebssystem Fedora Linux sollen 60.000 überwiegend von Freiwilligen geleistete Manntage Arbeit stecken [3.46]. Und die Software ist kostenlos. Microsoft hingegen entwickelte das Vista Betriebssystem komplett mit seiner eigenen Entwicklungsmannschaft in traditioneller Weise. Das intellektuelle Eigentum an dem Projekt sollte unbedingt abgeschottet werden und der Code wurde nur bedingt und in einzelnen Portionen außenstehenden Entwicklern zur Verfügung gestellt. Doch diese Closed Innovation hatte ihren Preis: Das Wirtschaftsmagazin „Business Week" schätzte, dass 10.000 Mitarbeiter über fünf Jahre an dem Vista-Projekt mitgewirkt haben [3.47]. Insgesamt gehen die Schätzungen über die Kosten des Projektes auf bis zu zehn Milliarden US-Dollar. Schon alleine aus ökonomischen Gründen ist es anderen Unternehmen kaum noch möglich, solche Megaprojekte komplett selbst zu verwirklichen.

Zunehmend gehen daher auch Unternehmen und Institutionen dazu über, in verschiedensten Bereichen die „Weisheit der Massen" für ihre Zwecke auch im Bereich Innovationsmanagement zu nutzen. Jeff Howe prägte dafür 2006 den Begriff „Crowdsourcing":

„Crowdsourcing represents the act of a company or institution taking a function once performed by employees and outsourcing it to an undefined (and generally large) network of people in the form of an open call. This can take the form of peer-production (when the job is performed collaboratively), but is also often undertaken by sole individuals. The crucial prerequisite is the use of the open call format and the large network of Potenzial labourers."

In der Literatur sind zahlreiche andere Bezeichnungen von Innovationsforschern zu finden, die jeweils eine leicht andere Ausrichtung haben: Common-based-Peer-Production of Innovation, Interactive Value Creation oder Wikinomics. Im Kern geht es bei allen Modellen darum, die Masse in die Ideen- und Produktentwicklung zu involvieren. Die Weisheit der Massen soll die Innovationsfähigkeit von Unternehmen steigern.

4 Internet-Tools zur Ideenfindung

Kapitelübersicht

Neue Geschäftsideen entstehen oft zufällig und spontan. Die Kunst des erfolgreichen Ideenmanagements für die spätere kommerzielle Verwertung besteht in der richtigen Kombination von offener, kreativer Ideenfindung und systematischer, marktorientierter Ideenauswahl.

Zur Unterstützung von Brainstorming und Trendscouting können zahlreiche neue Internet-Tools eingesetzt werden. Darüber hinaus existieren verschiedene Arten von Internetbasierten Ideen-Plattformen, die das Crowdsourcing-Prinzip, d. h. die Mobilisierung von vielen Mitwirkenden, nutzen. Einerseits gibt es Unternehmens-eigene Ideen-Plattformen, die entweder geschlossen nur für die eigenen Mitarbeiter oder offen für Mitarbeiter, Kunden und Partner betrieben werden. Andererseits gibt es firmenunabhängige, eigenständige Ideen-Plattformen für die öffentliche Ausschreibung von Problemlösungsaufgaben oder von Ideenwettbewerben.

Erfolgsfaktoren für den Einsatz der unterschiedlichen Internet-Tools sind die richtigen Fragestellungen zur Lösung eines Problems oder zum Entdecken eines neuen Ansatzes, die zielgerichtete und möglichst repräsentative Ansprache der Mitwirkenden bei der Ideenfindung und die richtige Vorauswahl aus der Masse der generierten Ideen.

4.1 Wie Ideen entstehen

Am Beginn des Innovationsprozesses steht die Frage: Wie findet man gute, d. h. kommerziell verwertbare Ideen?

Die naheliegendsten Ideen sind im näheren Umfeld zu finden. Personen denken über eigene Probleme nach, Unternehmen reagieren auf Kundenprobleme. Bestehende Missstände verlangen nach einer Problemlösung und bieten Anhaltspunkte für neue Ideen. Vielversprechend für Ideen sind auch Inspirationen aus externen Quellen, sei es durch Gespräche mit Experten, Informationsquellen aller Art oder durch Übertragung und Modifikation anderer Ideen.

Am anspruchsvollsten ist dabei eine systematische, vorausschauende Suche. Mit einem strategischen Konzept werden Trends aufgespürt, Visionen entwickelt, Marktentwicklungen analysiert und daraus Branchen und Nischen identifiziert, in denen großes Potenzial steckt. Potenziale müssen lange vor anderen gesehen werden und aus möglichst verschiedenen Blickwinkeln betrachtet werden, um zugehörige Innovationsideen möglichst konkret zu erfassen.

Auch zufällige Entdeckungen basieren oft auf einer systematischen Vorgehensweise. Bestes Beispiel dafür ist das Potenzmittel Viagra. Als Angina-Mittel entwickelt, wunderten sich die Forscher, dass nach Beendigung der klinischen Testphase einige Testpersonen ihre verbliebenen Viagra-Tabletten nicht zurückgeben wollten. Sogar Einbrüche in die Medikamentenschränke wurden verzeichnet. Und das trotz der eher enttäuschenden Testergebnisse. Die zufällig entdeckten, erregenden Nebenwirkungen schufen einen neuen, ungeahnten Milliardenmarkt für den Produzenten Pfizer. Ohne eine systematische Ideensuche wäre dieser Zufall jedoch niemals zustande gekommen.

Auch andere Produkte, die eine neue Produktlinie oder einen völlig neuen Bereich schufen, wurden nicht zufällig von Privatpersonen entdeckt, sondern waren Nebenprodukte von anderen Experimenten. Die Post-it-Haftnotizen sind eigentlich missglückte Superkleber. Bei der Entdeckung der Röntgenstrahlen war Röntgens Hand im Spiel. Der zerstreute Forscher Alexander Fleming ließ unabsichtlich Bakterienkulturen im Labor vergammeln und wurde dafür hoch geehrt: Für die Entdeckung des Penicillin erhielt er den Nobelpreis. Der Chemiker Albert Hofmann fand sogar seine Erleuchtung in einem Sandoz Labor: Am eigenen Leib spürte er die Wirkung von LSD. Dem Forscher Percy LeBaron Spencer schmolz ein Schokoladenriegel in der Tasche, als er vor einer Radar-Röhre stand. Zufall, aber nur der Wissenschaftler konnte den Zufall einordnen. Die Idee zur Mikrowelle war geboren.

4.2 Kreativitätstechniken für die systematische Ideensuche

Kreativitätstechniken für die systematische Suche nach Lösungen und Ideen sind ein großer Markt für Berater und Coachs aller Art. Dutzende verschiedene Methoden werden angeboten. Viele suggerieren den Weg zum Erfolg durch wissenschaftlich klingende Methoden, von dem Edison-Prinzip über die 6-3-5-Methode bis zur Synektik oder der Bisoziation. Jede Methode kennt scheinbar den sicheren Weg zur Idee.

In Unternehmen beschränkt sich die allgemeine Ideenfindung in der Regel überwiegend auf normale Brainstormings. Jeder Angestellte klagt über sie und das Kreativitätspotenzial solcher Meetings hält sich meistens in Grenzen. Um zielgerichteter zu einem Ergebnis zu kommen, werden in Unternehmen für Brainstormings auch Mindmapping- und Metaplan-Tools eingesetzt, mit denen Informationen und Ideen systematisch gesammelt und dokumentiert werden. Sie können im gesamten Innovationsprozess angewandt werden: bei der Ideenfindung, bei der Entwicklung von Konzepten, bei der Gestaltung und der Lösung von Umsetzungsproblemen.

Der Werbefachmann Alex Osborn entwickelte die Brainstorming-Methode 1957, damit Arbeitsgruppen möglichst ohne gewohnte Denk- und Kommunikationshemmnisse neue Ideen und Lösungen entwickeln [4.1]. In der ersten Phase sollen die Mitarbeiter spontane Einfälle äußern, auch ohne direkten Bezug zur Umsetzbarkeit. Anschließend werden die Vorschläge sortiert und bewertet. Aus den zufälligen zustande gekommenen Vorschlägen können sich neue Ideen bilden, das Wissen wird neu kombiniert.

Soweit die Theorie, denn Brainstormings sind nicht sehr effektiv, wenn Mitarbeiter ohne Vorbereitung zu einer Sitzung eingeladen werden und dann in und vor der Gruppe Denkbarrieren senken sollen. Zahlreiche Studien ergaben, dass es eine Vorbereitungsphase geben muss. Jeder Mitarbeiter sollte sich vorher Gedanken zu dem Thema machen und dann werden die Ideen und Assoziationen in der Gruppe geteilt und diskutiert.

Durch das Internet hat das Brainstorming eine neue Qualität erhalten. Zahlreiche Software-Dienstleister bieten spezielle Tools für Mindmapping an, als Teil von größeren Kollaborations-Lösungen oder Einzellösungen von Anbietern wie Mindomo, Mindjet oder Mindmeister (vgl. **Abbildung 4.1**).

Abbildung 4.1: Online-Mindmap für Brainstomings von Mindmeister
(Quelle: http://www.mindmeister.com)

Durch Online-Brainstormings ist die Ideensammlung nicht nur auf die vor Ort sitzenden wenigen Mitarbeiter beschränkt, sondern durch die Einbindung von Mitarbeitern an anderen Standorten, von Kunden oder sogar Konsumenten kann sich der Kreis der Ideengeber enorm erweitern.

Zwei Formen des Online-Brainstormings haben sich entwickelt: Bei den Live Brainstormings sind Teilnehmer aus verschiedenen Standorten über eine Internet-Plattform miteinander verbunden, oftmals in Verbindung mit Videoübertragungen. Online geben sie ihre Ideen, Anregungen ein und alles wird für alle sichtbar dokumentiert. Der Ablauf entspricht dem eines normalen Brainstormings.

Eine andere Form sind die sogenannten „Idea Jams", offene Brainstorming-Sitzungen, bei denen nicht alle Teilnehmer gleichzeitig teilnehmen müssen. Über einen festgelegten Zeitraum von Tagen oder Wochen kann sich jeder Teilnehmer zu Themen äußern oder Anregungen geben. Idea Jams werden dann eingesetzt, wenn die Themen tiefergehender behandelt werden sollen und eine sehr breite Vielfalt von Meinungen eingeholt werden soll. Auch Meinungen von Kunden und Partnern sind ausdrücklich erwünscht.

IBM hat eine Innovation-Jam-Lösung (https://www.collaborationjam.com) entwickelt, ein internetbasiertes Tool, über das der Konzern regelmäßig weltweite Brainstormings veranstaltet. Seit 2001 nahmen bisher über 300.000 IBM-Mitarbeiter an entsprechenden Sitzungen teil [4.2]. 2003 fusionierte IBM mit dem Consulting-Bereich von PriceWaterhouseCoopers (PWC) und IBM wollte die unterschiedlichen Unternehmenskulturen zusammenführen. In einem Value Jam konnten sich alle Mitarbeiter weltweit mit Ideen und Anregungen an der Neudefinition der Werte und Prinzipien beteiligen. In Diskussionsforen wurde über Grundsätze und Werte diskutiert, ein ideales Barometer für die Befindlichkeiten der verschiedenen Firmenteile. Mitarbeiter konnten Ideen auch bewerten und somit über neue Grundsätze mitbestimmen.

Im folgenden Jahr sollten Ideen für eine bessere interne Effizienz gefunden werden – mit Konsequenz für das Management. Am meisten nachgefragt wurde ein System zur Beurteilung der Effektivität des Managements, das dann auch umgesetzt wurde. 2006 nutzte IBM einen Jam für das Innovationsmanagement: 150.000 Personen beteiligten sich insgesamt an dem Brainstorming. Als Ergebnis wurden mit dem Crowdsourcing-Prinzip zehn neue Geschäftsmodelle für IBM identifiziert, die dann mit 100 Millionen US-Dollar Startkapital umgesetzt wurden [4.2].

Auch sonst setzt IBM stark auf Ideen der Kollaboration und Vernetzung: Mehr als 50.000 IBM-Mitarbeiter sind Mitglied bei „Social Blue", dem internen sozialen Netzwerk, und über 200.000 sind auf dem Business-Netzwerk „LinkedIn" zu finden [4.3].

Abbildung 4.2: Offene Diskussionsplattform Open Alchemy von Oracle (Quelle: http://www.openalchemy.co.uk)

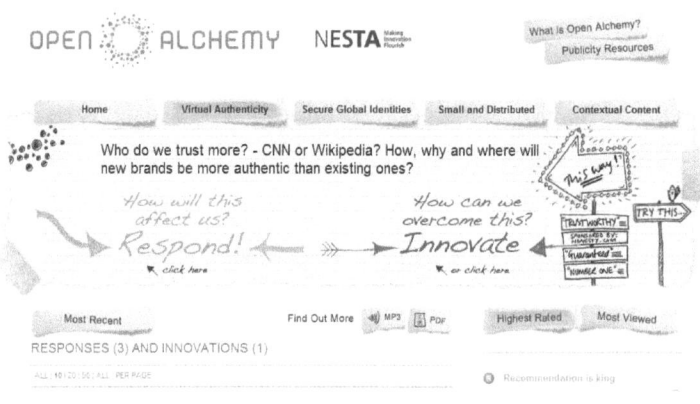

Der Softwarekonzern Oracle verfolgt mit seinem Open-Alchemy-Programm (vgl. **Abbildung 4.2**) das Ziel, eine kreative Umgebung zu schaffen, in der verschiedene große Oracle-Kunden über Herausforderungen der Zukunft diskutieren und gemeinsame Perspektiven erarbeiten. Aus den Jams gingen verschiedene kollaborative Projekte hervor. Eine Initiative ist WellBe, eine Allianz von Oracle, Pfizer, British Telecom u. a.: Hierbei soll ein System geschaffen werden, bei dem die Bevölkerung mit Hilfe von Rabatten zu einer gesünderen Lebensweise angeregt wird. Allein hätte keine der beteiligten Firmen die Ressourcen für dieses Projekt. Doch gemeinsam wagen sie den Schritt, ermuntert allerdings durch Fördermaßnahmen im Rahmen von Olympia 2012 in London.

Tabelle 4.1:	Internet-Tools für die Ideenfindung: Brainstorming, Mindmapping
Mindmeister (D) http://www.mindmeister.com	Brainstorming/Mindmapping-Tool – Fokus: User aus der ganzen Welt können via Browser gemeinsame Mindmaps erstellen oder Brainstormings abhalten; Integration in den „Google Apps Marketplace". – Kosten: Freie Nutzung und erweitertere, kommerzielle Vision; iPhone Version.
Mindjet (USA) http://www.mindjet.com	Mindmapping- und Collaboration-Tool – Fokus: Verknüpfung von Mindmapping mit diversen Kollaborations-Funktionalitäten (Projektmanagement, Meetings, File Sharing, Webkonferenzen). – Nutzer: Über 1,8 Millionen Nutzer in 85 Prozent aller Fortune-500-Unternehmen.
Weitere Anbieter	Mindomo Browser-basiertes Mindmapping-Tool http://www.mindomo.com Mind42 Browser-basiertes Mindmapping-Tool http://mind42.com Xmind (Hongkong) Mindmapping und Brainstorming-Tool http://www.xmind.net Bubbl.us (USA) Sehr einfaches, intuitives Brainstorming-Tool http://bubbl.us

	BrainR (D)
	Online Brainstorming und Ideen-Chat
	http://www.brainr.de
	brainfloor (A)
	Online Brainstorming
	http://www.brainfloor.com

4.3 Trendscouting – Nährboden neuer Ideen

Die besten Kreativitätstechniken setzen keine guten Ideen frei, wenn sich der Horizont der Mitarbeiter nur auf ihre Abteilungen und ihr Umfeld beschränkt. Für die Entwicklung neuer Produkte oder Geschäftsfelder ist eine Erweiterung des Blickfeldes erforderlich. Was wird in fünf Jahren sein, wo zeichnen sich erste vielversprechende Trends ab?

Das Internet hat die Möglichkeit zur Erkennung von Trends enorm erweitert. Der Einzelne ist nicht mehr auf die redaktionelle Aufbereitung und Filterung von Trends in Fachmagazinen angewiesen. Der Einzelne kann selbst aktiv werden, ohne Filterung, ganz nach seinen eigenen Interessengebieten. Zu jedem Thema bereiten Experten in Hunderten von Blogs die neuesten Entwicklung und Trends auf, über Twitter verbreiten sich Informationen in Sekundenschnelle. Blogs wie Engadget, Gizmondo, Mashable, TechCrunch oder PSFK sind z. B. Standard-Informationsquellen, die den Leser mit den neuesten Trends aus den Bereichen Digital Lifestyle, Consumer Electronics und Social Media informieren.

Bei einer guten Auswahl aus den verfügbaren Informationsquellen kann sich jeder täglich die neuesten Trends und Produkte zu seinem Fachgebiet sammeln lassen. Ständig aktualisiert, weitgehend kostenlos und überall verfügbar durch webbasierte Nachrichtenplattformen (RSS-Reader).

Noch früher setzen spezielle Inspirations-Plattformen wie Trendhunter (vgl. **Abbildung 4.3**) oder Trendwatching an, die einen breiteren Fokus auf ausgefallene Ideen und Projekte setzen, auf Konsumenten-Trends. Gibt es neue gesellschaftliche Trends? Welche Entwicklungen bewirken eine Veränderung der Kundennachfrage? Gibt es Lücken zwischen Kundenerwartungen und Angeboten?

Nach dem Prinzip des Crowdsourcings können auf diesen Trendplattformen weltweit Tausende Mitglieder die neuesten Produkte und Services in einer Datenbank eingeben: Stylings, coole neue Geräte, Geschäftsideen und Trends aller Art. Auch kleine Veränderungen von bestehenden Produkten, die von den Trendsuchern als cool bewertet werden, sind wertvolle Erkenntnisse für Produktentwickler. Alles wird gesammelt und klassifiziert. Hinzu kommt noch die Auswertung von Hunderten Online- und Offline-Quellen durch eigene Redaktionen.

Trendscouting - Nährboden neuer Ideen 91

Abbildung 4.3: Crowdsourcing von neuen Trends und Ideen auf Trendhunter
(Quelle: http://www.trendhunter.com/cool)

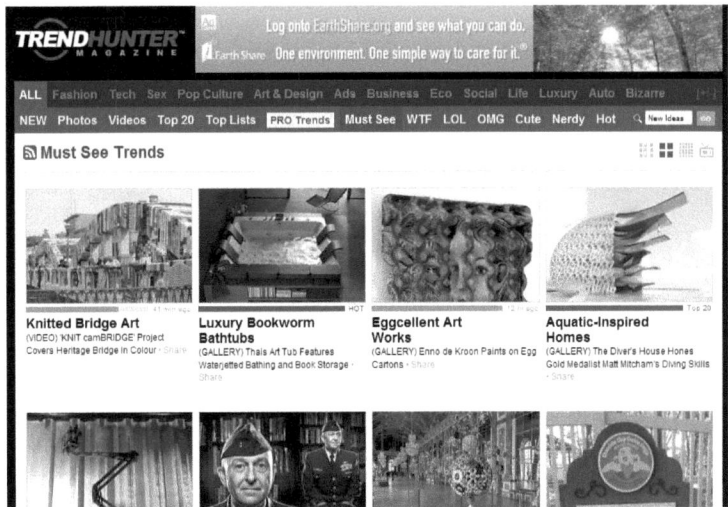

Durch die weltweite Verteilung der Mitglieder können Entwicklungen in einer frühen Phase lokalisiert werden, völlig kostenlos. Zahlenden Kunden werden darüber hinaus Analysetools angeboten, die eine Ordnung der Trends erlauben. Eine gute Ergänzung zur traditionellen Marktforschung, die erhebliche Schwierigkeiten mit der Erkennung von frühen Trends hat.

Die Plattform Springwise konzentriert sich auf vielversprechende Geschäftsideen, die verwirklicht wurden. Sie ist eine Inspirationsquelle für zukünftige Gründer und Wettbewerber, die das bestehende Konzept für den lokalen eigenen Bereich adaptieren können. Oder für Investoren und Partner, die dort lohnende Investitionsobjekte finden können.

Tabelle 4.2: Internet-Tools für die Ideenfindung: Trend-Portale

Trendhunter (CAN) http://www.trendhunter.com	Größte Trend-Community der Welt – Fokus: 84.000 Mikro-Trends und Ideen, täglich ca. 100 neue Trends und Beispiele. – Mitglieder: 37.000 Trendspotter.
Springwise (NL) http://www.springwise.com	Plattform für neue Geschäftsideen – Mitglieder: 8.000 Trendspotter in 70 Länder.

	– Besonderheit: Trendspotter-Community http://www.springspotters.com
Trendwatching (UK) http://trendwatching.com/	Globale Trends, Schwesterfirma von Springwise – Fokus: Monatliche Reports (basierend auf Erkenntnissen von Springspottern). – Nutzer: 160.000 Abonnenten.
Weitere Anbieter	Trendguide (USA) Global Trendscout Netzwerk http://www.trendguide.com TheCoolhunter (UK) Styles, Trends http://www.thecoolhunter.net BoingBoing (USA) Trend Blog http://boingboing.net C-Scout (USA/Japan) Trend Agentur. http://cscout.com Engadget (USA) Consumer Electronics http://www.engadget.com Gizmodo (USA) Gadgets, Digital Lifestyle http://www.gizmodo.de Mashable (USA) Social Media, Start-ups http://mashable.com TechCrunch (USA) Technology-Start-ups, Trends http://techcrunch.com PSFK (USA) Tägliche Trends und Innovationen http://techcrunch.com

4.4 Crowdsourcing zur Ideengenerierung

Um nicht nur Trends zu sammeln, sondern auch eine große Masse ganz neuer Ideen aus aller Welt zu generieren, kann das Crowdsourcing-Prinzip als Bottom-up-Ansatz und kosten-effektive Ideenfindungsmethode genutzt werden. Gleichzeitig fördert dieser Ansatz die direkte Beziehung zwischen Unternehmen und Konsumenten. Die Schwierigkeit besteht darin, aus den vielen Anregungen die wirklich guten herauszufiltern.

Zu unterscheiden sind die verschiedenen Einsatzgebiete des Crowdsourcings in der Relation zu Außenstehenden (vgl. **Abbildung 4.4**). Beschränkt sich die Ideengenerierung auf die traditionell firmeninternen Forschungs- und Entwicklungsabteilungen, spricht man von Closed Innovation. Die erste Stufe der Öffnung bindet die eigenen sonstigen Mitarbeiter durch interne Ideen-Plattformen ein. Sie können sich an alle Mitarbeiter richten oder auch ausgeschiedene Mitarbeiter umfassen.

Abbildung 4.4: Verschiedene Wege der Ideengenerierung von Unternehmen

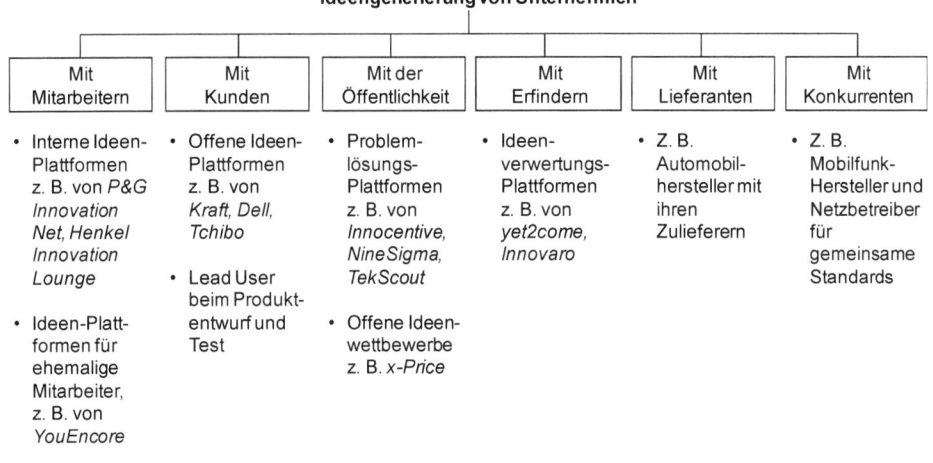

Auf der zweiten Stufe öffnen sich einzelne Unternehmen auf eigenen Plattformen für Partner und Kunden. Über offene Ideen-Plattformen oder unternehmenseigene Communities erhalten Unternehmen wertvollen Input von der Zielgruppe.

Auf der dritten Stufe sind die unabhängigen Plattformen für Problemlösungen und Ideenwettbewerbe angesiedelt, die sich lösungsorientiert an die Allgemeinheit richten. Verschiedene Unternehmen können dort Fragen und Probleme in der Öffentlichkeit lancieren, in der Hoffnung, dass sich in der breiten Masse Lösungen finden lassen.

Eine weitere Öffnung kann schließlich hin zu Erfindern, Lieferanten und sogar Konkurrenten erfolgen, wobei bei dieser Form der Ideengenerierung immer weniger die Crowd, sondern andere, ausgewählte Unternehmen eine Rolle spielen.

Bei allen Einsichten, die ein Unternehmen durch das Crowdsourcing gewinnt, muss stets bedacht werden, dass die Personen, die sich aktiv daran beteiligen, nicht repräsentativ für die Bevölkerung sind. Die vermeintlich große Masse beschränkt sich nach diversen Studien hauptsächlich auf junge, weißhäutige Männer aus der Mittelschicht, hoch gebildet und technisch affin. Für die Ideengenerierung spielt diese fehlende Repräsentativität keine so große Rolle.

Bei Produkttests, die sich an die Allgemeinheit richten, sollte die Demografie aber auf jeden Fall berücksichtigt werden. Denn in der Regel wird nur ein kleiner Teil der Masse genutzt. Und im Allgemeinen setzen sich beim Crowdsourcing und bei der Beurteilung durch die Masse nicht die radikalen Innovationen durch. Ideen-Crowdsourcing eignet sich am besten für evolutionäre statt revolutionäre Innovationen. Der amerikanische Autopionier Henry Ford brachte diesen Aspekt nach der Einführung seines berühmten Model T treffend auf den Punkt [4.4]:

"If I had asked the customer, he would have asked for a faster horse."

4.5 Internet-Plattformen für systematisches Ideenmanagement

4.5.1 Firmen-interne Ideen-Plattformen

Die naheliegendste Form der Ideenfindung für ein Unternehmen ist die Nutzung der Ideen und Anregungen der eigenen Mitarbeiter. Sie kennen das Unternehmen, die Branche und die Produkte, werden aber durch Hierarchien und Bürokratie oft daran gehindert, sich aktiv am Innovationsprozess zu beteiligen.

Eine Methode, diesen unternehmensinternen Wissenspool zu öffnen, sind internetbasierte interne Ideen-Plattformen, die zu einer besseren Innovationskultur beitragen können. Viel ist schon bewirkt, wenn dadurch die unternehmensinternen Barrieren zwischen verschiedenen Abteilungen oder Standorten abgebaut werden und Mitarbeiter miteinander kommunizieren. Große Konzerne aus dem Konsumgüterbereich unterhalten sogar eigene Innovationsmanagement-Abteilungen, in denen Ideenmanager abteilungsübergreifend den Wissenstransfer steuern sollen.

Der Chemiekonzern Henkel startete im Jahr 2006 eine dreijährige Innovationsoffensive, um das Bewusstsein der Mitarbeiter für Ideen und Innovationen zu schärfen. Alle der ca. 50.000 weltweiten Mitarbeiter wurden aufgerufen, ihre Gedanken zu neuen Produkten, Arbeitsprozessen, internen Vorgängen oder Kommunikations- und Marketingmaßnahmen über eine interne Plattform einzubringen. Stolze Bilanz nach nur einem Jahr: Fast die Hälte der Mitarbeiter beteiligte sich mit ca. 100.000 Vorschlägen und Ideen [4.5]. Ein weiterer Kernpunkt ist die „Inno-Lounge", in die 700 Henkel-Mitarbeiter aus Forschung, Entwicklung und Marketing ihre Produkt-Ideen einbringen. Der „Ideengeber des Monats" darf seinen Vorschlag persönlich dem Vorstand vorstellen [4.6].

Daneben investierte der Konzern viel in einen effizienteren, dreigliedrigen Innovationsprozess. Mit einer runden Innovationsstrategie, die die Mitarbeiter eng einbindet, konnte Henkel die Wirtschaftskrise und Konsumflaute gut überstehen. Die Innovationsquote wurde in den letzten Jahren erheblich gesteigert: 40 Prozent aller Henkel-Produkte sind nicht älter als drei Jahre [4.7].

Einen Schritt weiter geht Procter & Gamble (P&G) mit seinem internen Innovation.Net, das eine interne Wissens- und Ideen-Plattform mit Web 2.0-Funktionen verbindet. Zum einen können die 8.000 Wissenschaftler und Forscher über die Plattform weltweit ihre Ideen in „communities of practice" mit anderen Mitarbeitern teilen. Über die Wissensgebiete sollen sich Mitarbeiter kennenlernen, die in verschiedenen Standorten/Ländern an ähnlichen Themen arbeiten. Sie können Wissen aus internen und externen Quellen vernetzen, mit 600 externen Partnern kommunizieren oder einfach ihr firmeninternes Netzwerk erweitern. Insgesamt sind in der Plattform über zehn Millionen Dokumente online zu erreichen sowie eine Datenbank mit 30.000 Patenten [4.8].

Der amerikanische Handelskonzern Best Buy verbindet sogar Ideen direkt mit Business-Inkubation. Mitarbeiter werden über eine interne Ideen-Plattform ermuntert, Ideen und Anregungen aller Art zu äußern. Gute Ideen können die Mitarbeiter dann selber umsetzen: Die Firma gibt ihnen dafür Seed Capital.

4.5.2 Internetbasierte Ideenmanagement-Software

Eine ganze Reihe von Dienstleistern bietet internetbasierte Innovationsmanagement-Software für Unternehmen an, die eine interne Ideen-Plattform betreiben wollen. Die meisten der oben beschriebenen Unternehmens- und Ideen-Plattformen basieren auf diesen Software-Paketen.

Neben Anbietern wie Salesforce oder SuccessFactors, die diese Ideenmanagement-Software als Teilpaket in einer großen Lösung anbieten, gibt es auch spezialisierte Anbieter wie Spigit, Brightidea oder Jive. Sie bieten Ideen-Plattformen mit Innovationsmanagement- und Statistik-Modulen an. Diese umfassen alle Schritte des Innovationsprozesses, von der Idee bis zur Produkteinführung. Wichtig ist eine genaue Definition aller Prozesse, die dann mit Hilfe der Software in Echtzeit kontrolliert und gesteuert werden können. Die Transparenz für alle Beteiligten ist dabei eine Bedingung für das Gelingen.

Das amerikanische Unternehmen Emerson Electric (EMR) führte mit Hilfe von Brightidea ein neues Innovationssystem ein. Dabei werden Produkteinführungen durch umfangreiche statistische Methoden bewertet, egal ob sie nur kleine Verbesserungen darstellen oder ganz neue Produktlinien schaffen. Der Innovationsgrad soll für jede Abteilung, jeden Forschungsmitarbeiter bestimmt werden. Durch das Tool sollen die Entwickler mehr Zeit bekommen, wirklich neue Produkte mit hohem Potenzial zu entwickeln, statt sich mit nur kleinen Verbesserungen zu beschäftigen. Emerson lenkt die Forschungsgelder nach Auswertung der Daten in die aussichtsreichsten Projekte.

Tabelle 4.3: Internet-Tools für die Ideenfindung: Internetbasierte Ideenmanagement-Software

Brightidea (USA) http://www.brightidea.com	First Mover – Fokus: „Full Lifecycle Innovation Management". – Referenzen: Adobe, American Express, Philips, Emerson, Hewlett-Packard, AstraZeneca, Philips, British Telecom.
Spigit (USA) http://www.spigit.com	– Fokus: „Behavioral science meets innovation social network". – Besonderheiten: Contests, Prediction Markets. – Referenzen: Nicht nur große Firmen, sondern auch SME; Cisco, Pfizer, Southwest Air.
Jive (USA) http://www.jivesoftware.com	– Fokus: Innovation durch Kollaboration, Einbindung von Social Media. – Kunden: Cisco, Deutsche Lufthansa AG, Intel, Nike, SAP, Swiss Re, T-Mobile.
Weitere Anbieter	Imaginatik (USA) Ideenmanagement-Software http://www.imaginatik.com ideas4All (E) „User-to-User Idea Network", kommerzielle Version für das interne Ideenmanagement http://www.ideas4all.com Hyve (DE) Interne und Externe Innovation Communities http://www.hyve.de

4.5.3 Offene Ideen-Plattformen von Unternehmen

Unternehmen können auch für die Öffentlichkeit zugängliche Ideen-Plattformen im Internet anbieten, die natürlich auf die Belange der eigenen Firma zugeschnitten sind (vgl. **Abbildung** 4.5). Die Ziele können unterschiedlich sein. Als Feedback- und Ideen-Tool können Firmen Anregungen und Vorschläge für Produktverbesserungen von Kunden aufnehmen, filtern und in neue Produkte einfließen lassen. Wichtig ist dabei, dass die Kommunikation nicht einseitig verläuft. Der Kunde erwartet für seine Mitarbeit auch ein Feedback des Unternehmens, in Form von Belohnungen oder in der Umsetzung von eingegangenen Ideen.

Abbildung 4.5: Ausrichtung offener Ideen-Plattformen von Unternehmen

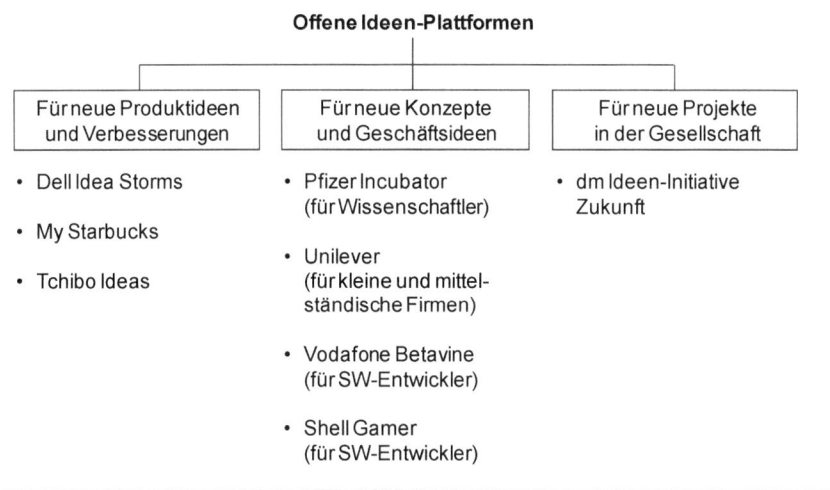

Die Kaffeehauskette Starbucks zeigt mit ihrer MyStarbucks-Plattform eindrucksvoll, wie die Konsumenten mit Hilfe von Web 2.0-Tools an den Konzern gebunden werden und ihre Ideen und Verbesserungsvorschläge einbringen können (vgl. **Abbildung 4.6**). Starbucks-Fans können neue Geschmacksrichtungen vorschlagen, Serviceverbesserungen anregen oder einfach Design-Tipps für Tassen geben. Damit erhält der Konzern wertvolle Hinweise auf die Kundennachfrage, denn die Ideen können von den anderen registrierten Nutzern der Plattform bewertet werden. Auf diese Weise erhält der Konzern nebenbei ein Ranking der besten Ideen – direktes Kundenfeedback und Marktforschung frei Hand.

Und das Erstaunliche: Starbucks verspricht keine Belohnung für die erfolgreichen Ideengeber außer der namentlichen Erwähnung auf der Ideenseite. Soziales Ansehen unter den anderen Starbucks-Fans statt finanzieller Anreize. Die Kunden wünschen sich ein Produkt und freuen sich, wenn es dann wirklich auf dem Markt erhältlich ist. Das ist für die Fans Anreiz genug.

Abbildung 4.6: Offenes Ideen-Portal MyStarbucks von Starbucks
(Quelle: http://mystarbucksidea.force.com)

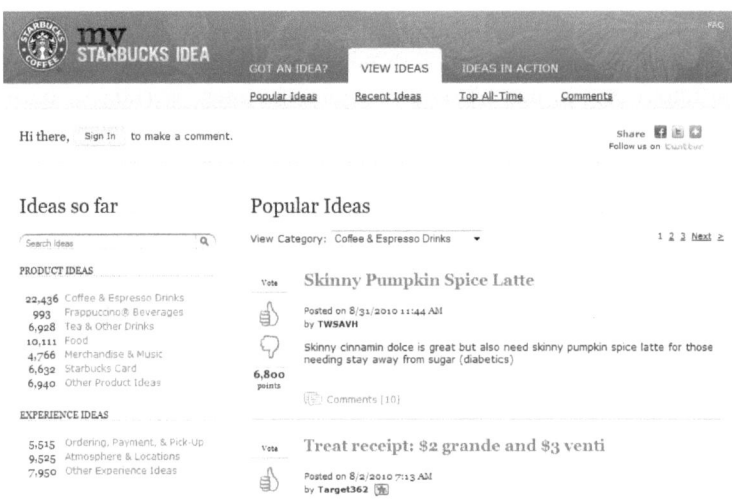

Dell Computer betreibt seit 2007 mit Ideastorm eine ähnliche Plattform. Kunden können Ideen für zukünftige Produktverbesserungen aller Art abgeben, die dann in der Community diskutiert und bewertet werden. Die Kunden regen an, der Konzern reagiert. Doch Dell geht noch einen Schritt weiter: Seit Dezember 2009 veranstaltet Dell Online Brainstormings (Storm Sessions), bei denen ein spezielles Thema von Dell für einen begrenzten Zeitraum zur Online-Diskussion gestellt wird. Der Konzern regt an, die Kunden reagieren. Mit Erfolg: Insgesamt konnte Dell durch Ideastorm über 15.000 Ideen generieren, von denen mehr als 430 Produktverbesserungen auch umgesetzt wurden [4.9].

Salesforce.com, ein Anbieter für Kundenbeziehungs-Software, erhielt jährlich Tausende Meinungen von Kunden, welche Funktionen in einer neuen Produktversion berücksichtigt werden sollten. Die Auswertung und Filterung bereiteten Salesforce große Probleme. 2006 startete Salesforce die eigene Ideen-Plattform Idea Exchange, um das Problem zu lösen. Kunden können nicht nur Vorschläge einstellen, sondern durch eine Bewertung der Vorschläge durch die Community erhält der Konzern wertvolle Einblicke, welche neuen Funktionen wirklich nachgefragt werden. Idea Exchange veränderte den Forschungs- und Entwicklungsprozess. Produktentwicklungen werden schneller und zielgerichteter umgesetzt, die Hälfte davon basieren auf Vorschlägen der Community [4.10].

Doch nur wenige Firmen haben eine solche starke Fan-Basis wie Starbucks, Salesforce oder Dell, die sich ohne finanzielle Anreize engagiert. Die deutsche Kaffee- und Handelskette Tchibo muss auf ihrer Ideen-Plattform finanzielle Anreize bieten, um Ideen zu erhalten. Tchibo hat zwar einen großen Kundenkreis, doch die Kunden sind älter, nicht so technikaffin und so engagiert für die Marke Tchibo. Tchibo lässt in Fernost in wechselnden The-

Internet-Plattformen für systematisches Ideenmanagement

menaktionen Alltagsgegenstände aller Art produzieren. Auf der Ideen-Plattformen gibt es zwei Partizipationsmöglichkeiten: Es können wie bei Dell oder Starbucks konkrete Produktideen vorgeschlagen werden, wobei die Ideenpalette bei Tchibo viel breiter ist. Wenn eine Idee verwirklicht wird und über Tchibo vertrieben wird, erhält der Ideengeber Lizenzgebühren für das Produkt. Darüber hinaus können die Nutzer der Plattform auch Alltagsprobleme schildern, für die sie sich Produkte wünschen. Die anderen Community-Mitglieder diskutieren über die Relevanz der Probleme und entwickeln gemeinsam Lösungsvorschläge, die Tchibo-Designer dann in Produkte umsetzen können.

Solche externen Ideen-Plattformen sind besonders im Bereich der Konsumgüterindustrie zu finden, wo sich Kundenbedürfnisse schnell ändern können. Procter & Gamble, Unilever oder Kraft, sie alle versuchen, Kundenideen bereits frühzeitig in die Produktentwicklung einzubinden.

Abbildung 4.7: Offenes Portal Betavine für Entwickler von Vodafone
(Quelle: http://www.betavine.net/bvportal/home)

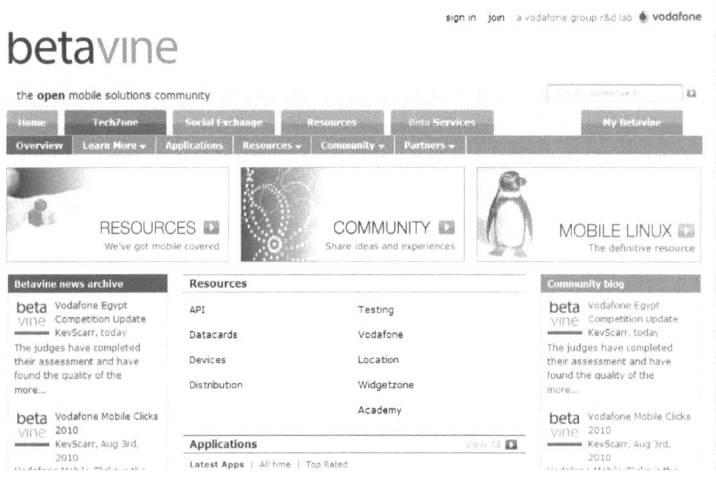

Der Mobilfunkkonzern Vodafone betreibt mit Betavine eine eigene Web 2.0-Plattform zu konzerneigenen Zukunftsfeldern (vgl. **Abbildung 4.7**). Die firmeneigenen Entwicklungsabteilungen sollen durch die Mobile Community unterstützt werden. Entwicklern von mobilen Applikationen werden zahlreiche Entwicklungsressourcen kostenfrei zur Verfügung gestellt, sie können in der Community Probleme diskutieren, ihr Wissen teilen, an Wettbewerben teilnehmen und Projekte vorstellen. Die Nutzer können Applikationen anderer Nutzer bewerten und über Entwicklungspotenziale diskutieren. Dabei sind die Projekte nicht auf Vodafone-Technologien oder -Plattformen beschränkt. Die Vodafone-Entwickler erhoffen sich vielmehr die Entwicklung eines offenen Ökosystems rund um Vodafone-Produkte, aber auch das Erkennen von Trends und Produktentwicklungen außerhalb der eigenen Firma. Durch Offline-Events sollen sich die Entwickler auch persönlich kennenlernen, wie auch Vodafone an direkten, persönlichen Kontakten zu talentierten Entwicklern interessiert ist.

Bei einigen Plattformen stehen neue Konzepte und Technologien im Vordergrund. Hier können kleine Firmen und Gründer, die in definierten Technologiefeldern tätig sind, Kontakt zu Unternehmen aufnehmen. Ziele sind die frühzeitige Entdeckung neuer Technologien und eine eventuelle gemeinsame Weiterentwicklung. Damit geht der Ansatz in Richtung Corporate Venturing, doch hier verläuft der Wissenstransfer entgegengesetzt: Beim Corporate Venturing werden unternehmensinterne Innovationen außerhalb der Firma verwirklicht, während in diesem Falle externes Wissen mit Hilfe und zum Nutzen der Firma inkubiert wird.

Der Pharmakonzern Pfizer bietet z. B. mit seinem „Pfizer Incubator" Wissenschaftlern die Verwirklichung eigener Projekte an. Unternehmerische Wissenschaftler, die innovative Ideen bereits über die Ideenphase hinaus weiterentwickelt haben, können in Partnerschaft mit Pfizer Produkte zur Marktreife entwickeln. Die Wissenschaftler können dabei die Forschungs-, Entwicklungs- und Marketing-Infrastruktur von Pfizer nutzen, ohne bei Pfizer unter Vertrag zu stehen. Pfizer finanziert dem Wissenschaftler eine 24-monatige Entwicklungsphase, kontrolliert durch sechsmonatige Meilensteine, die erreicht werden müssen.

Der Ölkonzern Royal Dutch/Shell richtet sich mit seinem 1996 gegründeten GameChanger-Programm in erster Linie an einzelne Ideengeber oder Teams, die sich mit technologischen Entwicklungen im Energiebereich wie z. B. Brennstoffzellen beschäftigen. Wer Shell von dem Potenzial seiner Innovation überzeugen kann, erhält bis zu 100.000 US-Dollar Kapital, um ein funktionsfähiges Konzept oder einen Prototypen zu entwickeln. Nützliche Kontakte und Betreuung runden dieses Business-Angel-Investor-Konzept ab. Royal Dutch/Shell will rund zehn Prozent des Budgets für technologische Forschung in Venture-Capital-Förderung investieren [4.11].

Eine ähnliche Zielsetzung verfolgt auch der amerikanische Mischkonzern General Electric mit seiner „GE ecomagination Challenge". Hier steht die Entwicklung neuer Technologien für „saubere" Energie und intelligente Stromnetzwerke im Mittelpunkt. Anders als bei anderen Open-Innovation-Plattformen geht es hier nicht nur um die Ideengenerierung, die durch eine interaktive Social Community zur Bewertung und Vernetzung der Ideen unterstützt wird. In einem weitergehenden Schritt bietet General Electric die gemeinsame Weiterentwicklung der Ideen an. Sei es als Forschungs-Stipendium, als gemeinsame Produktentwicklung oder als Eigenkapital-Beteiligung. Insgesamt wollen General Electric und Partner gut 200 Millionen US-Dollar im Rahmen des Projektes investieren [4.12].

Eine andere Zielgruppe hat Unilever mit seinem Unilever-Ventures-Programm im Visier: kleine und mittlere Unternehmen, die bereits eine spezielle innovative Technologie entwickelt haben, die für den Konzern neue Produktbereiche eröffnen könnten. Interessante Firmen werden durch Venture Capital und andere Inkubationsleistungen frühzeitig an Unilever gebunden und Produkte bis zur Marktreife finanziert.

Doch Ideengeber sollten sich die unterschiedlichen Plattformen genau anschauen, denn die Verwertung wird unterschiedlich gehandhabt. Während General Electric an einer Zusammenarbeit interessiert ist und die Rechte komplett beim Ideengeber bleiben, geht Cisco mit seinem iPrize Wettbewerb einen anderen Weg. Cisco bietet 250.000 US-Dollar für neue Konzepte und Ideen, die Potenzial für neue Produktlinien haben. Dafür erhält Cisco aber auch das Recht, alle Technologien, die in den Ideenwettbewerb einfließen, später selber zu lizenzieren [4.13].

Externe Ideen-Plattformen werden von Firmen nicht immer nur für die Produktentwicklung genutzt. Auch soziale Ziele können im Fokus stehen. Die deutsche Drogeriekette dm stellt die Nachhaltigkeit in den Vordergrund. Eigentümer Götz Werner, ein bekennender Anthroposoph, hat in seinen Drogerien eine sehr Mitarbeiter- und Kunden-freundliche Unternehmenskultur aufgebaut und dementsprechend werden auf der Internet-Plattform „dm Ideen-Initiative Zukunft" nach dem Motto „Jeder kann auch mit kleinen Ideen Großes bewirken" Projekte von Kunden gefördert. 2009 reichten 50.000 Teilnehmer (Vereine, Schulklassen, Initiativen, Privatpersonen) in 2.500 Projekten Vorschläge zum Thema Nachhaltigkeit ein. Über tausend Projekte erhielten eine Förderung von je 1.000 Euro. Einzige Bedingung für die geförderten Projekte: Die Organisatoren mussten bereit sein, ihr Projekt in einem dm-Markt vorzustellen [4.14]. Eine ideale Verknüpfung von Charity, Kundenbindung und Ideen.

Tabelle 4.4: Internet-Tools für die Ideenfindung

Offene Ideen-Plattformen von Unternehmen

Dell Ideastorm (USA) http://www.ideastorm.com	Ideen-Plattform für Produkt- und Serviceverbesserungen – Fokus: Seit Dezember 2009 Erweiterung um zeitlich begrenzte „Storm Sessions" zu gezielten Fragestellungen. – Ideen: Bis Ende 2010 über 15.000 Ideen mit mehr als 90.000 Kommentaren, davon mehr als 430 Ideen umgesetzt. – Belohnung: Keine Preisgelder.
Tchibo Ideas (D) https://www.tchibo-ideas.de	Ideen-Plattform für Produktideen – Fokus: Produktideen für das eigene Shop-Sortiment. Nutzer können eigene Ideen eingeben oder auch Anregungen für die Tchibo-Produktmanager geben, damit diese neue Lösungen entwickeln.

	– Ideen: Bis Ende 2010 rund 1100 Aufgaben und 600 Lösungen mit mehr als 7500 Kommentaren. 14 Ideen wurden zu Produkten entwickelt. – Belohnung: 10.000 Euro Preisgeld für die Lösung des Jahres.
MyStarbucks Idea (USA) http://mystarbucksidea.force.com	Ideen-Plattform für Produkt- und Serviceverbesserungen – Fokus: Nutzer bewerten die Ideen in der Community. – Ideen: Bis Ende 2010 rund 60.000 Produktideen, 25.000 Erlebnisideen und 15.000 Mitwirkungsideen. – Belohnung: Keine Preisgelder.
Weitere Plattformen	Innovate with Kraft (USA) http://brands.kraftfoods.com/innovatewithkraft/region.aspx OpenInnovation Sara Lee (USA) https://www.openinnovationsaralee.com Clorox Open Innovation Hub (USA) http://cloroxconnects.com/groups/43a4c38779/summary General Mills Worldwide Innovation Network (G-WIN) (USA) https://genmills.inno-360.com Salesforcce IdeaExchange (USA) http://sites.force.com/ideaexchange Woolworth Everydaymatters (AUS) https://www.everydaymatters.com.au dm Ideen-Initiative Zukunft http://www.ideen-initiative-zukunft.de

Innovationsideen & Venturing

Weitere Plattformen	Ideas4Unilever (USA) http://www.unilever.com/innovation/collaborating Pfizer Incubator http://www.thepfizerincubator.com Orange OSCR http://oscrproject.com

| | Vodafone Betavine
http://www.betavine.net/bvportal/home.html

General Mills Open Innovation
https://openinnovation.generalmills.com

LG Collaborate & Innovate
http://collaborateandinnovate.com/ci/main.jsp

Shell GameChanger
http://www.shell.com/home/content/innovation/bright_ideas/game_changer

Sony Open Planet
http://www.openplanetideas.com

GE ecomagination Challenge
http://challenge.ecomagination.com

Cisco iPrize
http://www.cisco.com/web/solutions/iprize/index.html |
|---|---|

4.5.4 Unabhängige Problemlösungs-Plattformen

Im April 2010 explodierte die BP-Ölplattform „Deepwater Horizon" im Golf von Mexiko und löste die schwerste Ölkatastrophe in der Geschichte der USA aus. Monatelang bekam BP das ausströmende Öl technisch nicht unter Kontrolle. Zeitgleich nahm sich die Innovationsplattform Innocentive, die aus einem Pool von 200.000 Ingenieuren und Wissenschaftlern schöpfen kann, der Sache an und fragte ihre Mitglieder nach Lösungsvorschlägen. In kurzer Zeit kamen 900 Vorschläge rund um die Eindämmung des Öls an der Quelle und zur Säuberung der Ölschäden zusammen, die an BP weitergeleitet wurden [4.15].

Dieses Beispiel zeigt die Möglichkeit auf, wie das Wissen vieler unterschiedlicher Spezialisten auf unkomplizierte und schnelle Weise auf einer Plattform gebündelt werden kann. Gleichzeitig zeigt es aber auch die Hürden auf, denn die BP-Ingenieure waren an einer Zusammenarbeit mit Innocentive nicht wirklich interessiert und vertrauten auf ihre althergebrachten Methoden, die erst nach Monaten Erfolg zeigten.

Plattformen wie Innocentive werden als „Open Innovation Plattform" bezeichnet und verbinden Firmen in sogenannten „Challenges" mit Fachwissen außerhalb der Firma (vgl. **Abbildung 4.8**).

Abbildung 4.8: Ausschreibung von Problemlösungsaufgaben im InnoCentive Challenge Center (Quelle: https://gw.innocentive.com/ar/challenge/browse)

Die Idee dahinter ist ganz einfach: Firmen, Institutionen oder Universitäten stellen eine Forschungsfrage oder ein Problem aus der Produktentwicklung zur Diskussion und versprechen ein Preisgeld für den Problemlöser. Die Verschiedenheit der Mitglieder, die in der Regel aus allen Wissenschaftsdisziplinen stammen, ermöglicht Lösungsansätze aus den verschiedensten Perspektiven.

2010 organisierte Innocentive den Harvard Catalyst Challenge, der neue Wege zur Behandlung von Diabetes finden wollte. Ungeachtet ihrer Studienrichtung konnten sich alle Harvard-Studierenden und -Professoren, aber auch die Öffentlichkeit daran beteiligen. Es ging gerade darum, die unterschiedlichsten Sichtweisen und Herangehensweisen auch Fachfremder in den Innovationsprozess einzubringen und dadurch neue Wege zu gehen. Zwölf Ideen wurden ausgesucht, prämiert und werden nun in die zukünftige Forschung integriert [4.16].

Innocentive spricht insgesamt von einer Lösungsquote von 40 Prozent der Anfragen. Dabei gewinnen überdurchschnittlich oft Personen, die nicht aus dem entsprechenden Fachgebiet kommen, sondern mit der Unvoreingenommenheit eines Außenstehenden neue Perspektiven entwickeln [4.17].

Der Konsumgüterhersteller Procter & Gamble (P&G) beschäftigt 9.000 Wissenschaftler und Entwickler in seinen Labors. Um den Innovationsprozess schneller und effizienter zu machen, kann der Konzern über die Mitglieder diverser Innovations-Plattformen wie Innocentive zusätzlich auf weitere 1,5 Millionen Innovatoren zurückgreifen. Das Ergebnis ist ermutigend. Sechs Jahre nach dem Einstieg bei Innocentive und anderer Open-Innovation-Maßnahmen ist die Forschungs- und Entwicklungs-Produktivität bei P&G um 60 Prozent gestiegen [4.18].

Open-Innovation-Plattformen können eine wirksame, schnellere, kostensparende Alternative für Firmen sein, zusätzlich zu den bestehenden internen Forschungseinrichtungen. Gleichzeitig fördern sie eine innovativere Forschungskultur im Unternehmen und sorgen für Wettbewerb unter den eigenen Mitarbeitern.

Auch ein oft verlorenes Wissenspotenzial wird durch solche Plattformen wieder sichtbar gemacht: Viele Ruheständler tummeln sich dort und sorgen dafür, dass wertvolles Wissen nicht verloren geht, denn ein großer Teil des Wissens von ausscheidenden Mitarbeitern ist nicht dokumentiert und existiert nur in deren Köpfen.

Die Plattform YourEncore spezialisiert sich genau auf diesen Bereich: die Verbindung von Wissenschaftlern und Ingenieuren im Ruhestand mit Unternehmen.

Ein amerikanischer Windelproduzent suchte für die Entwicklung einer Trainingshose für Kleinkinder nach neuen Materialien und stand vor einem für die eigenen Forscher ungelösten Problem: Sie fanden keine Methode, um die typischen Körperformen von Kleinkindern zu modellieren. Abhilfe schuf hier ein Ruheständler bei YourEncore: Der frühere Ingenieur hatte Flugzeugteile für Boeing modelliert und konnte diese Fähigkeit leicht auf Körperformen von Kindern übertragen. Die innovative Trainingshose konnte dadurch ein Jahr früher als geplant auf den Markt gebracht werden [4.19].

Firmen können bei YourEncore Spezialisten aus verschiedensten Fachrichtungen suchen, die für eine limitierte Zeit in Teilzeit bei Projekten mitarbeiten. Bei der Ideengenerierung, bei der Produktentwicklung oder einfach um kritische Projektphasen kurzfristig durch sehr qualifizierte Mitarbeiter zu überbrücken. Die Motivation ist meistens sehr hoch, denn das Durchschnittsalter bei YourEncore liegt um die 60 Jahre und viele wollen ihr Wissen sinnvoll einbringen.

Auch Innocentive integriert ehemalige Mitarbeiter von Unternehmen wie SAP, Procter & Gamble oder des Pharmakonzerns Eli Lilly, aus dessen Forschungsabteilung Innocentive 2001 als Spin-off ausgegliedert wurde [4.20].

Tabelle 4.5:	Internet-Tools für die Ideenfindung: Unabhängige Problemlösungs-Plattformen
Innocentive (USA) http://www.innocentive.com	Start 2001 als Spin-off der Eli Lilly Corporation – Seit 2010 auch in Deutschland. Zielgruppe: Firmen, Institutionen aller Art. – Kosten: 6.000 bis 15.000 US-Dollar und Anteil an der Belohnung für den Problemlöser; Bisher 3,5 Millionen US-Dollar an Problemlöser ausgezahlt. – Mitglieder: 250.000 in 200 Ländern bis Ende 2010. – Referenzen: Toyota, Economist, Rockefeller Foundation.

NineSigma (USA) http://www.ninesigma.com	Start 2000 – Kosten: 12.000 bis 19.000 US-Dollar und Anteil an der Belohnung für den Problemlöser (5.000 US-Dollar bis 50.000 US-Dollar plus Anschlussverträge). – Mitglieder: Netzwerk in 135 Ländern. – Referenzen: AkzoNobel, Schlumberger, Hallmark.
YourEncore (USA) http://www.yourencore.com	Start 2003 als Plattform von Procter & Gamble und Eli Lilly – Fokus: Verbindung von Unternehmen mit Wissenschaftlern und Ingenieuren im Ruhestand. – Referenzen: Mehr als 50 Großunternehmen als Kundenbasis. Boeing, General Mills.
Hypios (USA) https://www.hypios.com	Start 2009 als „Social Marketplace for Solutions" – Kosten: Mindestens 5.000 US-Dollar. – Mitglieder: Ca. 150.000 aus 150 Ländern.
Atizo (CH) https://www.atizo.com	Start 2009 als „Online Brainstorming Plattform" – Kosten: Ab 4.000 Euro. – Mitglieder: Ca. 10.000 in DACH-Region.
Weitere Anbieter	Fellowforce (NL) http://www.fellowforce.com Innoget (E) http://www.innoget.com Ideaconnection (CAN) http://www.ideaconnection.com Innovation Exchange (CAN) www.innovationexchange.com Battle of Concepts (NL) http://www.battleofconcepts.nl Philoptima http://www.philoptima.org One Billion Minds http://www.onebillionminds.com

4.5.5 Offene Ideen-Wettbewerbe

Neben den Open-Innovation-Plattformen wie Innocentive gibt es auch spezielle offene Ideen-Wettbewerbe, um ein bestimmtes Ziel zu erreichen bzw. ein Problem zu lösen. Im 18. und 19. Jahrhundert, als die Kommunikations- und Bildungsmöglichkeiten noch sehr begrenzt waren, galten ausgeschriebene Wettbewerbe als ein wichtiges Mittel, um den wissenschaftlichen und technischen Fortschritt zu fördern.

Der berühmteste Wettbewerb war wohl der „Longitude Prize" von 1714, der damals sagenhafte 20.000 Pfund für eine praktikable und nützliche Methode zur Bestimmung des Längengrades auslobte [4.21]. Erst die Lösung dieses Problems ermöglichte eine genaue Lokalisierung eines Schiffes und revolutionierte die Schifffahrt, das wichtigste Verkehrsmittel im damaligen Fernverkehr. Mehrere Erfinder teilten sich Zwischenpreise und der Haupt-Innovator Sir John Harrison wurde zum gefeierten Helden.

Viele Innovationen und Erfindungen gehen auf solche Wettbewerbe zurück, von der Entdeckung der Radiowellen bis hin zur Alkali-Produktion, die die Grundlage für die anorganische Chemie im 19. Jahrhundert legte. Auch Charles Lindbergh ist nicht nur aus Abenteuerlust als erster Mensch nonstop über den Atlantik geflogen. Am Zielort winkten ihm 25.000 US-Dollar Preisgeld des „ORTEIG Prize" [4.22].

Abbildung 4.9: Öffentlicher Ideenwettbewerb Lunar XPRIZE von Google
(Quelle: http://www.googlelunarxprize.org)

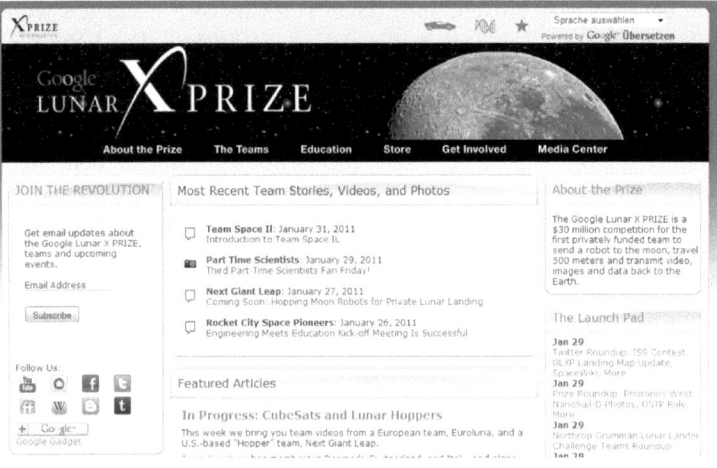

In genau dieser Tradition stehen heute die internationalen Wettbewerbe der XPRIZE Foundation. Sie sollen bahnbrechende technologische Durchbrüche in einem unternehmerischen Wettbewerb fördern. Beim Ansari XPRIZE wurden 2004 zehn Millionen US-Dollar für die private Entwicklung eines mehrfach nutzbaren, bemannten Raumfahrzeuges ausgezahlt. Beim momentan noch laufenden Google Lunar XPRIZE sind sogar 30 Millionen US-Dollar ausgeschrieben für die Entwicklung eines Roboters, der sicher auf dem Mond landet, sich 500 Meter weit bewegt und Daten zur Erde sendet (vgl. **Abbildung 4.9**). Voraussetzung: Die teilnehmenden Teams müssen zu 90 Prozent privat finanziert sein [4.23, 4.24].

Der Spielwarenkonzern Lego kooperierte mit der XPRIZE Foundation und veranstaltete parallel dazu einen Moonbots-Wettbewerb, bei dem neun- bis 18-jährige Schüler mit der Lego-Software Mindstorm und Lego-Steinen nicht nur einen Mond-Robotor erstellen sollten, sondern auch den komplexen Prozess, der im Google Lunar XPRIZE gefordert wird, simulieren mussten.

Wie dieses Wettbewerbs-Konzept in der heutigen Zeit auch von profitorientierten Unternehmen mit Kollaborations-Tools gewinnbringend eingesetzt werden kann, zeigte die kanadische Minengesellschaft GoldCorp. Stark überschuldet, am sinkenden Goldpreis leidend, stand die Gesellschaft kurz vor dem Aus. Hohe Kosten für Probebohrungen und die Produktion verhinderten eine ökonomische Ausbeutung des eigenen Minenareals. Als einzige verbliebene Möglichkeit setzte Goldcorp auf die konsequente Ausnutzung des Crowdsourcing-Prinzips.

Die Firma offerierte in einem Wettbewerb insgesamt 575.000 US-Dollar Preisgelder, um die besten Stellen für Probebohrungen zu finden. 1.400 virtuelle Goldsucher aus aller Welt analysierten die online zur Verfügung gestellten geografischen Daten. Zum Erstaunen von Goldcorp beteiligten sich nicht nur Geologen an dem Wettbewerb. Auch Berater, Mathematiker und Offiziere suchten ihr Glück. Ergebnis: 110 Ziele wurden von den Teilnehmern benannt, von denen nur 50 Prozent auch schon von Goldcorp lokalisiert worden waren. 80 Prozent dieser neuen Stellen entpuppten sich als goldrichtig. Der Lohn für die Firma: neue Goldfunde im damaligen Wert von erstaunlichen drei Milliarden US-Dollar – kein schlechtes Crowdsourcing-Investment bei einem Preisgeld von 575.000 US-Dollar [4.25].

Einen anderen Weg ging Siemens mit seiner Tochterfirma Osram, seit dem 19. Jahrhundert Spezialist im „Licht"-Bereich. Auf der Osram-Plattform „LED – Emotionalize your light" ging es 2009 um die Entwicklung neuer Konzepte für den Einsatz von Firmenlösungen, die bezahlbar, leicht zu bedienen und zu installieren sind. 530 Anwendungsszenarien, grafische Designs und technische Ausführungen aus insgesamt 86 Ländern wurden von einer Jury und 800 Community-Mitgliedern in einem mehrstufigen Wettbewerb bewertet und weiterentwickelt [4.26].

Tabelle 4.6: Internet-Tools für die Ideenfindung: Offene Ideen-Wettbewerbe

XPRIZE Foundation http://www.xprize.org	Wettbewerbe: – AnsarXPRIZE: Bemanntes Raumfahrzeug, zehn Millionen US-Dollar Preisgeld. – Archon Genomics XPRIZE: Personalisierte Medizin, zehn Millionen US-Dollar Preisgeld. – Google Lunar XPRIZE: Mondroboter, 30 Millionen US-Dollar Preisgeld. – Progressive Automotive XPRIZE: Energieeffiziente Autos, zehn Millionen US-Dollar Preisgeld.
Lego Moonbots http://www.moonbots.org	Lego-Wettbewerb parallel zum Google Lunar XPRIZE
Osram LED – Emotionalize your light http://www.led-emotionalize.com	Konzept-Wettbewerb für innovative Lösungen im Bereich von Wohn- und Industriebeleuchtungen

4.5.6 Unabhängige Ideenverwertungs-Plattformen

Nylon, Teflon, Neopren und Keflar sind synthetische Materialien, die völlig neue Produktbereiche eröffneten und große Innovationstreiber waren. Entstanden sind diese Materialien im amerikanischen DuPont Konzern, der jahrelang immer wieder neue Patente aus seinen Forschungslaboren generierte. Doch erst ein junger Abkömmling der Gründerfamilie, Ben DuPont, erkannte das Potenzial der vielen ungenutzten Patente des Konzerns. Von den schätzungsweise 22.000 Patenten wurden nur zehn Prozent wirklich verwertet. Um dies zu ändern, gründete er 1999 als Spin-off des Konzerns den Ideen-Marktplatz yet2.com [4.27].

Auf der yet2.com-Plattform werden Patente von Unternehmen aller Art zur weiteren Verwertung angeboten (vgl. **Abbildung 4.10**). Sie stammen überwiegend aus drei Kategorien: Zum einen sind es Patente, die in den Forschungsabteilungen nicht die für die Firma erhoffte Lösung erzielt haben und daher nicht kommerzialisiert wurden. Für andere Firmen und Branchen können diese Patente jedoch eine hohe Bedeutung erlangen.

Die zweite Kategorie umfasst potenzialreiche Patente, die jedoch die Entwicklungs- und Kommerzialisierungsmöglichkeiten von kleinen Entwicklern und Start-ups übersteigen. Darüber hinaus stehen auf yet2.com auch Patente von gescheiterten Start-ups zur weiteren Verwertung bereit.

Ein Netzwerk von 120.000 Mitgliedern kann sich Kurzbeschreibungen von Patenten anschauen und bei Interesse über einen mehrstufigen, kostenpflichtigen Prozess immer mehr Hintergrundinformationen zu den Patenten und Entwicklern erhalten. Dadurch wird ein globaler branchenübergreifender Austausch zu technologischen Entwicklungen und Innovationen aus allen Forschungsgebieten ermöglicht.

Abbildung 4.10: Offener Ideen- und Patent-Marktplatz von yet2.com
(Quelle: http://www.yet2.com/app/find/search)

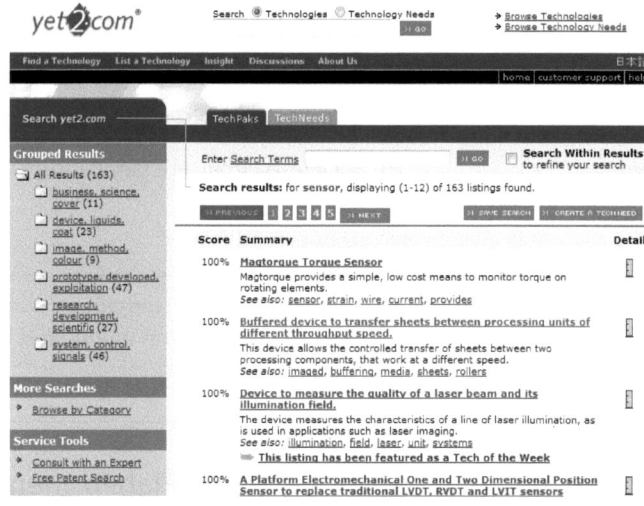

Die Plattform dient als Vermittler zwischen den Parteien und erhebt von Firmen eine Abogebühr, die z. B. bei mehreren Hundert Ingenieuren eines Weltkonzerns leicht 10.000 US-Dollar betragen kann. Dazu kommt noch eine Kommission von zehn Prozent (max. 50.000 US-Dollar), wenn eine Lizenz erteilt wird. Zielgruppe sind zum einen Start-ups mit vielversprechenden Technologien, denen die Möglichkeiten zur Produktion fehlen. Zum anderen können größere Firmen nicht verwertete Technologien vermarkten oder neue Produktmöglichkeiten scannen, um die Produktpalette zu erweitern.

Tabelle 4.7:	Internet-Tools für die Ideenfindung: Unabhängige Ideenverwertungs-Plattformen
yet2.com (USA) http://www.yet2.com	Marktplatz für Patente – Kosten: Abogebühr plus zehn Prozent Kommission (max. 50.000 US-Dollar) bei der Vermittlung eines Patents. – Mitglieder: 140.000. – Referenzen: DuPont, Procter & Gamble, Canon, Siemens, Bayer.
Weitere Anbieter	Techex/Innovaro (USA) Allgemeiner Marktplatz für Technologien http://emarket.knowledgeexpress.com TechTransferOnline (USA) Marktplatz für Technologien und Erfindungen http://www.techtransferonline.com Innovaro (UK) Pharma-Innovationen http://pharmalicensing.com

5 Webbasierte Potenzialanalyse-Tools

Kapitelübersicht

Die schwierigste Frage des Inkubationsmanagements lautet: Wie kann man erkennen, ob und in welchem Ausmaß eine neue Geschäftsidee kommerziell verwertbar ist? Hat die Idee nur das Potenzial, ein Produkt oder einen Prozess zu verbessern, oder kann daraus eine neue Produktkategorie, ein grundlegend neuer Verfahrensansatz oder ein neuartiges Geschäftsmodell entwickelt werden?

Die eigenen Stärken und Schwächen muss ein Gründerteam selbst beurteilen, für die Einschätzung der Chancen und Risiken eines neuen Geschäftskonzepts am Markt existieren zahlreiche neue Internet-Tools. Neben der Analyse von relevanten Marktentwicklungen und Trends können mit Internet-Tools verschiedene Formen von gezielter Marktforschung betrieben werden. Und für die wirtschaftliche Machbarkeitsanalyse stehen unterschiedliche Businessplan-Tools zur Verfügung. Alle Internet-Tools zur Potenzialanalyse können helfen, die Frage zu beantworten, ob die Zeit reif ist für eine Innovation, wie sie gestaltet werden sollte und welches Geschäft daraus entwickelt werden kann.

5.1 Potenzialkriterien – wovon hängt der Erfolg einer Idee ab?

Der Businessplan ist für viele Gründer ein Graus. Eine Idee, die so vielversprechend klingt, soll in Zahlen ausgedrückt werden. Dabei ist der Businessplan, wenn er gründlich geplant und ausgeführt wird, der notwendige Masterplan für die Unternehmensgründung. Erfahrene Inkubatoren können unerfahrenen Gründern mit diversen Methoden und strategischem Wissen helfen, das Potenzial einer Idee zu evaluieren.

Bei der Potenzialanalyse werden verschiedene Aspekte einer Idee untersucht und bewertet: Gibt es einen Markt für das Produkt, wird es nachgefragt? Schafft es einen neuen Mehrwert oder kopiert es nur andere Produkte? Welche Zielgruppe wird angesprochen und wie groß ist diese? Warum sollte ein Kunde das Produkt kaufen? Ist das Produkt seiner Zeit voraus oder stimmt das Timing? Ist das Geschäftsmodell wirklich umsetzbar und dazu noch profitabel?

Selbst Thomas A. Edison konnte nicht immer die Potenziale seiner Erfindungen erkennen. Er entwickelte den Phonographen, ein Gerät zur Aufnahme und Wiedergabe von Schall. Schnell fand Edison Investoren, die ihm 10.000 US-Dollar für die Perfektionierung des Systems zur Verfügung stellten. Eine landesweite Promotion-Tour kündigte Großes an, weit und breit hatte kein anderer Erfinder ein Konkurrenzprodukt in Sichtweite.

Es gab nur ein Problem: Edison widmete sich lieber anderen Entdeckungen, denn für ihn war der Phonograph nur ein Diktiergerät. Seine Mitarbeiter versuchten vergeblich, ihn vom Entertainment-Potenzial zu überzeugen. Für Edison spielte aber Entertainment keine große Rolle. Erst zehn Jahre später widmete er sich wieder dem Phonographen, doch inzwischen hatten andere Innovatoren die Zeit genutzt, sich ihre Marktanteile in dem entstehenden riesigen Grammophon- und Schallplattenmarkt zu sichern [5.1].

Unübertroffener König im Erkennen von Potenzialen war Jerome Lemelson (1923-1997), der Milliarden US-Dollar mit Ideen verdiente, ohne sie zu verwirklichen. Ähnlich wie Thomas A. Edison wertete er systematisch die relevante technische Literatur zu verschiedenen Disziplinen aus. Täglich wertete Lemelson 40 regelmäßig erscheinende Magazine nach Weiterentwicklungen aus. Umfassend gebildet, verknüpfte er verschiedenste Erkenntnisse und konnte daraus die Prinzipien für ganz neuartige Produkte entwickeln. Über 600 Patente meldete er an, die teilweise die Grundlagen bildeten für eine breite Produktpalette: von automatisierten Warenhäusern über schnurlose Telefone bis hin zu Faxgeräten, Camcordern oder magnetischen Tonbändern [5.2]. Eigentlich müsste er im Bild der Öffentlichkeit auf einer Stufe mit dem „Über-Erfinder" Edison stehen.

Doch beim näheren Hinsehen wird sichtbar, dass er nur ein Visionär und kein Erfinder im eigentlichen Sinne war. Er durchdachte Dinge, die technisch möglich wären, und war damit seiner Zeit weit voraus. Er erkannte, wohin sich ein Markt bewegen würde, und ließ sich strategische Prinzipien patentieren, deren Laufzeit er über die Jahre durch kleinste Änderungen immer wieder verlängern konnte. Damit war sein Part aber auch schon beendet. Er musste nur abwarten, bis später andere Konzerne oder Erfinder aus seinen Prinzipien Produkte entwickelten, für die er dann Lizenzeinnahmen erhalten konnte.

Kritiker bezeichnen Lemelson deshalb als einen der größten Betrüger des 20. Jahrhunderts, der sich zu früher Zeit alle möglichen Prinzipien ausdachte, ohne selbst die Produkte daraus zu entwickeln. Er patentierte nicht Innovationen, sondern er erfand sozusagen Patente. Während andere ihre Zeit für die Weiterentwicklung nutzten, arbeitete er bereits an seinen Patentanträgen mit dem Ziel, Geld aus der Entwicklung anderer zu ziehen. Insgesamt erhielt er 1,5 Milliarden US-Dollar Lizenzeinnahmen [5.2].

Prominentes Beispiel ist die Entwicklung des Strichcodes. In den 50er Jahren entwickelte Lemelson die Vision eines Systems, mit dem Daten mit einer Kamera gescannt und auf einem Computer gespeichert werden können. Mit Hilfe von automatisierten Robotern und Strichcodes sollten die Produkte dann im Logistikprozess gesteuert werden. Viele Entwicklungen von anderen Innovatoren in verschiedenen Bereichen waren nötig, damit diese Vision Wirklichkeit wurde.

Als sich die Strichcodes in der Wirtschaft durchgesetzt hatten, verklagte Lemelsons Anwalt Gerald Hosier nach dem Tod des Erfinders über 400 Firmen wie Walmart, Apple, Fedex oder Broadcom, um Lizenzgebühren für die Nutzung von Strichcodes und Scannern zu erhalten. Selbst große Handelsketten wie Home Depot oder der Autokonzern Ford ließen sich auf einen Vergleich ein, statt einen mit höheren Risiken verbundenen Gerichtsprozess vor einer Jury zu riskieren. Nur zwei Hersteller von Strichcode-Scannern gingen den langen Gerichtsweg. Mit Erfolg: 2005 wurden die Lemelson-Patente endgültig für nichtig erklärt [5.3].

Einen Teil der durch die Lizenzeinnahmen verdienten Gelder gibt die Lemelson-Stiftung jährlich wieder für eine guten Zweck aus: Der Lemelson MIT Prize ist die mit 500.000 US-Dollar höchstdotierte Auszeichnung für Erfindungen und Innovationen [5.4].

Doch was macht eine gute Idee aus, wie kann das Potenzial bewertet werden? Im Kapitel 10 befindet sich eine exemplarische Sammlung von Potenzialanalyse-Kriterien speziell für Internet-Start-ups.

An erster Stelle der Bewertung einer Idee stehen Fragen zu Produktkonzept und Kundenbedarf: Wer und warum soll jemand das entstehende Produkt kaufen oder Nutzer einer kostenpflichtigen Dienstleistung sein? Hat das Produkt einen Mehrwert zu bereits bestehenden Produkten und kann der Kunde dies auch erkennen? Gibt es überhaupt eine Nachfrage dafür?

Selbst bei großen Unternehmen werden diese Punkte nicht immer berücksichtigt. Der US-amerikanische Tabakkonzern RJ Reynolds investierte z. B. 1988 viel Geld in die Entwicklung einer rauchfreien Zigarette, ein formidabler Flop. Die Entwicklung der Zigarette verlief nicht zufriedenstellend. Selbst Konzernmanager klagten über den schlechten Geschmack der rauchfreien Innovation. Doch das eigentliche Problem war die fehlende Zielgruppe: Für Raucher war der entstehende Rauch kein Problemfaktor und kein Grund, zu einer rauchfreien Variante zu wechseln. Und Nichtraucher hatten auch keinen Grund, plötzlich eine rauchfreie, aber weiterhin gesundheitsschädliche Zigarette zu rauchen. Bereits nach vier Monaten war das Experiment fast beendet.

Aber nur fast, denn ausgelöst durch den Trend gegen das als gesundheitsschädlich eingestufte Rauchen suchte der Konzern nach neuen Geschäftspotenzialen und entwickelte eine nunmehr fast rauchfreie Zigarette mit niedrigeren Nikotinwerten. Doch auch hier zeigte sich, dass der Rauch kein entscheidendes Kriterium für einen Raucher ist. Letztlich kostete das ganze Projekt „Rauchfreie Zigarette" den Konzern eine Menge Geld: 325 Millionen US-Dollar hatten sich in Luft aufgelöst, völlig rauchfrei [5.5].

Auch noch so gut gemeinte Produkte können nicht erfolgreich sein, wenn es keine Nachfrage dafür gibt. Das Kundenbedürfniss muss befriedigt werden und der Kunde muss den Sinn in einer Neuheit sehen. Nicht die Neuheit an sich ist entscheidend. Wichtig ist daher eine genau definierte Zielgruppenanalyse. Gibt es detaillierte Marktforschungsergebnisse aus diesem Bereich, Typologien, Studien, Best Cases?

Bei Produkten aus dem Konsumgüterbereich können selbst Gespräche im weiteren Umfeld erste Erkenntnisse über eine mögliche Nachfrage geben. Z. B. zählt das Spülen früher wie heute eher zu den unangenehmen und zeitaufwändigen Tätigkeiten in der Küche. Eine für die Massen finanzierbare Geschirr-Spülmaschine würde daher zwangsläufig auf eine große Nachfrage stoßen. Doch erst in den 60er Jahren wurde diese Nachfrage in den USA auch gedeckt, obwohl dies bereits vorher möglich gewesen wäre. Ein bis heute in der Öffentlichkeit weithin unbekannter Unternehmer namens Samuel Regenstrief produzierte mit seiner Firma D&M Mitte der 70er Jahre stolze 37 Prozent aller Spülmaschinen in den USA [5.6]. Als Manager einer Kühlschrankfirma kannte er sich in der Branche gut aus, und als sich ihm die günstige Gelegenheit bot, eine angeschlagene Küchengeräte-Firma kaufen zu können, griff er schnell zu. Durch eine ausgefeilte Massenproduktion einfacher sowie leicht zu bedienender Spülmaschinen und durch den völligen Verzicht auf Markenaufbau und Marketing konnte er ein neues Marktsegment für eine breite Zielgruppe schaffen.

Regenstrief bot sich als Kontraktproduzent für die großen Handelsketten an, die dann ähnlich gebaute Spülmaschinen mit nur leichten Unterschieden in Funktion und Aussehen verkauften. Der Zielgruppe war es egal, für jeden Geschmack war etwas dabei.

Bereits in den 60er Jahren nahm Regenstrief die spätere Outsourcing-Welle vorweg. Heute ist es Standard, dass Textilproduzenten oder westliche Elektronikkonzerne ihre Produkte von Kontraktfertigern herstellen lassen. Nur die Reichweite hat sich verändert. In den 60er Jahren befanden sich die Kontraktfertiger noch im eigenen Land, heute sitzen sie überwiegend in Asien.

5.2 Günstige Marktverhältnisse und Entwicklungen

Nach dem Zweiten Weltkrieg entstanden zahlreiche Vorhersagemethoden für die zukünftige Entwicklung. Nach einem Boom in den 60er und 70er Jahren haben viele dieser Methoden jedoch an Attraktivität verloren. Zu groß waren die Misserfolge und Beliebigkeiten der Vorhersagen. Einzelne Zukunftspropheten und Trendforscher konnten bereits frühzeitig das Potenzial des Internets und dessen Auswirkungen prognostizieren. Doch das waren nur sehr wenige Propheten ihrer Zunft. In den meisten Vorhersagen blieben solch fundamentale Änderungsprozesse wie die durch das Internet angestoßenen unberücksichtigt.

Bei radikalen Innovationen spielt die Einschätzung eines längeren Zeithorizonts durchaus eine wichtige Rolle, denn oft vergehen von der Ideenphase bis zur Serienfertigung eines Produktes viele Jahre, in denen sich nicht nur technologische, sondern auch gesellschaftliche Trends zum Vor- oder Nachteil einer Innovation verändern können.

Knapp 50 Jahre vergingen von der Ursprungsidee zum Bau des Überschall-Passagierjets Concorde bis zum letzten Flug im Jahre 2003. 1956 schien die Idee einer doppelten Schallgeschwindigkeit für viele Menschen sehr verlockend: Die Reisezeiten verkürzten sich enorm und Marktstudien belegten eine hohe Nachfrage nach immer schnelleren Flugzeugen. Doch die Hürden waren hoch, zahlreiche technische Innovationen in verschiedensten Bereichen waren notwendig bis zum Jungfernflug im Jahr 1969. Die Kosten gerieten außer Kontrolle, denn der Entwicklungsaufwand hatte sich versechsfacht [5.7].

Bis zum ersten kommerziellen Flug vergingen weitere sieben Jahre. Ganze 20 Flugzeuge konnten verkauft werden und diese auch nur durch Subventionen für die staatlichen britischen und französischen Fluggesellschaften. In diesen 20 Jahren von der Idee bis zum kommerziellen Einsatz der Concorde hatten sich der Markt und die Nachfrage stark verändert. Nach dem Ölpreisschock 1973 war die Reisegeschwindigkeit angesichts der hohen

Benzinkosten nicht mehr ein entscheidendes Kriterium für die meisten Reisenden – trotz aller Vorhersagen.

Auch der Elektronikkonzern Motorola erlebte sein Fiasko mit einer zu langen Entwicklungszeit: 1998 ging das Satellitenkonsortium Iridium nach einer elfjährigen Planung und fünf Milliarden US-Dollar Entwicklungskosten mit weltweiten Partnern an den Start. Mit einer innovativen Technologie sollten 66 erdnahe Satelliten erstmals die gesamte Erde für den Mobilfunk erschließen.

Motorola konnte auf eine lange Reihe von innovativen technischen Durchbrüchen zurückblicken und führte im Vorfeld auch eine umfangreiche Marktforschung mit 23.000 Interviews in 42 Ländern durch und befragte zusätzlich 3.000 Firmen. Heraus kam eine klar definierte Zielgruppe: vielreisende Manager, die überall auf der Welt in guter Qualität mobil telefonieren wollen.

Doch bereits nach neun Monaten Betrieb musste Iridium im August 1999 Insolvenz anmelden. Nur 20.000 Kunden waren wirklich bereit, 3.000 US-Dollar für ein Handy und drei bis acht US-Dollar pro Minute für ein Gespräch zu zahlen. Der Businessplan hatte für Ende 1999 stolze 500.000 Kunden prognostiziert [5.8].

Aber die Zeiten hatten sich geändert, die Zielgruppe von Iridium erodierte noch in der Entwicklungsphase. Während der elfjährigen Projektierungszeit entwickelte sich die Mobilfunkindustrie in vielen Ländern schneller als prognostiziert: Überall entstand eine entsprechende Infrastruktur mit Mobilfunkmasten zu niedrigeren Kosten, mit kleineren Geräten und oft besseren Verbindungen. Hinzu kamen technische Schwierigkeiten und eine schlechte Umsetzung der vermeintlichen Innovation: Wegen der nötigen freien Verbindung von Handgeräten mit den Satelliten konnten Manager den Service nicht innerhalb von Autos oder Gebäuden nutzen. Ein echtes Ausschlusskriterium für hochrangige Manager, die eigentliche Zielgruppe.

Gerade bei langen Entwicklungszeiten müssen die ursprünglichen Businesspläne immer wieder an sich ändernde Entwicklungen angepasst werden, auch wenn der vorzeitige Stopp eines Projektes schmerzhaft ist. Weniger schmerzhaft jedenfalls als eine der größten Firmenpleiten in den 90er Jahren.

2001 wurde die bestehende Infrastruktur mit den 66 Satelliten an private Investoren verkauft. Erzielter Preis: ganze ca. 25 Millionen US-Dollar. Heute wird das Satellitenkonsortium profitabel betrieben und hat auch Zielgruppen gefunden: Größter Nutzer ist das amerikanische Militär.

Die Vorhersagbarkeit von Trends über einen derart langen Zeitraum ist nicht wirklich möglich. Doch glücklicherweise liegt der Fokus der meisten Innovationen nicht so weit in der Zukunft. In einem kürzeren Prognosezeitraum werden verschiedene Methoden angewandt, um zukünftige Trends und Marktentwicklungen greifbar zu machen: Typologien, Analogien oder Szenarien. Sie alle bieten Anhaltspunkte, Erklärungsansätze und regen an, sich mit dem Produktkonzept und beeinflussenden Parametern auseinanderzusetzen.

Viele führende Research-Firmen extrapolieren die Zukunft aus bestehenden Daten und aus Entwicklungsmustern der Vergangenheit und der Gegenwart. Dabei prognostizieren sie erstaunlich konkrete Zahlen über das zukünftige Potenzial und das Marktvolumen von Innovationen und Branchen. Die Zahlen entstehen immer aus dem Zeitgeist, aus der Gegenwart heraus. Sie antizipieren, dass sich die bereits abzeichnenden Entwicklungen fortsetzen.

Gerade im technologischen Bereich mit ständig neuen Innovationen sind solche Zahlen jedoch stets mit Vorsicht zu betrachten. Wirklich signifikante Änderungen und Innovationen werden mit solchen Modellen oft übersehen: Den Siegeszug der Smartphones durch Einführung der iPhones hat z. B. kaum ein Institut in seiner Wirkung vorhergesagt.

Bei jeder Powerpoint-Präsentation, bei jedem Businessplan müssen Marktzahlen von Research-Instituten wie IDC oder Gartner das Potenzial belegen. Ohne diese geht es vermeintlich nicht. Jedes Jahr geben solche Institute zu den gleichen Themen neue Prognosen zum Marktpotenzial heraus. Je nach Hype-Status des Themas unterscheiden sich die Prognosezahlen für ein neues Jahr zum Teil sehr von den Zahlen des vorherigen Jahres. Auch die Prognosen verschiedener Institute im selben Jahr zum gleichen Thema unterscheiden sich zum Teil erheblich. Der Kunde kann sich die Zahlen aussuchen, die am besten passen. Niemand sollte sich blenden lassen. Ob das Marktpotenzial nun 15 oder 18 Milliarden Euro beträgt, ist nicht entscheidend. Entscheidend ist es, dass es grundsätzlich einen großen Markt gibt, dass die Marktgröße die Kosten der Erschließung rechtfertigt und dass ein ausreichend großer Marktanteil im Wettbewerb gewonnen werden kann.

Interessant ist ein Rückblick auf die jeweiligen Prognosen dieser Institute in den Jahren der New Economy. Damals zählten Firmen wie Forrester Research oder Jupiter Media Metrix zur führenden Garde der Technologie-Marktforschung. Sie heizten, zusammen mit den Investmentbanken, die ein Interesse an zahlreichen Börsengängen hatten, den New-Economy-Hype mit immer abstruseren Markteinschätzungen an. Jedes Start-up, jeder Investor berief sich auf diese Zahlen.

Wie solche Zahlen einzuschätzen sind, erklärte die Jupiter-Analystin Jenna Pelaez im August 2001 zur Verteidigung derartiger Reports. Die Kunden würden nicht so sehr auf die genauen Zahlen schauen, sondern wichtiger sei der generelle Trend dahinter [5.9]:

„It's the story around the data that is more interesting than the data itself."

Prognosen für die nächsten fünf Jahre, wie sie bei Konzernplanungen üblich sind, sind also immer mit einer gehörigen Portion Skepsis zu betrachten. Als Basis für eine langfristige Planung eigenen sie sich nur bedingt.

Generell orientiert sich der strategische Planungsprozess in den meisten Firmen eher an der Gegenwart. Ein strategischer Innovationsprozess, der zukünftige Geschäftspotenziale zum Ziel hat, sollte aber immer auch zukunftsorientiert sein: Er kann nicht nur vorliegende Fakten und Studien in die Zukunft extrapolieren, sondern muss zusätzlich auch vorausdenken, was in der Zukunft möglich und sinnvoll wäre. Davon ausgehend können dann rückwirkend strategische Meilensteine auf dem Weg dorthin definiert werden. Der Mehrwert einer Innovation wird in veränderten oder ganz neuen und nicht in unveränderten, heute bereits bestehenden Märkten geschaffen.

Ein Innovationsmanager, ein Inkubator muss die diversen Studien der Institute zu seinen Schwerpunkt-Themen kennen, um die Trends der nächsten Jahre erkennen zu können. Doch die Einordnung und Relevanz der Studien muss er selbst vornehmen. Die eigene Erfahrung, die Intuition und das Bauchgefühl spielen bei der Einordnung eine große Rolle. Das eigene Monitoring von Trends und die Beobachtung von Wettbewerbern spielen eine wichtige begleitende Rolle.

Nützlich sind dabei Statistikportale wie Statista oder eMarketer (vgl. **Abbildung 5.1**). Die deutsche Plattform Statista deckt rund 600 Branchen ab und wertet Statistiken und Studien von Marktforschern, Verbänden, Fachpublikationen und anderen Quellen aus. Über die Plattform können Statistiken zu Einzelfragen direkt in Diagrammform abgerufen werden. Die amerikanische Plattform eMarketer bereitet ebenfalls Statistiken auf und fasst darüber hinaus Studien aus dem breiten Internet-Spektrum für die schnelle Nutzung zusammen. eMarketer wertet ca. 4.000 Quellen aus aller Welt aus.

Abbildung 5.1: Portal für Marktstatistiken aller Art von eMarketer
(Quelle: http://www.emarketer.com/Products/Products.aspx)

Eine Alternative dazu sind spezialisierte Infobroker wie Infobroker.de oder die auf Internet-Recherchen spezialisierte Firma Netstudien.de, die durch ein tiefgehendes Desktop-Research alle relevanten Studien zusammenfassen und nach individuellen Vorgaben Marketing-, Produkt- und Technologie-Trends im Zielmarkt von allen Seiten beleuchten.

Aber auch Gespräche mit Experten auf Messen, Seminaren oder Foren sowie Befragungen von Partnern oder Kunden können weitere wertvolle Indizien liefern, ob Trends und Marktentwicklungen wirklich relevant sind.

Tabelle 5.1: Internet-Tools für die Potenzialanalyse

Datenbanken für Statistiken

Anbieter	Statista
	Basisinfos kostenlos, Detailinfos kostenpflichtig
	www.statista.de
	eMarketer
	Basisinfos kostenlos, Detailinfos kostenpflichtig
	http://www.emarketer.com

Plattformen für kostenpflichtige Studien

Anbieter	Companies and markets.com (USA)
	http://www.companiesandmarkets.com
	Market Research (USA)
	http://www.marketresearch.com
	Research and Marktes (USA)
	http://www.researchandmarkets.com
	Markt Studie (D)
	http://www.markt-studie.de

5.3 Internetgestützte Marktforschung

Verschiedene Internet-Tools bieten auch die Möglichkeit, Produkte oder Teilaspekte einer Innovation einem Vorab-Test zu unterziehen, um das Potenzial beurteilen zu können.

Die traditionelle Marktforschung ist teuer und gerade für kleine und mittlere Unternehmen häufig nicht zu bezahlen. Mailings, Telefonbefragungen und Face-to-Face-Interviews sind sehr aufwändig und benötigen vor allem viel Zeit.

Doch seit das Internet auch in die Marktforschungsbranche Einzug gehalten hat, werden Kundenbefragungen und Produkttests auch für kleinere Unternehmen bezahlbar. Selbst alteingesessene Marktforschungsinstitute kommen nicht mehr an den vor Jahren noch belächelten Online-Panels oder Online-Befragungen vorbei.

5.3.1 Online-Umfragen und Panels

Online-Fragebogen eignen sich besonders für Produkttests oder für Informationen über die Kunden- oder Mitarbeiterzufriedenheit. Es ist dabei immer schwierig, ein Mindestmaß an Repräsentativität sicherzustellen. Doch für erste Anregungen zu neuen Produkten oder Services eignen sich Online-Fragebögen gut, zumal sich Aufwand und Preis in Grenzen halten.

Einfache Online-Umfragen („Polls"), die in der Regel innerhalb weniger Minuten eingerichtet werden können, sind schnell zu programmieren. Hunderte Anbieter bieten dazu ihre Dienste an. Auf der Plattform Poll Genius kann z. B. jeder Nutzer eine eigene Umfrage erstellen, die dann von der Poll Genius Community beantwortet wird, kostenfrei und einfach einzurichten. Bei einer solchen Verbindung von Umfrage und einer relativ kleinen Community stellt sich natürlich die Frage der Repräsentativität. Alternativen sind kostenlose Online-Polls, die der Nutzer auf seiner eigenen Website oder in seinen eigenen Blog einbinden kann und mit denen er seine Zielgruppe auf diese Weise genauer ansprechen kann.

Für den professionellen Einsatz stehen auch umfangreichere Lösungen bereit, mit denen nicht nur die Kundenzufriedenheit gemessen werden kann. Auch das Feedback zu Produkten und von Mitarbeitern sowie das Studieren von Kaufverhalten sind beliebte Anwendungsgebiete. Der Marktführer Survey Monkey erzielte 2009 runde 45 Millionen US-Dollar Umsatz mit Online-Umfragen. Die in der Basisversion kostenfreie Plattform ermöglicht die schnelle Erstellung von Online-Umfragen ohne technische Vorkenntnisse mit Hilfe von umfangreichen Vorlagen, die an das Unternehmensdesign angepasst werden können. Die Ergebnisse werden mittels logischer und analytischer Methoden überprüft und können in Echtzeit jederzeit einen Überblick über den aktuellen Stand geben. Investoren sind von dem Modell überzeugt: Im November 2010 konnte sich Survey Monkey eine 100 Millionen US-Dollar-Finanzierung sichern.

Eine Qualitätsstufe höher stehen die Online-Panels, das am schnellsten wachsende Segment im Marktforschungsbereich. Große Firmen können auf Millionen registrierte Nutzer zurückgreifen, die sehr genaue Informationen zu ihrer Person und ihren Interessen angegeben haben und so eine zielgenaue Befragung von Zielgruppen ermöglichen. Es existieren Spezial-Panels für Senioren, Ärzte, Manager und andere Gruppen. Motiviert werden die Mitglieder oft durch Incentives, die sie durch Teilnahme an den Befragungen erhalten können. Bei etablierten Marktforschungsinstituten stoßen diese Online-Panels oft auf Vorbehalte, da sie ihre Repräsentativität anzweifeln. Aber gerade im Bereich Internet gibt es keine repräsentativere Umfragemöglichkeit als diese Panels. Die breite Verfügbarkeit und die Schnelligkeit der Online-Panels sprechen für sich.

Doch die Kehrseite offenbart auch viele Probleme der Branche: Insgesamt gesehen sinken die Response-Raten durch eine Überstrapazierung der Panels. Eine große Anzahl von Umfragen entpuppt sich als reine Direktmarketingmaßnahme, und schlecht ausgeführte oder zu lange Umfragen führen zu einer weiteren Demotivierung von Panel-Nutzern. Das grundsätzliche Geschäftsmodell der Panel-Anbieter ist intakt, wird aber durch die niedrige Qualität der Umfragen der Auftraggeber gefährdet.

Tabelle 5.2: Internet-Tools für die Potenzialanalyse

Online-Umfragen und Panels

Zoomerang (USA) http://www.zoomerang.com	Plattform für Kunden- und Mitarbeiter-Feedback – Besonderheiten: Vorlagen und leicht zu bedienende Tools. – Mitglieder: Drei Millionen Panel-Mitglieder. – Kosten: Basisversion kostenfrei, Lizenz- oder Mietgebühr für Premiumversion. – Referenzen: Rockwell, Johnson & Johnson, DuPont.
SurveyMonkey (USA) http://de.surveymonkey.com	Plattform für Marktforschung, Kunden-Feedback und Produktplanung – Besonderheiten: Umfragevorlagen, Validierung der Antworten, Verzweigungslogik, Ergebnisse in Echtzeit. – Kosten: Eingeschränkte Kostenlos-Version, 20 Euro monatlich für unbegrenzte Version. – Kunden: Mehr als vier Millionen Nutzer in 190 Ländern. – Referenzen: Danone, Facebook, Roche, alle Fortune-100-Firmen.
Weitere Anbieter	SurveyGizmo (USA) Online-Umfragen http://www.surveygizmo.com Askitonline (USA) Online-Umfragen http://www.askitonline.com Vovici (USA) „Enterprise Feedback Management" http://www.vovici.com Fast.Map (UK) Online-Panels und –Communities http://www.fastmap.com VisionCritical (CAN) Online-Panels und –Communities http://www.visioncritical.com

	Communispace (USA) Online-Panels und –Communities http://www.communispace.com panelbiz (D) Online-Panels http://www.panelbiz.de

Online-Polls

Anbieter	PollGenius (USA) Online-Umfragen, Polls http://www.pollgenius.com Questionform (Portugal) Online-Polls http://questionform.com Zoho Polls (USA) Online-Polls. http://www.zohopolls.com

5.3.2 Online Research Communities

Mittlerweile hat auch das Web 2.0 Einzug in die Marktforschung erhalten. Einige Unternehmen betreiben eigene Online Panel Communities, um die Kundenmeinung vorab zu testen. Sie erhalten dadurch detailliertes Feedback und schaffen sich eine enge Kundenbindung.

Der Bekleidungshersteller Banana Republic (BR) konnte über 50.000 Kunden für seine BR Insiders-Community gewinnen [5.10]. Die Kunden nehmen regelmäßig an Umfragen teil und geben vorab Feedback zur neuen Kollektion, zu Vorlieben oder zu neuen Marketingkampagnen. Belohnt werden die Kunden mit Merchandising-Artikeln oder Rabatten. Der exklusive Charakter eines Insiders wird dadurch betont, dass die Teilnahme nur nach vorheriger Einladung möglich ist.

Der Autokonzern Honda versucht über seine Plattform Honda Friends, auch ohne finanzielle Anreize ein direktes Kundenfeedback zu erhalten. Angemeldete Honda-Fans erhalten im Jahr maximal zwölf kurze Umfragen zugesandt, in denen sie sich zu ihren Erfahrungen, aber auch zu ihren Wünschen äußern können.

Die Werbeagentur Publicis Dialog weitete dieses Konzept auf den kreativen Bereich aus und erstellte gemeinsam mit dem Dienstleister fast.Map die „Join the Conversation"-

Community. Dort werden Marketingaussagen, kreative Konzepte, Texte oder Produktfunktionen in einem geschlossenen Bereich zur Diskussion gestellt. Unmoderiert sollen die Teilnehmer angeregt diskutieren und wertvolle Erkenntnisse für die weitere Entwicklung liefern.

Für solche Firmen-Communities gibt es auch spezielle Dienstleister, die in Richtung Kundenservice zielen. Der amerikanische Anbieter GetSatisfaction (vgl. **Abbildung 5.2**) vermarktet seine Tools unter dem Stichwort „Community powered support" und will die Diskussionen über die Firma oder ein Produkt auf einer Plattform vereinigen, egal ob sie von Facebook, Twitter oder von Blogs stammen. Anders als in den meisten Foren werden die Beiträge nach Kategorien und nicht primär nach Themen geordnet: „Ask a question", „Share an idea" oder „Report a problem". Alle Antworten werden auf der Seite gespeichert und können von anderen Nutzern bewertet werden. Sie dienen als Wissenspool von und für Kunden, ergänzt und moderiert von Firmenmitarbeitern. Die FAQs entstehen dynamisch und reduzieren die Kundenanfragen. Durch die Ideen- und Problem-Komponenten erhalten die Firmen auch einen wertvollen Input von den Kunden für die Produktentwicklung und Verbesserung.

Abbildung 5.2: GetSatisfaction Kunden-Serviceportal und Community für Mint (Quelle: http://satisfaction.mint.com/mint)

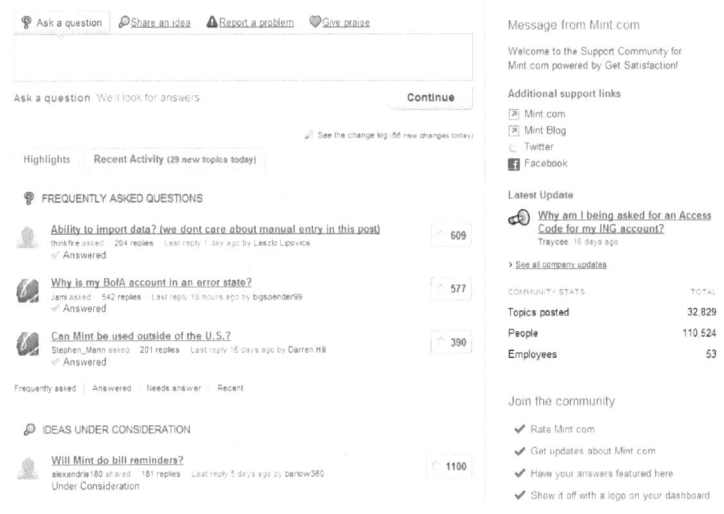

Die Online Social Research Community „Toluna" verknüpft z. B. Marktforschung mit sozialen Netzwerken und will mit einem neuen Konzept die Motivation der Mitglieder erhöhen. Täglich werden auf der Toluna-Plattform eine Millionen Stimmen abgegeben. Sei es in normalen Umfragen, in Wettbewerben oder durch direkte Produkttests von Konsumgüterproduzenten, die dort Vorab-Tests durchführen.

Durch die Soziale-Netzwerk-Komponenten soll die Motivation für die Teilnahme an Abstimmungen nicht nur durch finanzielle Anreize, sondern auch durch das soziale Ansehen bei anderen Mitgliedern hochgehalten werden. Mitglieder können sich in Blogs oder Foren austauschen, legen persönliche Seiten an, wodurch Interessen offengelegt werden, die für die Profilerstellung bestimmter Kundentypen sehr wertvoll sind. Die Mitglieder können auch eigene kostenfreie Umfragen unter den anderen Mitgliedern zu jedem Thema durchführen. Live-Chats erleichtern die Kommunikation im Netzwerk.

Tabelle 5.3: Internet-Tools für die Potenzialanalyse: Online Research Communities

GetSatisfaction (USA) http://getsatisfaction.com	Software für Firmen-Communities für Kunden-Feedback und -Ideen – Mitglieder: 5,5 Millionen Besucher monatlich auf Communities, die von Firmen eingerichtet wurden. – Referenzen: P&G, Mint.com, Nike, Foursquare, Visa, Microsoft, Procter & Gamble, British Telecom.
Toluna (F) http://www.toluna-group.com	Offene „Online Social Research Community" – Fokus: Marktforschung mit Sozialen-Netzwerk-Komponenten. – Besonderheiten: Panels für Marktforschung, Community-Lösungen, schnelle und einfache Erhebungen (Quick Surveys). – Mitglieder: Vier Millionen in 34 Ländern; mehr als eine Millionen Stimmabgaben täglich.

5.4 Tools zur Machbarkeitsanalyse

Wenn die genaue Zielgruppe definiert ist, Trends und Marktforschung positive Signale geben, dann stellt sich die entscheidende Frage: Sind eine Idee und ein neues Produkt überhaupt technisch und profitabel umsetzbar? An einer realistischen Einschätzung der Kosten und der vielen auftretenden Hürden und Probleme scheitern viele kleine, aber auch große Gründer.

Selbst ein Start-up kann mehr als eine Milliarde US-Dollar in den Sand setzen, ohne auch nur einen Cent verdient zu haben. Das gelang bisher nur einer Firma: In der New-Economy-Zeit schaffte die Firma Webvan dieses Kunststück in nur 18 Monaten [5.11]. Wie war das möglich? Einige der erfolgreichsten Venture-Capital-Firmen wie Benchmark Capital, Sequoia Capital oder Softbank Capital waren mit an Bord. Dazu noch Goldman Sachs und Yahoo. Im Management saß mit George Shaheen der ehemalige Vorsitzende von Andersen Consulting (heute: Accenture), eine der größten Unternehmensberatungen der Welt.

Geballtes Fachwissen, nur leider nicht aus dem Handelsbereich. Denn darum ging es: Online konnten Lebensmittel bestellt und nach Hause geliefert werden. In zehn großen amerikanischen Städten wurde der Service angeboten und von den Kunden gut angenommen. Von den wenigen Kunden, die den Service nutzten. Das Internet war für die Masse der Bevölkerung damals noch ziemlich neu und nur wenige Konsumenten waren gewillt, online Lebensmittel zu bestellen. Das Konzept war seiner Zeit weit voraus.

Doch dem Zeitgeist entsprechend, dass nur der First Mover gewinnt, steckte die Firma Hunderte Millionen US-Dollar in den Ausbau einer kompletten Logistik-Infrastruktur mit Lagerhäusern, Lastwagen, Computersystemen etc. Ohne vorherige Testphasen. Die Firma schaffte es nie, mit einer Lieferung Gewinn zu machen. Insbesondere die Zulieferung in einem vom Kunden gewünschten Zeitfenster von nur dreißig Minuten erwies sich als extrem ineffizient und teuer. Webvan war zu optimistisch: Groß und schnell war das Motto der Expansion, noch vor dem Nachweis der Nachhaltigkeit des Modells. Webvan hatte keinen Plan zur technischen, profitablen Umsetzbarkeit ausgearbeitet [5.12].

Der heute größte Internethändler Amazon ging in der New-Economy-Zeit einen anderen Weg als Webvan: Statt sofort eine teure Infrastruktur aufzubauen, kooperierte Amazon mit den Buchgroßhändlern, über die Amazon den Großteil der Kundenbestellungen abwickelte. Erst als das Modell sich als tragfähig erwiesen hatte, investierte Amazon zunehmend in eigene Lager und trat direkt mit den Verlagen in Kontakt und damit in Konkurrenz zu den Buchgroßhändlern, den vorherigen Partnern. Später wurde das Geschäftsmodell erfolgreich auf andere Produkte wie Musik, Elektroartikel oder Kleidung ausgeweitet. Heute produziert Amazon für den weiteren Ausbau des Geschäftsmodells auch ein eigenes handfestes Produkt, das E-Book Kindle.

Amazon gilt mittlerweile als der effizienteste und kundenfreundlichste Online-Versandhändler und Webvan ist ein Synonym für den ökonomischen Irrsinn vieler New-Economy-Geschäftspläne, als Faktoren wie Umsetzbarkeit und Profitabilität nur eine untergeordnete Rolle spielten. Doch der Markenname Webvan ist nicht untergegangen. Über die Website webvan.com können heute wieder Lebensmittel bestellt werden. Ob die Zeit nun reif dafür ist? Webvan hat sich sicherheitshalber einen Partner gesucht: Seit 2009 kann das neue Unternehmen Webvan auf die Vertriebswege von Amazon zurückgreifen. Gleichzeitig wagt sich auch Amazon selber an die Lieferung von frischen Lebensmitteln nach Hause. Amazon beschränkte sich bei diesem Versuch anfangs nur auf einen kleinen Testmarkt in Seattle. Statt „Big and Fast" nun „Small and Slow". Seit 2010 testet Amazon nun auch den schwierigen deutschen Markt mit Lebensmittellieferungen [5.13].

Gerade in der New-Economy-Zeit waren solch völlig unrealistische Geschäftspläne weit verbreitet. Mit Kozmo musste 2001 ein weiterer Online-Lieferdienst mit hohen Verlusten Insolvenz anmelden: 280 Millionen US-Dollar wurden abgeschrieben [5.14].

Solche Extrembeispiele zeigen die Notwendigkeit von realistischen Geschäftsplänen, die regelmäßig an Marktentwicklungen angepasst werden müssen. Ausweichpläne müssen Alternativen festlegen, wenn sich Märkte verändern. Eine SWOT-Analyse, die Stärken (Strenghts), Schwächen (Weaknesses), Chancen (Opportunities) und Risiken (Threats) eines

Geschäftskonzepts aufzeigt, kann auch bei einer realistischeren Einschätzung der Machbarkeit helfen. Am größten ist die Chance auf einen Geschäftserfolg bei einem echten Alleinstellungsmerkmal, sei es durch einen technologischen Vorsprung oder durch eine echte Weiterentwicklung eines Produktes.

Aber hat die Firma auch Standortvorteile, einfachen Zugriff auf erforderliche Ressourcen und ein fähiges Management-Team, um den Vorsprung verteidigen zu können? Sind die Barrieren für Nachahmer hoch genug, um die eigene Marktposition zu festigen?

Gerade für kleine Start-ups ist es wichtig, nicht durch zu viele Optionen zu viele Ressourcen zu verschlingen. Ein zunächst einfaches, skalierbares Geschäftsmodell bietet deutliche Vorteile und kann bei Erfolg in verschiedene Richtungen erweitert werden.

Internetbasierte Businessplan-Tools können Start-ups unterstützen, sowohl beim Erstellen des eigentlichen Businessplans als auch als Managementtool, um die Fortschritte des Unternehmensaufbaus nachverfolgen zu können. Tools wie planHQ (vgl. **Abbildung 5.3**) oder Bizplan bieten diverse Vorlagen, Arbeitsanleitungen und Hilfestellungen rund um die Geschäftsplanung und Steuerung an. Ein weiterer Vorteil dieser Tools ist die Möglichkeit, den Businessplan direkt online gemeinsam mit Partnern zu entwickeln. Auch bestehende und potenzielle Investoren können sich so stets über den neuesten Stand der jungen Firma informieren und darüber, ob die vorgegebenen Ziele auch wirklich erreicht werden.

Abbildung 5.3: Online-Businessplan-Tool von planHQ (Quelle: http://www.planhq.com)

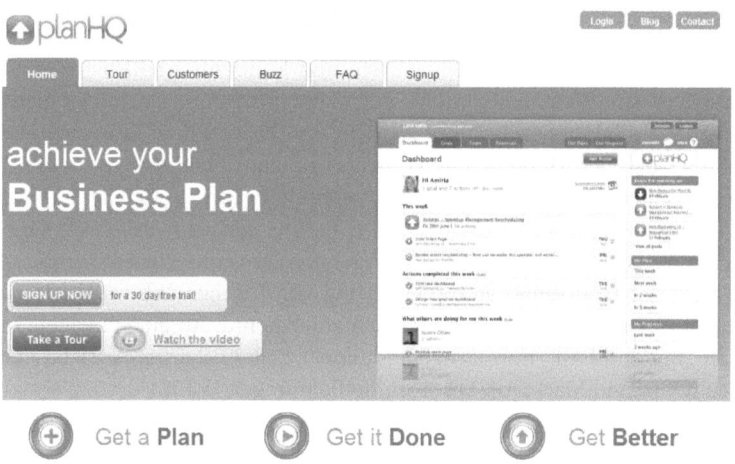

Tabelle 5.4: Internet-Tools für die Potenzialanalyse: Businessplan-Tools

Anbieter	PlanHQ (USA) http://www.planhq.com Bizplan (USA) http://www.bizplan.com Funding Roadmap (USA) http://www.fundingroadmap.com Business Plan Builder (USA) http://www.perfectbusiness.com/businessplan GetSet for Business (UK) http://www.getsetforbusiness.co.uk

Trotz aller zur Verfügung stehenden Analyse-Tools, Bewertungsraster und Businessplan-Vorlagen ist es nicht einfach, das tatsächliche Marktpotenzial einer Geschäftsidee abzuschätzen. Denn Geschäfts- und Produktideen sind oft neu und entziehen sich dadurch bisherigen Vergleichsmaßstäben. Bei der Bewertung einer Idee spielen nicht nur rationale Argumente eine Rolle. Auf dem Papier sehen alle Businesspläne gut aus: Alle Start-ups sehen sich als kommende Weltmarktführer.

Eine Vielzahl von Faktoren spielt eine Rolle, das richtige Timing, das richtige Team, die rechtzeitige Sicherstellung von Ressourcen und Kapital. Ständig können unbeeinflussbare Ereignisse die weitere Entwicklung verändern. All dies kann bei der Potenzialanalyse nicht bewertet werden. Das Bauchgefühl eines Investors oder Business-Inkubators spielt bei der Bewertung eine große Rolle. Welchen Eindruck hat er vom Team, wie schätzt er relevante Markttrends ein? Viele Gespräche mit Branchenkennern sind wichtig, um einen Hype von einem substanziellen Trend zu unterscheiden.

Wer hätte Anfang der 70er Jahre gedacht, welch umwälzende Technologie im sich entwickelnden Internet steckt. Entwickelt als Rechnernetzwerk der Militärs, hätte nicht einmal der weitsichtigste Visionär den Umfang der Veränderungen im jetzigen Internet-Zeitalter vorhersagen können, ohne als Spinner bezeichnet zu werden. Doch Visionäre waren nötig, um diese Entwicklung zu induzieren.

Der vielleicht größte Visionär des heutigen Computerzeitalters ist ein Mann aus dem Silicon Valley. Er holte den Computer aus den Büros der Spezialisten und wollte den Computer für die breite Masse verfügbar machen. Er entwickelte heutige Standards wie die Computer-Maus, Elemente einer grafischen Benutzeroberfläche, Hypertextsysteme, Textverarbeitung, Groupware und Ansätze von Telefonkonferenzen. Sein Name: Douglas Engelbart [5.15].

Erstaunlicherweise ist Engelbart trotz seiner enormen Pionierarbeit nur eingefleischten Computerexperten ein Begriff. Sein Team am Augmentation Research Center (ARC)/ Stanford University entwickelte all diese Pionier-Technologien, doch das eigentliche Potenzial und das Risiko für eine Umsetzung der Ideen für einen Massenmarkt übernahmen echte Innovatoren. Engelbart blieb ein Erfinder und Pionier-Entwickler. Erst Steve Jobs (Apple) und Bill Gates (Microsoft) verwandelten seine Produkte in radikale Innovationen, die ganze Wirtschaftszweige veränderten [5.16].

6 Internet-Tools zur Pilotentwicklung

Kapitelübersicht

Die Pilotentwicklung entscheidet über den Erfolg einer Produkt-, Prozess- oder Geschäftsmodellinnovation, denn hier werden die Grundlagen einer Neugründung und des neuen Marktangebots geschaffen. Wie in anderen Inkubationsphasen ist auch bei der Pilotentwicklung eine Öffnung nach außen erforderlich, um die Projektfinanzierung, das Teambuilding, die Projektarbeit und die Produktgestaltung mit Kunden frühzeitig in die richtigen Bahnen zu lenken. Nach der Gründung und Produkteinführung kann es sehr aufwändig sein, ein Unternehmen oder einen Unternehmensbereich und sein Angebot neu auszurichten oder ggf. sogar neu zu entwickeln.

Für die offene Pilotentwicklung existieren zahlreiche neue Internet-Tools, die neben der Gründungsarbeit helfen können, neue Produkte gemeinsam mit Kunden zu entwerfen, zu entwickeln, zu gestalten und zu individualisieren. Die Mitgestaltungsmöglichkeiten reichen bis zu persönlichen Produkten, die über das Internet neu, individuell und vollautomatisiert in speziellen Fabriken produziert werden können.

Die Pilotentwicklung umfasst die Planung, Finanzierung, Personalbeschaffung, Partnerauswahl und Kundeneinbindung für die Entwicklung der ersten Version eines Produkts. Das können der Prototyp und die Nullserie eines handfesten Produkts, der Beta-Launch einer Internet-Plattform oder das Pilotprojekt für ein neues Dienstleistungsangebot sein.

Abbildung 6.1: Webgestützter Prozess bei der Pilotentwicklung

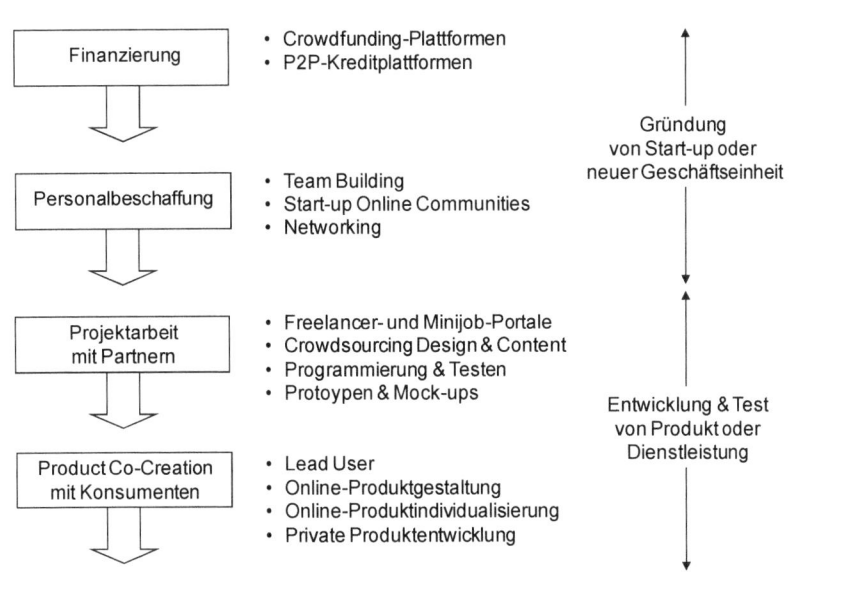

Investoren, Geschäftspartner, Lieferanten, Kunden und Konsumenten können bei der Pilotentwicklung auf vielfältige Weise beteiligt werden – und dies mit Unterstützung zahlreicher Internet-Tools (vgl. **Abbildung 6.1**).

6.1 Innovative Projektfinanzierung

6.1.1 Crowdfunding-Plattformen

Eine der Hauptfunktionen eines Inkubators ist die Versorgung von jungen Firmen mit Liquidität, um die Firma aufbauen und ein Produkt entwickeln zu können. Der Inkubator kann selbst investieren oder andere Investoren mit ins Boot holen. In einigen Fällen bietet sich als Alternative dazu auch Crowdsourcing an, genauer gesagt Crowdfunding – Finanzierung durch die Masse (vgl. **Abbildung 6.2**).

Abbildung 6.2: Ausrichtung von Crowdfunding-Plattformen

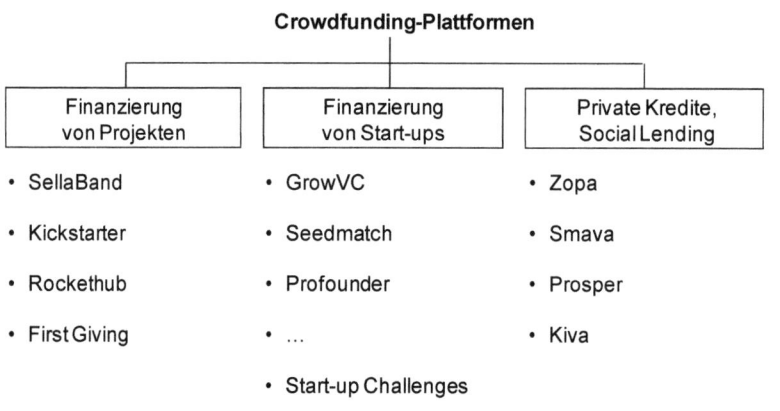

Das Verhältnis zwischen dem Kapitalsuchenden („Fundraiser") und dem Investor unterscheidet sich von dem bei der traditionellen Finanzierung von Start-ups. Der Fundraiser nennt ein Finanzierungsziel, das er erreichen will, um ein Projekt verwirklichen zu können. Die Finanzierung erfolgt in Teilbeiträgen, die meistens sehr klein gestückelt sind, damit auch Kleinanleger investieren können. Der Investor will beim Crowdfunding mit seinem Geld nicht nur eine gute Rendite erwirtschaften, sondern er will dem Fundraiser auch helfen und dessen Projekt fördern, weil er sich davon einen Mehrwert verspricht: emotional als Förderer oder als Nutzer eines neuen Produkts oder als späterer, ggf. indirekter Nutznießer eines Projekts.

Am stärksten ist diese Unterstützungsfunktion im Wohltätigkeitsbereich ausgeprägt sowie in allen Bereichen, in denen eine enge (Fan-)Bindung zu einer Person oder Organisation besteht. Ohne Crowdfunding wäre Barack Obama vielleicht noch Senator von Illinois. Denn der Großteil seines über 500 Millionen US-Dollar großen Wahlkampfbudgets wurde im Präsidentschaftswahlkampf 2008 mittels einer breitangelegten Crowdfunding-Kampagne eingesammelt. Im Durchschnitt waren die Unterstützer bereit, ihm 80 US-Dollar zu spenden [6.1]. Als Lohn winkte hier die Perspektive für eine Änderung der Politik im Lande.

Crowdfunding wird auch für eine längerfristigere Finanzierung genutzt: Im Fußballbereich bewahrten britische Fans mit dem Projekt myFootballClub ihren Lieblingsverein mit einem jährlichen Beitrag vor dem Aus. Weltweit fanden sich Nachahmer für dieses Konzept. In Deutschland konnte der ehemalige Zweitligaklub Fortuna Köln, der in die 5. Liga abgerutscht war, dank der Kampagne DeinFussballclub.de gerettet werden. Für jährlich 40 Euro sollen die Fans online über die Aufstellung der Mannschaft und Vereinsangelegenheiten mitbestimmen können [6.2]. Als dieses Recht später relativiert wurde, sank die Unterstützung rapide ab und viele Fans verlängerten ihre finanzielle Unterstützung nicht mehr, ähnlich wie beim britischen Vorbild. Crowdfunding kann nur funktionieren bei einer echten Kollaboration und einem gefühlten Mehrwert für die Unterstützer.

Abbildung 6.3: Crowdfunding-Portal für Projekte bei Kickstarter
(Quelle: http://www.kickstarter.com)

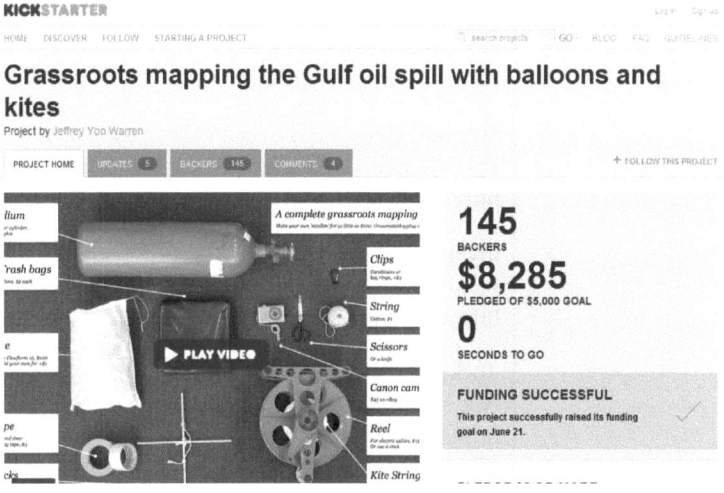

Neben den einzelnen Crowdfunding-Kampagnen gibt es spezielle Crowdfunding-Plattformen. Bei Kickstarter werden in erster Linie künstlerische und soziale Projekte gefördert (vgl. **Abbildung 6.3**). In der Regel liegt das Finanzvolumen im Bereich von 500 bis 20.000 US-Dollar. Mit einem abgestuften Belohnungssystem kann der Projektanbieter je nach Geldbeitrag verschiedene Incentives anbieten, die für den Unterstützer sonst oft nicht käuflich erwerbbar sind. Bei Filmprojekten werden z. B. handsignierte Filmkopien für kleine Spenden angeboten, Partyeinladungen, spezielle T-Shirts bis hin zur Erwähnung als Co-Produzent. Ein paar junge Programmierer haben im Frühjahr 2010 via Kickstarter Gelder für ihr Diaspora-Projekt eingesammelt, um damit ein Open Source Social Network aufzubauen, als Gegenstück zu Facebook. Ein hehres Ziel, aber doch attraktiv genug, um 200.000 US-Dollar von 6.479 Personen einzusammeln [6.3].

Auf Plattformen wie SellaBand oder Indiegogo finanzieren zahlreiche Bands die Produktion neuer CDs durch Vorschüsse ihrer Fans. 2010 konnte die Hip-Hop-Band „Public Enemy" ihr neues Album durch die Unterstützung ihrer Fans vorfinanzieren, ohne Unterstützung von Plattenkonzernen. Fast 1.200 Fans investierten über SellaBand 75.000 US-Dollar in die Produktion der neuen CD [6.4].

Doch gerade die Plattform SellaBand zeigt, dass auch Crowdfunding-Plattformen manchmal eine bessere Finanzierung gebrauchen können, denn im Februar 2010 musste SellaBand Insolvenz anmelden. Nach einem Neustart hat sich die Firma nun auf Finanzierungen in den Bereichen Musikproduktion, Vermarktung, Konzerte und Ticketverkauf fokussiert.

Tabelle 6.1:	Internet-Tools für die Pilotentwicklung: Crowdfunding-Plattformen für Projekte
Anbieter	Kickstarter (USA) Fokus: Kreative Projekte http://www.kickstarter.com Startnext (D) Fokus: Kreative Projekte. Kickstarter Copy Cat http://www.startnext.de mySherpas (D) Fokus: Soziale, karitative und kreative Projekte http://www.mysherpas.com RocketHub (USA) Fokus: Kreative Projekte http://rockethub.com Spot.us (USA) Fokus: Investigativer Journalismus http://spot.us First Giving (USA) Fokus: Wohltätigkeit http://www.firstgiving.com

	Unreasonable Institute (USA) Fokus: Soziales Unternehmertum http://unreasonableinstitute.org Indiegogo (USA) Fokus: Film-Finanzierung http://www.indiegogo.com SellaBand (D) Fokus: Musik-Finanzierung https://www.sellaband.com MyFootballClub (UK) Fokus: Fußballverein http://www.myfootballclub.co.uk MeinFussballclub.de (D) Fokus: Fußballverein http://meinfussballclub.de

Einige Crowdfunding-Plattformen haben sich auf die Finanzierung von Start-ups konzentriert. Firmen wie GrowVC oder Seedmatch kombinieren Start-up-Communities und Networking mit einer Finanzierung durch erfahrene Investoren. In dem Konzept können die Investoren regelmäßig oder einmalig eine bestimmte Summe in Start-ups investieren. Die verfügbare Summe, bei Seedmatch ab 1.000 Euro, kann auch auf mehrere Start-ups verteilt werden. Im Unterschied zu anderen Crowdfunding-Plattformen gibt es bei den Start-up-Förderern noch eine Zwischenebene, auf der die Businesspläne und die Strategie einer Prüfung unterzogen werden.

Ein Mindestmaß an Professionalität ist Grundvoraussetzung für die Teilnahme. Letztlich erhält über diese Plattformen jeder die Möglichkeit, selbst ein kleiner „Business Angel" zu werden, denn neben der Finanzierung sollen die Start-ups auch mit Expertise unterstützt werden, durch Experten-Plattformen und Mentoren-Programme.

Tabelle 6.2:	Internet-Tools für die Pilotentwicklung: Crowdfunding-Plattformen für Start-ups
GrowVC (USA) http://www.growvc.com/main	Plattform zur Finanzierung von Start-ups; Networking-Plattform für Investoren und Start-ups – Besonderheiten: Detaillierte Prüfung der Gründungskonzepte durch GrowVC.

	– Funding: Der Investor zahlt jeden Monat eine festgelegte Summe (max. 1.200 US-Dollar) ein und kann diese Summe frei verteilen. Start-ups können bis zu eine Million US-Dollar erhalten.
Seedmatch (D) http://www.seedmatch.de	Plattform zur Finanzierung von Start-ups – Besonderheiten: Zusätzlich zum Kapital wird auch eine soziale Plattform rund ums Networking sowie Managementunterstützung geboten. – Funding: Mikroinvestoren können sich mit geringen Beträgen ab 1.000 Euro an Start-ups beteiligen; Das Portofolio kann individuell zusammengestellt werden.
Weitere Anbieter	Profounder (USA) http://www.profounder.com Wiseed (FR) http://www.wiseed.fr

6.1.2 Peer-to-Peer-Kredit-Plattformen

Eine weitere Finanzierungsmöglichkeit bieten sogenannte Peer-to-Peer-Kreditplattformen (P2P), die auch das Crowdfunding-Prinzip nutzen, jedoch ohne einen spezifischen Fokus. Diese Plattformen unterstehen der Bankenaufsicht und vermitteln Kleinstkredite, die direkt von den Mitgliedern finanziert werden. Nicht die Bank, sondern Privatpersonen vergeben Kredite an Privatpersonen oder Unternehmen, abgesichert durch die P2P-Kreditplattform, die dafür eine Provision auf den Kreditbetrag erhält.

Der Kreditnehmer gibt den gewünschten Betrag, die Laufzeit und die Zinsen an, die er zu zahlen bereit ist. Der Kreditgeber kann die Summe, die er bereitstellen will, auf verschiedene Projekte verteilen, um das Risiko zu minimieren.

Die Marktforscher von Gartner sagen diesem Prinzip des „Social Lending" durchaus eine Zukunft voraus, als Alternative für Investoren, die neben einer guten Anlage auch anderen Personen helfen wollen, die oft nicht genügend Sicherheiten vorweisen können, um von der normalen Bank einen Kredit zu erhalten.

Natürlichen Vorbehalten gegen diese neue Form der Kreditvergabe versuchen die Pioniere des Konzepts, Zopa und Smava (vgl. **Abbildung 6.4**), durch ein ausgeklügeltes Risikomanagement zu begegnen. Die Identität muss zweifelsfrei nachgewiesen werden, Einkommensprüfungen werden angefordert und verschiedene Scoring-Systeme kommen zum Einsatz, um Kredite in unterschiedliche Risikoklassen einzustufen. Die meisten Plattformen wachsen langsam und werden auch von Institutionen wie der Stiftung Warentest positiv bewertet.

Abbildung 6.4: Crowdfunding Kleinstkredite von-Privat-zu-Privat bei Zopa
(Quelle: http://uk.zopa.com/ZopaWeb)

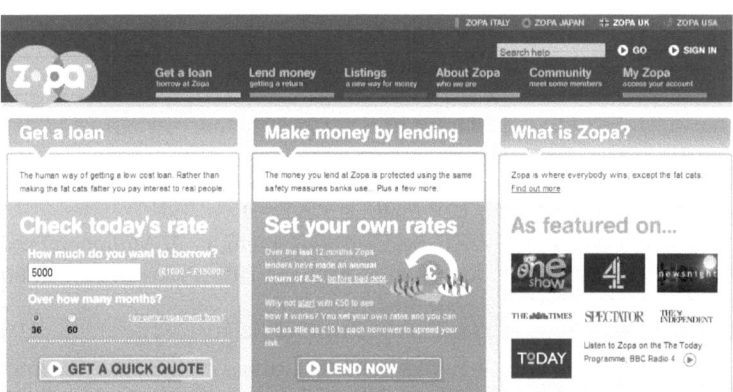

Der einstige P2P-Kredit-Marktführer Prosper.com musste erkennen, dass auch für diese neue Art der Kreditvermittlung allgemeingültige Regeln gelten: Auf Anordnung der US-Bankenbehörde musste Prosper seine Geschäfte wegen Unregelmäßigkeiten für mehrere Monate einstellen. Mittlerweile ist Prosper.com wieder im Geschäft, doch an das alte Wachstum konnte es nicht anknüpfen, denn die verlorene Vertrauensbasis kann nur langsam wieder aufgebaut werden kann.

Das Prinzip des Social Lendings in Reinform verkörpert die Plattform Kiva, die sich als „Non-Profit P2P Lending Platform" bezeichnet. Kreditgeber, die gleichzeitig anderen Menschen helfen möchten, können sich hier kleine Unternehmer aus der ganzen Welt aussuchen, denen sie mit Kleinstkrediten helfen, sich eine Existenz aufzubauen. Ursprünglich fokussierte sich Kiva auf unterentwickelte Regionen auf der ganzen Welt. Durch die Wirtschaftskrise entdeckte Kiva ein neues Potenzial im eigenen Land: In Partnerschaft mit dem Kreditkartenkonzern Visa werden seit 2010 auch Kleinstkredite für US-amerikanische Kleinunternehmer vergeben.

Bisher ist es jedoch noch keiner P2P-Kreditplattform gelungen, Gewinne zu schreiben. Sie sind selber auf externe Finanzquellen für ihre Geschäftstätigkeit angewiesen. Dabei vertrauen sie jedoch auf traditionelle Finanzmöglichkeiten: Gelder von Venture-Capital-Firmen.

Tabelle 6.3: Internet-Tools für die Pilotentwicklung: P2P-Kredit-Plattformen

Zopa (UK) http://uk.zopa.com	First Mover im P2P-Kreditgeschäft – Besonderheiten: Absicherung durch prominente Venture-Capital-Firmen und Investoren. – Kredite: Co-Lending ab 50 Pfund; Max. Kreditsumme: 15.000 Pfund. – Mitglieder: 150.000.
Smava (D) http://www.smava.de	Marktführer in Deutschland – Besonderheiten: Laut „Finanztest 5/2010" die sicherste P2P-Plattform in Deutschland. – Kredite: Seit 2007: mehr als 27 Millionen Euro Kredite vermittelt; 2010: monatlich zwei Millionen Euro vermittelt.
Lending Club (USA) http://www.lendingclub.com	– Fokus: Refinanzierung von Kreditkarten und Kleingewerbefinanzierungen mit festen Zinssätzen. – Besonderheiten: Kredit-Prüfungsprozess; Start 2007 als Facebook-Applikation. – Kredite: 2007 bis 2010: durchschnittlich neun Prozent Zinsen auf die Kredite; 130 Millionen US-Dollar vermittelt.
Prosper (USA) http://www.prosper.com	– Fokus: Konsumentenkredite. – Besonderheiten: Social-Community-Features sollen Gleichgesinnte zusammenführen. – Prosper hatte mehrfach Probleme mit Regulierungsbehörden, Zukunft ungewiss.
Kiva (USA) http://www.kiva.org	– Fokus: Non-Profit. – Kredite: 477.000 Personen haben ca. 170 Millionen US-Dollar an mehr als 400.000 Kleinunternehmer in 53 Ländern vergeben. – Besonderheiten: Nur zwei Prozent der Kredite konnten nicht zurückgezahlt werden.
Weitere Anbieter	Auxmoney (D) https://www.auxmoney.com

6.2 Team Building – 2,5 Freunde müsst ihr sein

6.2.1 Das Team – noch wichtiger als die Geschäftsidee

Für einen Inkubator ist eine gute und kooperative Beziehung zu einem Gründerteam Grundvoraussetzung für den Erfolg. Ein Inkubator wird Gründer nur dann unterstützen, wenn er überzeugt ist, dass sie dynamisch sind, etwas bewegen wollen und dass sie auch die nötigen Fähigkeiten dazu mitbringen. Das ist das wichtigste Kriterium bei der Auswahl. Selbst die besten Ideen mit dem größten Potenzial haben keinen Wert, wenn die Gründer nicht den unternehmerischen Elan haben.

Sympathie, ähnliche Vorstellungen und die berühmte Chemie sollten stimmen, denn dadurch entsteht viel leichter ein Vertrauensverhältnis. Mit abnehmender Bedeutung sind für einen Inkubator bei der Gründerauswahl das Gründerteam selbst, dann die Bewertung der Geschäftsidee und schließlich das Marktpotenzial wichtig.

6.2.2 Formierung des Gründerteams

An erster Stelle stehen die Persönlichkeiten der Gründer. Ein Start-up sollte aus mindestens zwei, besser drei Gründern bestehen, die eine gemeinsame Vision haben. Sie sollten sich idealeweise bereits vorher gekannt haben, damit eine Vertrauensbasis besteht. Auch in schweren Gründungsphasen muss das Team zusammenstehen und sich auf den anderen verlassen können.

Für den Erfolg eines Gründungsteams ist es besonders wichtig, dass die Gründer sich mit ihrem Wissen und ihrer Erfahrung ergänzen. Die Urväter der Silicon Valley-Garagenfirmen, David Packard and Bill Hewlett, wurden vom „Silicon Valley"-Vater Terman zu einem Team geschmiedet, der das Potenzial dieser Kombination erkannte und förderte. Der eine hatte seine Stärke im technologischen Bereich, als Entwickler und Treiber der Firmenprodukte, während der andere der Frontmann war, mit Stärken im Vertrieb, Marketing und Management. Auch Intel basierte auf einer solchen Arbeitsteilung: Der Miterfinder des Mikrochips, Robert Noyce, war der technologische und inspirierende Visionär, während Gordon Moore der brillante Umsetzer war. Und was wäre aus der Idee des ersten Personal Computers geworden, wenn Steve Wozniak nicht in seinem Freund Steve Jobs einen außerordentlich guten Umsetzer gefunden hätte?

Auch andere berühmte Paare aus der Computer- und Internettbranche wie Bill Gates und Paul Allen (Microsoft) oder Larry Page und Sergey Brin (Google) kannten sich bereits aus der Schule, der Universität oder waren einfach Freunde.

Wichtig ist bei solchen Paar-Beziehungen, dass jedem klar ist, welche Stärken und Schwächen er hat, und welche Kompetenzen er an den anderen abgeben kann. Oder sich Hilfe von außen holt: Die Google Gründer teilten die gleiche Vision und Passion, aber ihnen fehlte die Management-Erfahrung zum Aufbau und zur Führung eines schnell wachsenden Unternehmens. Schon frühzeitig stellten sie mit Eric Schmidt einen erfahrenen Manager als Unternehmensleiter ein, in dem Bewusstsein ihrer begrenzten Fähigkeiten auf diesem Gebiet.

Eine gute Mischung für eine Gründung sind Kombinationspaare aus Manager/Verkäufer, Visionär/Umsetzer, Technologe/Geschäftsmann oder Introvertierter/Extrovertierter. Wenn diese Fähigkeiten in einem Team abgedeckt sind, sinkt die Wahrscheinlichkeit, dass die junge Firma einseitig in eine falsche Richtung läuft.

Generell gilt die Faustregel, dass ein einzelner Gründer kaum alle Aspekte einer Gründungsfirma abdecken kann und sich gleichzeitig der Entwicklung des entsprechenden Produktes widmen kann. Ideal sind zwei bis drei Gründer, maximal fünf, der Durchschnitt liegt bei 2,5 Gründern. Darüber hinaus wird es schwierig, als Team eine gemeinsame Vision zu verwirklichen; zu unterschiedlich können die Meinungen zu verschiedenen Einzelaspekten sein. Neben der gegenseitigen Ergänzung und gemeinsamen Vision ist für ein erfolgreiches Team ideal, wenn seine Mitglieder bereits längere Zeit zusammengearbeitet und dabei Höhen und Tiefen durchstanden haben.

Firmen wie „FounderDating" oder „Start-up Weekend" bieten sogenannte Co-Founder Matchings an, über die ein Gründer Partner zum Gründungsaufbau finden kann. Sie organisieren in der Regel zweitägige Veranstaltungen, bei denen sich eine begrenzte Anzahl an Gründern mit Ideen, Gründungswillige ohne Ideen und talentierte Spezialisten treffen und umsetzungsfähige Start-up-Ideen entwickeln sowie Teams bilden können. Durch das persönliche Kennenlernen kann sich ein Team mit den unterschiedlichen notwendigen Qualifikationen bilden, bei dem auch die persönliche Chemie stimmt. Diese Plattformen sind eine sehr zielgerichtete Form des Networkings. Unternehmensgründungen in 48 Stunden.

Bei den kostenpflichtigen Events der Firma Start-up Weekend können Teilnehmer in maximal 1,5 Minuten ihre Ideen vor einem Auditorium vorstellen. Die besten Vorschläge werden in der Gemeinschaft ausgewählt und aus den Teilnehmern werden Teams zusammengestellt, in einer guten Mischung: In der Regel sind es vier bis zehn Personen, zur Hälfte technisch-orientiert, zur Hälfte strategisch-unternehmerisch orientiert. Das restliche Wochenende verbringen die Teilnehmer, unter Mithilfe von Mentoren, mit der Ausarbeitung eines Konzeptes oder eines Prototyps. Ein Pitch vor Investoren beendet dann das Wochenende. Start-up Weekend veranstaltet solche Events in über 100 Städten in 25 Ländern. Stolzes Ergebnis: 720 neue Start-ups [6.5].

Tabelle 6.4: Internet-Tools für die Pilotentwicklung: Co-Founder Matching

Anbieter	Founderdating (USA) http://www.founderdating.com/ Start-up Weekend (USA) http://Start-upweekend.org/

6.2.3 Nutzung von Start-up-Online-Communities

Mitarbeiter für die Pilotentwicklung und den Team- und Organisationsaufbau werden oft aus dem Arbeitsumfeld, aus dem weiteren Freundeskreis oder per Stellenanzeige rekrutiert. Online-Communities, Business Networks und Freelancer-Pools bieten darüber hinaus neue Wege für den Team-Aufbau an. Mitarbeiter für eine vernetzte, digitale und kollaborative Arbeitswelt.

Spezielle Start-up-Online-Communities wie „Cofoundr" oder „Go BIG Network" bieten den Gründern neben allgemeinen Tipps auch die Möglichkeit, Gleichgesinnte für den Aufbau von Start-ups zu finden: Mitgründer, Freelancer, Mitarbeiter oder Investoren. Auf der Plattform Cofoundr kann jeder Nutzer ein Profil mit seinen speziellen Fähigkeiten anlegen, Start-up-Ideen in der Community zur Diskussion stellen und für sich Teams aufbauen und Ratschläge erhalten. Cofoundr ist zielgerichteter auf die Bedürfnisse von Start-ups ausgerichtet als allgemeine Business-Netzwerke wie LinkedIn und Xing.

Einen anderen Ansatz haben Plattformen wie Entrepreneur Connect oder Start-upNation. Sie sind in erster Linie soziale Netzwerke, in denen der Community-Gedanke im Vordergrund steht. Dabei verknüpfen sie Funktionalitäten von Business-Netzwerken wie LinkedIn mit sozialen Funktionalitäten wie bei Facebook. Große redaktionelle Bereiche mit Erfahrungsberichten und Ratschlägen aller Art für junge Unternehmen bieten einen echten Mehrwert über den Netzwerkgedanken hinaus.

Abgerundet wird das Angebotsspektrum durch spezielle Start-up-Jobbörsen wie Startuply oder InternshipIN. Hier werden Jobs aus dem Start-up-Bereich angeboten. Durch Start-uply sollen Studenten auch auf kleine, attraktive Start-ups aufmerksam gemacht werden. Ansonsten liegt der Fokus der Studenten eher auf Firmen wie Google oder Microsoft.

In Deutschland gibt es nicht diese Vielzahl von Start-up-Communities. Erste Anlaufstellen sind Plattformen wie Gründerszene.de, Förderland oder Deutsche-Start-ups.de. Dort findet der Nutzer in erster Linie Informationen über Start-ups samt Hintergründen zu den Gründern und Investoren. Der Community-Gedanke, der internetbasierte Austausch unter Gründern und mit Investoren steht nicht im Fokus. Gefördert wird die Vernetzung aber durch die Organisation von Events. Allerdings besteht immer die Gefahr, dass solche Communities langsam einschlafen, wenn nach einer Startphase keine weiteren Aktionen durchgeführt und Beiträge erstellt werden, so geschehen mit „Gründen im Team".

Tabelle 6.5: Pilotentwicklung-Tools

Start-up-Online-Communities

Cofoundr (USA) http://www.cofoundr.com	Social Network rund um Start-ups – Zielgruppe: Gründer, Investoren, Freelancer. – Besonderheiten: Facebook-ähnliche News-Seite über neue Start-ups; Profile können erst nach Anmeldung angesehen werden; Team-Building Feature. – Funding: Keine direkte Suche nach Finanzquellen.
Go BIG Network (USA) http://www.gobignetwork.com	Online-Marktplatz für Start-up-Fragen und Gesuche aller Art – Fokus: „The world's BIGGEST source of small business clients." – Besonderheiten: Start-ups können Spezialisten für Design, IT oder Services gezielt suchen. Außerhalb des eigenen sozialen Netzwerkes müssen sie jedoch für Kontakte eine Gebühr zahlen. – Mitglieder: Start-ups können ihre Projekte 20.000 Investoren/Spezialisten vorstellen.
Gründen im Team (D) http://www.g-i-t.de	Social Network rund um Start-ups – Besonderheiten: Durch Teilnahme in den Online-Foren oder auf den Veranstaltungen im „realen" Leben können Start-ups Kontakte knüpfen. – Mitglieder: Ca. 4.500. – Start im Jahr 1999, aber aktuell nur wenige neue Einträge.
Weitere Anbieter	Entrepreneur Connect (USA) Social Network rund um Start-ups http://econnect.entrepreneur.com Start-upNation (USA) Social Network mit umfangreichen redaktionellen Inhalten http://www.Start-upnation.com Gründerszene (D) Start-up-Community http://www.gruenderszene.de

	Deutsche Start-ups (D) Start-up-Community http://www.deutsche-Start-ups.de
	Förderland (D) Portal für Gründer http://www.foerderland.de

Jobs in Start-ups

Start-uply (USA) http://www.Start-uply.com	Job-Seite mit Fokus auf kleine Start-ups – Mitglieder: mehr als 2.000 Start-ups mit Firmenprofilen und Stellenanzeigen. – Tochterfirma des Ideen-Inkubators Ycombinator.
Weitere Unternehmen	InternshipIN (USA) Matchmaker für Studenten und Start-ups http://www.internshipin.com

6.2.4 Networking – Kontakte als Katalysator für den Geschäftsaufbau

Viele Gründer nutzen im Rahmen einer Neugründung Ressourcen und Kontakte ihres informellen persönlichen Netzwerkes aus engen Bindungen (Familie, Freunde) und losen Bindungen (Arbeitskollegen, Bekannte). Diese können nützliche Berater und Helfer sein. Doch in der Regel sind diese Ressourcen für eine Gründung begrenzt. Nicht jeder hat Betriebswirtschaftler im Freundeskreis, die bereit sind, sich einzubringen, zusätzlich zu einem anstrengenden Hauptberuf.

Ein Inkubator setzt an diesem Punkt an und erweitert das informelle persönliche Netzwerk des Gründers um ein gründerspezifisches Netzwerk. Idealerweise ist der Inkubator ein Netzwerk-Manager, der die entsprechenden fehlenden Kontakte in die unterschiedlichsten Bereiche vermittelt, um den Aufbau des Unternehmens erst zu ermöglichen und zu beschleunigen.

Das Netzwerk eines traditionellen Inkubators sollte Steuerberater, Wirtschaftsprüfer, Rechtsanwälte, Headhunter, Personalberater, Investoren, Software-Dienstleister, Internet-, Grafik- und Marketingagenturen umfassen. Wenn es bei der Gründung um die Herstellung physischer Produkte geht, sollte ein Inkubator auch gute Kontakte in die Industrie herstellen können, z. B. zu Lieferanten und Logistikunternehmen. Es geht dabei nicht nur um die Vermittlung von direkten Dienstleistern, sondern auch um eine Kontaktvermittlung zu interessanten Personen, die Ratschläge und informelle Beratung zu einzelnen Aspekten geben können.

Ein moderner Inkubator nutzt über diese Netzwerkfunktionen hinaus auch aktiv Business-Netzwerke, um sein persönliches Netzwerk zielgerichtet auf die gründerspezifischen Ansprüche zu erweitern. Da der Inkubator mehr Personen auf einer höheren Management-Ebene kennt, ist sein Netzwerk potenziell wertvoller als das Netzwerk des jungen Gründers.

Die sozialen Geschäftsnetzwerke im Internet dienen in erster Linie der Verwaltung von Kontaktdaten und zum Netzwerken. Die Daten von Freunden und Bekannten lassen sich normalerweise noch in Kalendern oder Notizbüchern verwalten. Doch bei Geschäftskontakten kann die Fülle von unterschiedlichen Kontakten schnell das Notizzettel-System sprengen.

Eine innovative Lösung des Problems bescherte Arnold Neustadter eine gewissen Wohlstand. Er schuf 1958 mit dem Rolodex für Jahrzehnte einen Standard zur Adress- und Kontaktdatenverwaltung, ein einfaches Rollkarteikarten-System, drehbar um eine Achse. Millionen Büroarbeiter konnten so ihre Kontakte weitaus effizienter nutzen als zuvor [6.6].

Unübertroffen in der Nutzung des Rolodex war der Enkel des legendären Standard Oil-Gründers John Rockefeller, der Banker David Rockefeller, berühmt für sein weitumfassendes Netzwerk zu Konzernchefs und Politikern auf der ganzen Welt. Sein speziell gefertigter Rolodex umfasst ca. 150.000 Namen und Funktionen von Personen, mit denen er seit den 40er Jahren Kontakt hatte. Und dieses Rolodex erfüllt weiterhin seinen Zweck für den mittlerweile 95-jährigen Banker [6.7].

Doch die Rolodex-Nutzer sind selten geworden. Heute sind die Rolodexe weitgehend aus den Büros verschwunden. Computer und Smartphones haben die Funktion der Rolodexe übernommen und damit die Kontaktdatenverarbeitung sehr vereinfacht. Ständig verfügbar und durch Synchronisation stets auf dem neuesten Stand.

Doch dadurch sind die Daten weiterhin nur auf den privaten Gebrauch beschränkt. Und genau hier setzen nun die sozialen Geschäftsnetzwerke an. Sie öffnen die Rolodexe, die iPhone-Adressbücher für die Öffentlichkeit. Mit den sozialen Geschäftsnetzwerken werden die Kontaktdaten, die früher im privaten Rolodex versteckt waren, für jeden sichtbar, soweit sie freigegeben werden. Denn die Top-Manager größerer Firmen bevorzugen weiterhin traditionelle Wege der Kontaktverwaltung und geben ihre Kontakte der höchsten Ebene sicherlich nicht auf Plattformen wie LinkedIn oder Xing frei. Obwohl viele Menschen sicherlich einiges dafür zahlen würden, um Zugang zum Netzwerk eines David Rockefeller auf LinkedIn zu finden.

First Mover im Bereich der sozialen Geschäftsnetzwerke war die amerikanische Plattform LinkedIn. Die Gründer wollten eine detaillierte Online-Kontaktverwaltung anbieten, die einerseits diese Kontakte auch für andere Personen sichtbar macht und andererseits neue Möglichkeiten der Kontaktanbahnung schafft. Nach dem Prinzip „Jeder kennt jeden um sechs Ecken" kann jeder Nutzer sehen, welche Kontakte seine Kontakte haben, und bei

Bedarf viel leichter Kontakt aufnehmen, denn das Kontaktnetzwerk verschafft einen Vertrauensbonus.

Die deutsche Xing-Plattform kopierte das LinkedIn-Format nach Deutschland, ist aber kein reines Copycat. Xing legte bereits früh den Schwerpunkt viel stärker auf den Community-Gedanken, auf die Vernetzung über Gruppen, während LinkedIn stärker an Funktionalitäten orientiert war (vgl. **Abbildung 6.5**). Xing organisierte auch als erste Plattform lokale Offline-Netzwerke. In einem intensiven Wettbewerb kopieren die Plattformen gegenseitig Funktionen, die der jeweilige Konkurrent erfolgreich bei sich eingeführt hat. Copycat und First Mover sind nun nicht mehr klar zu unterscheiden.

Abbildung 6.5: Präsentieren und Networking auf Xing (Quelle: http://www.xing.com)

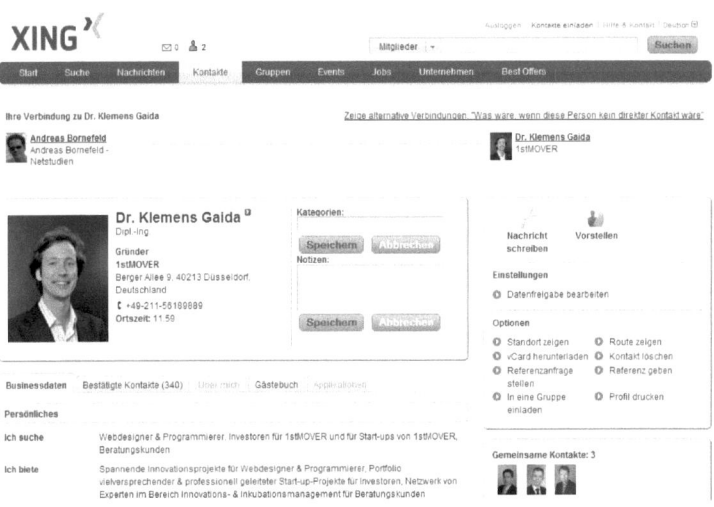

Gerade für Gründer und kleine Firmen sind solche Business-Netzwerke ideale Rund-um-Plattformen, um Gleichgesinnte und Freelancer zu finden, die eigene Firma zu promoten, sich als Fachmann zu positionieren oder Geschäfte einzufädeln. Aber auch größere Firmen nutzen solche Plattformen: Prominentes Beispiel ist der Finanzchef von Oracle, Jeff Epstein, der über LinkedIn rekrutiert wurde.

Das Software Start-up Goshido (Irland), gegründet 2009, verschaffte sich Anfang 2010 trotz globaler Wirtschaftskrise über LinkedIn in nur acht Tagen das komplette Startkapital. Goshido kontaktierte 700 Investoren über LinkedIn und erhielt 200 Reaktionen. Insgesamt konnte das Start-up auf dies Weise 230.000 US-Dollar einsammeln und mit dem Geschäftsaufbau beginnen [6.8].

Einen anderen Ansatz verfolgt die Plattform Gist. Im Herbst 2009 gestartet, will Gist ein Informationssystem für die gesamte Kontakt- und Netzwerkverwaltung bieten. Alle Kontakte eines Nutzers, sei es bei LinkedIn, Twitter, Facebook oder eigene E-Mail-Kontakte, werden von dort in die Gist-Plattform importiert und können auf dieser Plattform an einem zentralen Ort verwaltet werden.

Das System beobachtet regelmäßig 60.000 Nachrichtenquellen, 20 Millionen Blogs sowie Feeds von Twitter oder Facebook nach Beiträgen oder Informationen von und über alle angegebenen Kontakte. Damit erhält der Nutzer ein ständiges, nach persönlichen Kriterien gefiltertes Nachrichten-Update seines gesamten Kontaktnetzwerks. Bei einem E-Mail-Erstkontakt zu einer anderen Person werden sofort deren Ansichten, Vorlieben oder Geschäftsaktivitäten auf der Gist-Plattform sichtbar. Kontakte können bei gegenseitigem Einverständnis über Gist auch Informationen austauschen und kommunizieren.

Tabelle 6.6: Internet-Tools für die Pilotentwicklung

Networking Communities

LinkedIn (USA) http://www.linkedin.com	– Mitglieder: 100 Millionen weltweit, davon 20 Millionen in Europa; knapp eine Million in Deutschland. – Firmenprofile: Mehr als eine Million. – Mehr als 50 Prozent der Fortune-100-Firmen nutzen LinkedIn als Recruitment-Tool.
Xing (D) https://www.xing.com	– Mitglieder: 10,5 Millionen weltweit, davon mehr als 4,2 Millionen in Deutschland, Österreich und Schweiz. – Fokus: deutschsprachiger Raum (Ende 2010 Rückzug aus Spanien und Türkei).
Viadeo (F) http://www.viadeo.com	– Mitglieder: 35 Millionen weltweit in 226 Ländern. – Fokus: Europa und „Emerging Countries" in China, Asien und Lateinamerika.

Networking Information Dashboard

Anbieter	Gist (USA) Informationssystem für die gesamte Kontakt- und Netzwerkverwaltung. http://www.gist.com

6.3 Projektarbeit mit externen Partnern

6.3.1 Freelancer-Portale - genau den passenden Spezialisten finden

Freelancer sind aus der heutigen Arbeitswelt nicht mehr wegzudenken und sind Kern der neuen Projektwirtschaft. In der neuen mobilen Welt spielt es keine Rolle mehr, ob der Mitarbeiter nebenan im Büro sitzt oder in einem Berliner Straßencafe. Nur das Ergebnis zählt. Für Gründerteams eigenen sich die Portale, wenn für eine spezielle, zeitlich begrenzte Aufgabe, z. B. für die Programmierung eines bestimmten SW-Moduls, ein einzelner Spezialist benötigt wird, den man nicht fest anstellen möchte.

Die zentrale Schnittstelle für die Rekrutierung von Mitarbeitern für kurzfristige und/oder befristete Projekte spielen dabei internationale Freelancer-Portale wie oDesk, Elance, Guru (vgl. **Abbildung 6.6**) oder das deutsche Pendant Projektwerk. Die Mitgliederzahlen gehen oft in die Hunderttausende und sie bieten eine Plattform zur Vermittlung und finanziellen Abwicklung von Projekten, aber auch zum Monitoring der Ergebnisse.

Abbildung 6.6: Portal und Marktplatz für Freelancer von Guru
(Quelle: http://www.guru.com)

Die Portale arbeiten mit Qualitätsüberprüfungen der Projektergebnisse, Mitglieder werden nach Fähigkeiten eingestuft und bewertet. Bei manchen Plattformen müssen Freelancer auch lange Fragebögen ausfüllen oder Tests bestehen, um aufgenommen zu werden. Am weitesten geht die Plattform oDesk: Dort können Auftraggeber über die Plattform alle zehn Minuten Screenshots vom Bildschirm der Bearbeiter erstellen lassen, um überprüfen zu können, ob wirklich an dem Projekt gearbeitet wird.

Anfangs waren die angebotenen Projekte auf den Plattformen eher einfacher strukturiert, denn ein Hauptvorteil dieser Plattformen ist die Ausnutzung der vielfach geringeren

Stundensätze von Freelancern in weiten Teilen der Welt, speziell in Ländern wie Bangladesh oder Pakistan. Doch mittlerweile werden auch komplexere und besser bezahlte Aufgaben angeboten. Anspruchsvolle Entwicklungs- oder Beratungsprojekte sind bei einer guten Qualifizierung des Freelancers keine Ausnahme mehr.

Tabelle 6.7: Internet-Tools für die Pilotentwicklung: Freelancer-Portale

Guru (USA) http://www.guru.com	– Fokus: IT, Kreation, Business Services. – Besonderheiten: Abwicklung über das SafePay-Bezahlsystem. – Mitglieder: Mehr als 250.000 weltweit. – Projekte: Mehr als 8.000 monatlich.
Elance (USA) http://www.elance.com	– Fokus: Alle Bereiche. – Besonderheiten: 30-minütiger schriftlicher Eingangstest. – Mitglieder: Mehr als 100.000 weltweit. – Projekte: Mehr als 30.000 monatlich.
Freelancer http://www.freelancer.com	– Fokus: Alle Bereiche; kleine Aufträge. – Mitglieder: Mehr als 1,7 Millionen weltweit. – Projekte: 750.000 abgewickelte Projekte mit insgesamt mehr als 60 Millionen US-Dollar Auftragssumme; Durchschnittliche Auftragssumme unter 200 US-Dollar.
oDesk (USA) http://www.odesk.com	– Fokus: Alle Bereiche. – Besonderheiten: Kollaboration mit Freelancern weltweit mit speziellen Tracking-Tools. Der Kunde kann den Projektverlauf via Webcam und direkten Zugriff auf den Computer des Freelancers einsehen; oDesk garantiert dem Freelancer dafür die Zahlung des Projektes. – Mitglieder: 250.000. – Projekte: 113 Millionen US-Dollar Auftragssumme (bis Dez. 2009).
Projektwerk (D) http://www.projektwerk.de	– Fokus: IT, Kreation, Beratung. – Mitglieder: Ca. 45.000. – Projekte: Mehr als 1.000 monatlich.

6.3.2 Minijob-Portale – lästige Kleinarbeiten outsourcen

Noch einen Schritt weiter als die Freelancer-Portale gehen die Minijob-Portale. Sie zerteilen Projekte in unzählige Mini-Aufgaben, die dann von Tausenden Personen gleichzeitig bearbeitet werden können. Unter Ausnutzung der verschiedenen globalen Zeitzonen können so über Nacht Projekte schnell verwirklicht werden. Auf den verschiedenen Plattformen kann jedes Mitglied freie Zeit nutzen, um sich schnell etwas dazuzuverdienen. Als dauerhafte Nebenjob-Tätigkeit eignen sich die Projekte jedoch eher selten, dafür sind die Honorare zu gering. Für Gründerteams kommen die Portale in Frage, wenn vielfach auftretende, lästige Kleinarbeiten wie z. B. die Erstellung von Datenbankeinträgen oder die Adressrecherche für den gezielten Vertrieb ausgelagert und als Auftragsarbeit vergeben werden können.

Der Automobilkonzern Honda nutzte das Minijob-Portal Humangrid, um eine neue Generation von Bilderkennungs-/Navigationssoftware zu entwickeln. Diese sollte Verkehrsschilder oder Fußgänger zuverlässig erkennen können, um im Notfall automatisch ausweichen zu können. Da eine automatische Markierung der Schilder schwierig zu verwirklichen ist, nutzte Honda die Arbeit der Massen: Telearbeiter auf der ganzen Welt markierten auf einzelnen Fotos Verkehrsschilder und erhielten für jedes Foto wenige Cent Verdienst. Bereits nach kurzer Zeit waren 10.000 Fotos markiert [6.9].

Die Funktionsweise der Minijob-Portale wird auch als „Labor-on-demand" bezeichnet und ähnelt sich bei den meisten Plattformen. In der Regel werden Tausende Kurzeit-Jobs angeboten, wobei die Entlohnung meistens nur im Cent-Bereich liegt.

Die Plattform Crowdflower bietet zusätzliche eine Qualitätskontrolle an, bei der die Ergebnisse von anderen Mitgliedern gegen Entlohnung überprüft werden. Bei der Amazon-Plattform mTurk können Projektanbieter auch Kurztests bei Projektarbeitern durchführen, um eine gewisse Mindestqualifikation sicherzustellen (vgl. **Abbildung 6.7**). Projektergebnisse können bei unzureichender Qualität auch abgelehnt werden, wobei gleichzeitig die Reputation des Bearbeiters automatisch sinkt.

Abbildung 6.7: Vergabe und Annahme von Kleinstaufgaben auf mTurk
(Quelle: https://www.mturk.com/mturk/welcome?variant=worker)

Die Haupteinsatzgebiete für die angebotenen Projekte liegen im Bereich Klassifizierung und Strukturierung von Daten aller Art, Datenbankerstellung, Datenkontrolle, Texterstellung, Übersetzungen, Produkttests, Funktionalitäts-Überprüfungen, Produktbeschreibungen oder im Lektorat.

Die Social-Monitoring-Firma „PeopleBrowsr" nutzte z. B. die Plattform „Crowdflower", um ständig Twitter-Einträge zu kategorisieren. Pro Tweet gab es einen Cent. Firmen mit einer loyalen Fan-Basis nutzen das Konzept auch, um Aufgaben kostenlos durchzuführen. Facebook ließ die eigene Webseite durch eine Unmenge von freiwilligen Helfern in verschiedene Sprachen übersetzen. Google fordert Nutzer auf, Bilder mit möglichst vielen Tags unentgeltlich zu klassifizieren, um die Bildersuche zu verbessern (Google Image Labeler).

Die ganze Schubkraft der verteilten Aufgabenerledigung zeigte das Erdbeben in Haiti auf: Auf der ganzen Welt übersetzten Französisch- und Kreol-sprachige Mitglieder der Crowdflower-Plattform einlaufende SMS-Hilfsmeldungen von Verschütteten ins Englische und markierten die Standorte auf Karten. Damit erhielten die Helfer in kürzester Zeit wertvolle Hinweise für ihre Suche.

Abbildung 6.8: Suche nach verschollenem Ballonfahrer Fossett auf mTurk
(Quelle: http://fossettsightings.blogspot.com)

Auch bei der Suche nach dem bei einem Flugzeugabsturz in Nevada verschollenen Ballonfahrer Steve Fossett im Jahr 2007 versuchten Menschen aus aller Welt zu helfen. Neueste,

Projektarbeit mit externen Partnern

hochauflösende Satellitenbilder wurden auf der mTurk Plattform zur Verfügung gestellt (vgl. **Abbildung 6.8**). 50.000 Personen beteiligten sich an der Sichtung des Datenmaterials nach Auffälligkeiten und Hinweisen auf ein Flugzeugwrack [6.10].

Doch alle Bemühungen blieben erfolglos. Erst ein Jahr später wurde das Flugzeugwrack des Abenteurers zufällig entdeckt: auf traditionelle Weise durch einen Wanderer.

Tabelle 6.8: Pilotentwicklung-Tools: Minijob-Portale

CloudCrowd (USA) http://www.cloudcrowd.com	– Besonderheiten: Abwicklung auch über Facebook-Applikationen (bisher 24.000 installiert). – Nach Beendigung einer Arbeit Qualitätskontrolle durch einen anderen Mitarbeiter („peer review"; „worker credibility system"). – Mitglieder: Ca. 35.000.
CrowdFlower (USA) http://crowdflower.com	– Besonderheiten: Auszahlung der Verdienste auch in virtuellem Geld möglich, das auf Partnerseiten, insbesondere Spieleseiten eingelöst werden kann. – Mitglieder: Ca. 500.000 in 70 Ländern.
Amazon mTurk (USA) www.mturk.com	– Besonderheiten: Abwicklung über die Amazon-Plattform. – Projekte: Ca. 100.000 Minijobs.
Clickworker (D) http://www.clickworker.com	– Kosten: Richtwert für die Bezahlung: 9.50 Euro pro Stunde; Mini-Aufträge, die Minuten dauern, beginnen bei vier Cent. – Mitglieder: Mehr als 54.000.
Weitere Anbieter	Samasource (USA) Sozial orientiertes Minijob-Portal für Benachteiligte in Entwicklungsländern http://www.samasource.org Livework (USA) https://www.livework.com Shorttask (USA) http://www.shorttask.com Peopleperhour (USA) http://www.peopleperhour.com

6.3.3 Crowdsourcing für Design und Content

Im kreativen Bereich sind die Meinungen zum Crowdsourcing-Prinzip geteilt. Unzählige Plattformen bieten Logo- und Design-Wettbewerbe für Webseiten, Produktverpackungen, Firmenbroschüren u. Ä. an, bei denen in der Regel verschiedene Designer ihre Entwürfe zum Thema einreichen, aber nur ein Entwurf gewinnt und bezahlt wird. Zum Teil muss der Projektanbieter auch keinen Entwurf akzeptieren, wenn ihm kein Design gefällt. Anders als bei der Programmierung oder beim Softwaretest entscheidet hier nicht nur die Funktionalität, sondern in erster Linie der nicht berechenbare Geschmack des Auftraggebers.

Abbildung 6.9: Ausschreibung und Vergabe von Designprojekten auf 99designs (Quelle: http://99designs.com/logo-design/contests/zoo-pizza-needs-logo-design-68009)

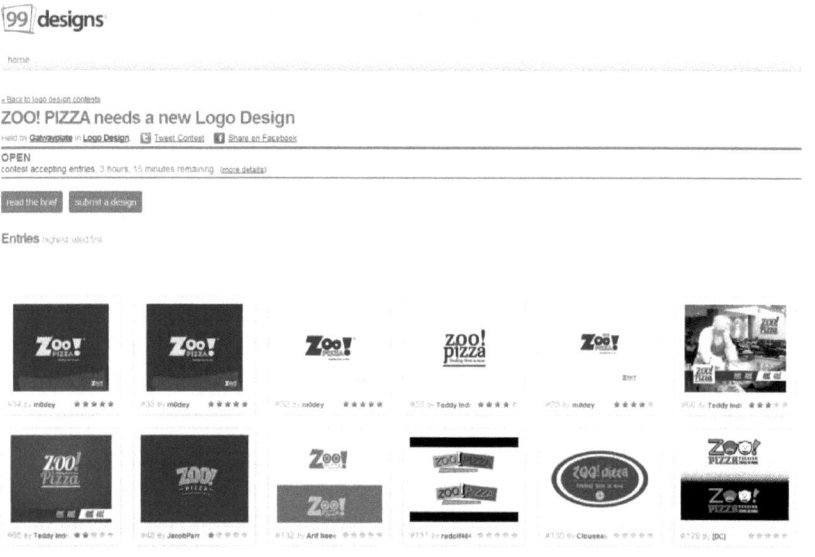

Für einige Designer sind diese Wettbewerbe eine willkommene Gelegenheit, ihre Leerzeiten zu überbrücken. Für die anderen sind 99designs (vgl. **Abbildung 6.9**), designenlassen oder 12designer nur Discount-Designplattformen für unterbezahlte Designer, die auf spekulativer Basis ohne Auftrag arbeiten und die allgemeinen Preise für Design untergraben. Bei Programmier-Plattformen konkurrieren die Programmierer vorher um Projekte, die aber erst nach dem Zuschlag ausgeführt werden. Im Designbereich arbeiten die Designer jedoch bereits vor dem Zuschlag und konkurrieren erst nach der Fertigstellung der Entwürfe. D. h., im schlechtesten Fall arbeitet der Designer immer wieder Entwürfe aus, ohne nur einen Cent zu verdienen. Für den Auftraggeber sind diese Plattformen jedoch eine gute Gelegenheit, günstige Designentwürfe in großer Breite zu erhalten.

Die Plattform Jovoto versucht, die Nachteile für die Kreativen durch ein anderes Konzept abzufedern. Hier geht es nicht nur um ein Logo, sondern auch um größere Projekte wie Anzeigenkampagnen, Produkt- oder Labeldesign. Bei Jovoto können die Teilnehmer eines Wettbewerbs die Vorschläge der anderen bewerten und diskutieren. Durch diesen kollektiven Prozess der Bewertung soll ein besseres Produkt entstehen. Um dieses Prinzip zu fördern, erhalten die ersten zwölf Plätze im bewerteten Ranking der Ideen/Konzepte ein abgestuftes Preisgeld. Vorteil für den Auftraggeber: Neben dem eigentlichen Design/Konzept erhält er durch die Diskussionen wertvolle Hinweise zu seinem Anliegen.

Beim Starbucks Betacup Challenge wurden z. B. 1.500 Versionen für ein neues Tassendesign entwickelt. Kombiniert mit 18.000 Kommentaren und Bewertungen entstehen so wertvolle Hinweise für die weitere Produktentwicklung und das Marketing [6.11].

Im Bereich Content und Text gibt es mittlerweile auch zahlreiche Marktplätze wie Crowdspring oder Textbroker zum Outsourcen von kleineren Schreibtätigkeiten. Firmen können z. B. über die Textbroker-Plattform die Erstellung von Fachartikeln, Rezensionen, Reiseberichten oder Übersetzungen bei knapp 20.000 Autoren ausschreiben. Durch ein Monitoring-System werden die Autoren in fünf Qualitätsstufen bewertet, durch die sich dann auch die Preise staffeln. Solch eine Plattform bietet den Vorteil, dass durch die parallele Vergabe von Aufträgen auch umfangreiche Textaufgaben schnell erledigt werden können.

Abbildung 6.10: Website für Konsumenten-Vorschläge zur Gestaltung von Zügen von Bombardier (Quelle: http://top10.yourail-design.bombardier.com)

Doch es müssen nicht immer externe, unabhängige Internet-Plattformen sein. Der Hersteller Bombardier forderte bei seinem YouRail-Wettbewerb die Konsumenten auf, Ideen und Vorschläge für die Innengestaltung von Zügen einzureichen (vgl. **Abbildung 6.10**). Über 2.000 Designer beteiligten sich mit 4.200 Entwürfen von der kompletten Gestaltung der Waggonaufteilung bis hin zur Farbgestaltung der Sitze. Die Teilnehmer konnten untereinander die verschiedenen Entwürfe bewerten, bevor die Gewinnerentwürfe von einer hochkarätigen Jury aus Vertretern der wichtigsten Kunden und dem Konzernchef ausgewählt und tatsächlich in der Produktion umgesetzt wurden.

Tabelle 6.9: Pilotentwicklung-Tools: Crowdsourced Design und Kreation

99designs (AUS/CAN) http://99designs.com	– Fokus: Web- und Logo-Design. – Mitglieder: Ca. 73.000; Projekte: Mehr als 49.000. – Umsatz: Ziel für 2010 sind zwölf Millionen US-Dollar. – Referenzen: Adidas u. v. a.
Jovoto (D) http://www.jovoto.com	– Fokus: Design, Webdesign, Texten. – Mitglieder: Ca. 10.000. – Referenzen: Air Berlin, Paypal, Starbucks.
Crowdspring (USA) http://www.crowdspring.com	– Fokus: Design, Webdesign, Texten. – Mitglieder: Ca. 67.000 in 175 Ländern, Projekte: Ca. 13.000. – Referenzen: TiVo, Barilla, Dorito`s, LG, Starbucks.
Textbroker (D) http://www.textbroker.de	– Fokus: Fachartikel, Rezensionen, Reiseberichte, Übersetzungen; Plattform, die Autoren und Kunden zusammenbringt. – Besonderheiten: Fünf Qualitätsstufen hinsichtlich der Artikel. Für die höchste erhalten Autoren 20 Euro pro 500 Wörter. – Mitglieder: Ca. 19.000. – Referenzen: Air Berlin, Paypal, Starbucks.
Weitere Anbieter	Edge (NL) Design www.edge-amsterdam.com Pick.im (USA) Design, Vermittlung von Freelancern nach Vorgaben der Kunden http://pick.im DesignCrowd (AUS) Design http://www.designcrowd.com 12designer (D) Design http://www.12designer.com/de

| | designenlassen (D)
Design
www.designenlassen.de

Guerra Creativa (Argentinien)
Design
http://en.guerra-creativa.com

Twago (D)
Design, Programmierung, Services
http://www.twago.de |
|---|---|

6.3.4 Programmierung 2.0

Viele Firmen stoßen schnell auf Probleme, wenn der Vorstand plötzlich ganz schnell eine hippe iPhone-Applikation haben möchte oder kein Mitarbeiter ein WordPress-Blog aufsetzen kann. Helfen können hier neben allgemeinen Freelancer-Portalen wie eLance oder oDesk spezialisierte IT-Freelancer-Portale. Marktführer vWorker kommt auf stolze 285.000 angemeldete Programmierer, die rund um die Uhr weltweit für Ausschreibungen zur Verfügung stehen.

Durch Monitoring- und Qualitätsstandards versucht vWorker, Firmen die Scheu zu nehmen, wenn plötzlich Programmierer in der Ukraine und in Pakistan die neue Website zu einem bestimmten Zeitpunkt liefern sollen. Programmierer werden in einem Expert-Rating zertifiziert und für ihre abgeschlossenen Arbeiten bewertet. Auch Dispute bei vergangenen Projekten werden offengelegt. Die ganze Projektabwicklung und Finanzierung des Projektes laufen über eine gesicherte Plattform.

Zielgruppe sind dabei eher kleinere Firmen, die dadurch Teile der SW-Entwicklung auslagern und ihre eigene IT-Abteilung auf diese Weise ergänzen können. Bei vWorker liegen die Projektbudgets hauptsächlich im Bereich von unter 1.500 US-Dollar.

Einen anderen Ansatz nutzt die Plattform TopCoder. Hier werden die Projekte nicht an Einzelpersonen vergeben, sondern die Programmierer konkurrieren untereinander in sogenannten „Online Coding Contests" oder „Bug Races". Dort geht es über die Programmierung in einer bestimmten Programmiersprache hinaus auch um verschiedene Herangehensweisen an ein Projekt oder um das Testen einer Software. Z. B. schrieb die Nasa Ende 2009 über TopCoder einen Wettbewerb aus. Es sollten Algorithmen entwickelt werden, die den Weltraummedizinern dabei helfen können zu entscheiden, was in einem Raumschiff-Medizinkoffer enthalten sein soll. 480 Programmierer konnten an dem Wettbewerb teilnehmen, der mit insgesamt 24.000 US-Dollar dotiert war [6.12].

Firmen wie Alcatel-Lucent, Payback oder Facebook nutzen solche Wettbewerbe zur internen Produktentwicklung oder wie die UBS zum Data Mining.

Wie man die Masse auch in großem Stil für die Programmierung aktivieren kann, zeigte der amerikanische DVD-Verleiher Netflix. Er nutzte keine spezielle Programmier-Plattform, sondern schrieb einen speziellen Wettbewerb aus [6.13]: Es sollte eine Analysesoftware entwickelt werden, um die Vorlieben der Nutzer zu prognostizieren und zu steuern. Interessanterweise setzte sich eine Software durch, die nicht nur von Spezialisten für Vorhersagesoftware entwickelt wurde. Erst interdisziplinäre, gemeinsam entwickelte Ansätze brachten den gewünschten Erfolg. Nach drei Jahren konnten die Sieger die stolze Summe von einer Million US-Dollar in Empfang nehmen [6.14].

Tabelle 6.10: Internet-Tools für die Pilotentwicklung: Programmierer-Portale

Rent-a Coder/ vWorker (USA) http://www.vworker.com	Freelancer-Portal für Programmierer – Mitglieder: Mehr als 285.000 Programmierer und mehr als 136.000 Kunden. – Kosten: Sechs bis 15 Prozent Anteil am Projektumfang. – Umsatz: Ziel für 2010 sind drei Millionen US-Dollar.
Top Coder (USA) http://www.topcoder.com	Online Coding Contests für Programmierer – Fokus: Algorithmus, Softwaredesign, Entwicklung, Testen. – Besonderheiten: Rating der Programmierer; Funktion als Recruiting-Plattform für Programmierer. – Mitglieder: Mehr als 255.000, davon haben ca. 15 Prozent aktiv an einem Wettbewerb teilgenommen. – Bisher ca. 11.000 Wettbewerbe (7.500 Software-Entwicklung; 3.500 Bug Races).
GitHub (USA) http://github.com	Kollaboratives Programmieren – Fokus: Software, Hosting-Dienst für webbasierte Projekte; „Distributed Version Control System". – Mitglieder: Ca. 332.000. – Referenzen: Yahoo, Facebook, EMI, Twitter.
Weitere Anbieter	Scriptlance (CAN) http://www.scriptlance.com

6.3.5 Prototypen und Mock-ups - besser ein Test vor dem großen Invest

Eines der wichtigsten Instrumente in der Pilotentwicklung sind sicherlich Prototypen oder Simulationen in Mock-up-Tests. Prototypen ermöglichen dabei einen kosten-effektiven Weg zum Experimentieren mit Ideen durch Testmodelle. Fehler und Schwachstellen können schneller erkannt werden, wenn die Ideen bereits in der frühen Pilotphase exemplarisch umgesetzt werden. Das Feedback von potenziellen Nutzern kann den Entwicklern wertvolle Hinweise zur Weiterentwicklung geben. Je mehr Prototypen erstellt werden, desto ausgereifter kann eine Technik entwickelt werden.

Einige Firmen haben eine ganz auf das Prototyping zugeschnittene Innovationskultur entwickelt. Der iPod, das iPhone oder das iPad sind Ergebnisse einer solchen „Rapid Prototyping Culture". Hier stehen die Prototypen nicht am Ende des Entwicklungsprozesses, sondern die Prototypen bestimmen den weiteren Weg der Entwicklung. Jedes neue Produkt von Apple durchläuft eine mehrstufige Phase, in der oft Hunderte Prototypen erstellt werden. Dabei werden nicht nur das Design und Funktionen evaluiert, sondern auch die Umsetzbarkeit in der Massenproduktion. Das Endprodukt ist das Ergebnis zahlreicher neuer Ideen und Richtungsänderungen im Entwicklungsprozess: Innovationsförderung und Qualitätskontrolle in einem.

Ganz anders arbeiten Großkonzerne wie IBM oder AT&T, die erst nach langen Marktforschungs- und Konzeptphasen in die praxisorientierte Prototypen-Phase einsteigen. Sie wollen Produkte produzieren, die möglichst alle denkbaren Bedürfnisse von Kunden abdecken, und verpassen dabei oft den Fokus auf das Wesentliche und die Einfachheit des Angebots.

In Start-ups und kleineren Firmen im Software- und Internetbereich spielen physische Prototypen keine große Rolle. Hier übernehmen Mock-up-Tests diesen Part. Unzählige internetbasierte Mock-up-Tools ermöglichen bereits im Vorfeld eine wirklichkeitsnahe Visualisierung von Software-Oberflächen und Funktionalitäten. Statische und interaktive, klickbare Demos („Click Dummies") oder Storyboards erlauben bereits erste Usability-Tests von Websites ohne großen Programmieraufwand. Mitarbeiter, Management und Kunden erhalten eine erste Vorstellung vom Endprodukt und können ihr Feedback geben.

Doch die Auswahl fällt schwer: Die meisten Tools bieten ähnliche Funktionalitäten. Oft können auch Diagramme, Organisations-Charts oder Geschäftsprozesse visuell umgesetzt werden. Ein echter Mehrwert sind Kollaborationsfunktionalitäten, die einige internetbasierte Tools zu einem kleinen Projektmanagement-Tool aufwerten.

Bei Tools wie Protoshare, Creatly oder Lumzy können Mitarbeiter in Echtzeit Feedback zu den Einzelheiten in der Simulation geben. Diskussionen und Chats ermöglichen eine echte Kollaboration. Drag'n-Drop-Funktionalitäten mit einer Vielzahl von vordefinierten Elementen ermöglichen selbst technisch unversierten Mitarbeitern, eigene Entwürfe zu erstellen. Auch Fotos können zur Verstärkung des visuellen Effektes integriert werden. Viele Internetagenturen, aber auch Konzerne wie Sony BMG oder 3M nutzen z. B. Protoshare für die Entwicklung neuer Webseiten (vgl. **Abbildung 6.11**).

Abbildung 6.11: Rapid Prototyping-Plattform von Protoshare
(Quelle: http://www.protoshare.com/tour/index.html)

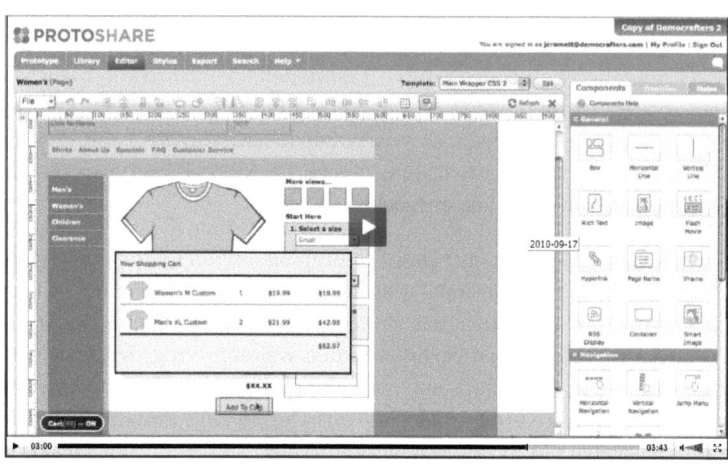

Tabelle 6.11: Internet-Tools für die Pilotentwicklung: Prototyping-Tools

Balsamiq (USA) http://www.balsamiq.com	– Fokus: Plug-ins für Web-Office-Applikationen. – Besonderheiten: Große Auswahl an Vorlagen aller Art. – Kunden: Ca. 20.000 in 78 Ländern. – Referenzen: Adobe, Apple, Cisco, Credit Suisse, IBM, Ikea, Time Warner.
ProtoShare (USA) http://www.protoshare.com	– Fokus: Brainstorming, Prototyp, Design, Entwicklung. – Besonderheiten: Real-Time-Konversationen, Rich Interactive Prototypes, Drag-and-Drop. – Referenzen: Disney, 3M, Motorola, Sony, Razorfish. – Als „Worldwide Interactive Development Tool" im Einsatz bei 3M.
Axure (USA) http://www.axure.com	– Fokus: Wireframing, Rapid Prototyping. – Kunden: Mehr als 20.000. – Referenzen: Ca. 50 Prozent der Fortune-100-Firmen.
Weitere Anbieter	Firefox Pencil (USA) Diagramme und GUI Prototyping http://pencil.evolus.vn/en-US/Home.aspx

Mockingbird (USA)
Wireframes
http://gomockingbird.com

iPlotz (USA)
Wireframing, Mock-ups
http://iplotz.com

Creatly (AUS)
Online Flowcharts, Sitemaps, Wireframes
http://www.creately.com

Gliffy (USA)
Online-Diagramme, Design-Applikationen
http://www.gliffy.com

Lumzy (USA)
Mock-up- und Prototyping-Tool
http://www.lumzy.com

6.3.6 Testen 2.0

Das Crowdsourcing-Prinzip kann seine beste Wirkung im Test-Bereich entfalten. Durch das weltweite parallele Testen können neue Applikationen oder Software-Updates günstiger und vor allem schneller auf den Markt gebracht werden. Dadurch entsteht eine ganz neue Qualität der Testergebnisse.

In der Software-Industrie sind Beta-Versionen von neuen Software-Lösungen oder Updates weitverbreitet. Sie werden zu Testzwecken vorab veröffentlicht, und durch das Feedback von vielen freiwilligen Testern im Internet können viele Fehler und Kompatibilitätsprobleme gefunden und behoben werden. Voraussetzung: Die Software hat genügend begeisterungsfähige Fans.

Spezielle Test-Plattformen bieten ein zielgerichteteres Testen durch eine oft Zehntausende Personen umfassende Community an. Die Plattform uTest stellt z. B. nach Kundenanforderungen Test-Teams zusammen, die eine möglichst weitgehende Bandbreite hinsichtlich Ort, Sprachen, Geräten, Betriebssystemen etc. abdecken. Dadurch können Firmen ihre fertiggestellte Software parallel in den unterschiedlichsten Umgebungen von Programmierern auf Fehler prüfen lassen. Eine Spezialität von uTest sind auch die sogenannten „Bug Battles", regelmäßig stattfindende Software-Testwettbewerbe. Im November 2008 testeten 1.131 Mitglieder die Browser Google Chrome, Internet Explorer and Mozilla Firefox und konnten insgesamt knapp 700 Bugs dokumentieren. In weiteren Bug Battles wurden populäre Programme und Dienste wie Facebook, MySpace, LinkedIn, Twitter, Google einem eingehenden Check unterzogen [6.15].

Ein spezielles Testproblem gibt es in der Mobilfunkindustrie: Neue mobile Applikationen großer Konzerne müssen auf Tausenden verschiedenen Handy-Modellen bei unterschiedlichen Mobilfunknetzbetreibern in diversen Sprachen funktionieren. Genau das können Test-Plattformen wie Mob4Hire leisten, denn die große Anzahl von Mitgliedern deckt alle möglichen Handy-Konfigurationen weltweit ab (vgl. **Abbildung 6.12**). Dabei werden nicht nur Bugs entdeckt, sondern es werden auch wichtige Erkenntnisse zur Usability und für die Marktforschung gewonnen. Mob4Hire ist auch ansonsten ein gutes Beispiel für die neue Art des globalen, vernetzten Arbeitens. Die ein Dutzend Mitarbeiter von Mob4Hire arbeiten weitgehend im Home-Office, global verteilt in Australien, Kanada und Großbritannien. Skype sei Dank.

Abbildung 6.12: Crowdsourcing von Produkttestern auf Mob4Hire
(Quelle: http://www.mob4hire.com)

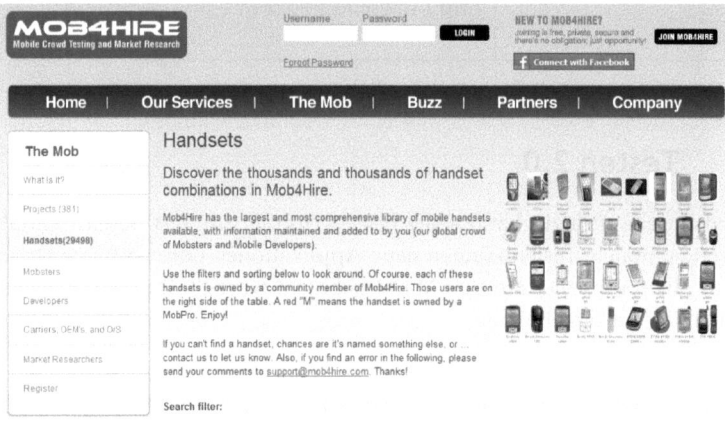

Tabelle 6.12: Internet-Tools für die Pilotentwicklung: Software-Test-Portale

Utest (USA)	Portal für Crowdsourcing-Software-Tests
http://www.utest.com	– Fokus: Applikationen im Bereich Internet, Mobile und Desktop. – Besonderheiten: Bug Battles. – Mitglieder: Ca. 30.000 in 160 Ländern. – Kunden: Mehr als 1.000 Geschäftskunden. – Referenzen: Intuit, Thomson Reuters.

Mob4Hire (CAN) http://www.mob4hire.com	Portal für Mobile App Testing – Fokus: Test von neuen Handy-Modellen und Applikationen. – Mitglieder: Ca. 47.000 Mitglieder, die ca. 27.000 verschiedene Handy-Modelle weltweit genutzt haben. – Besonderheiten: Umfragen, Produkttests, Anregungen, Feedback. – Referenzen: Motorola, Samsung, Apple, Nokia, Sony Ericsson, HTC, LG, RIM (Blackberry), Palm, Sharp.

6.4 Product Co-Creation – Kunden statt auszufragen direkt mitmachen lassen

6.4.1 Produktentwicklung mit Kunden in verschiedenen Formen

Co-Creation ist ein Schlagwort, das ähnlich wie Crowdsourcing und Open Innovation in unterschiedlichsten Interpretationen und Einteilungen genutzt wird. Im Marketingbereich wird oft jede Art des Konsumenten-Engagements im Unternehmensbereich als Co-Creation bezeichnet. Co-Creation-Ansätze existieren aber auch im Business-to-Business-Bereich, z. B. bei der Entwicklung von Werkzeugmaschinen.

In diesem Buch werden die Begriffe enger gefasst. Open Innovation bedeutet die generelle Öffnung des Innovationsprozesses für Außenstehende und ist ein Oberbegriff für Crowdsourcing und Co-Creation. Beim Crowdsourcing wird eine große Masse von Menschen angesprochen, um eine möglichst breite Auswahl von Anregungen und Vorschlägen zu erhalten. Co-Creation, wie es hier verstanden wird, ist zielgerichteter und auf dem Innovationsprozess eine Stufe höher angesiedelt (vgl. **Abbildung 6.13**). Ein Unternehmen möchte bestimmte, visionäre Kunden ansprechen, um Produkte zu verbessern, neu zu entwickeln oder zu individualisieren. Co-Creation will auch durch Kunden mehr Produkte verkaufen, indem Unternehmen den Kunden die Möglichkeiten geben, Produkte nach ihren Vorlieben und Wünschen zu personalisieren.

Die klassische Produktentwicklung geht davon aus, dass der Kunde sich seiner Wünsche und Bedürfnisse nicht immer bewusst ist und er keine innovativen Visionen entwickeln kann. Dafür gibt es die Forschungsabteilungen. Ganz anders beim Co-Creation-Konzept: „Der Kunde weiß am besten, was ihm nützt" heißt hier das Credo. Der Kunde ist aktiver als im ersten Ansatz und innovativer, als viele denken.

Abbildung 6.13: Varianten der Product Co-Creation

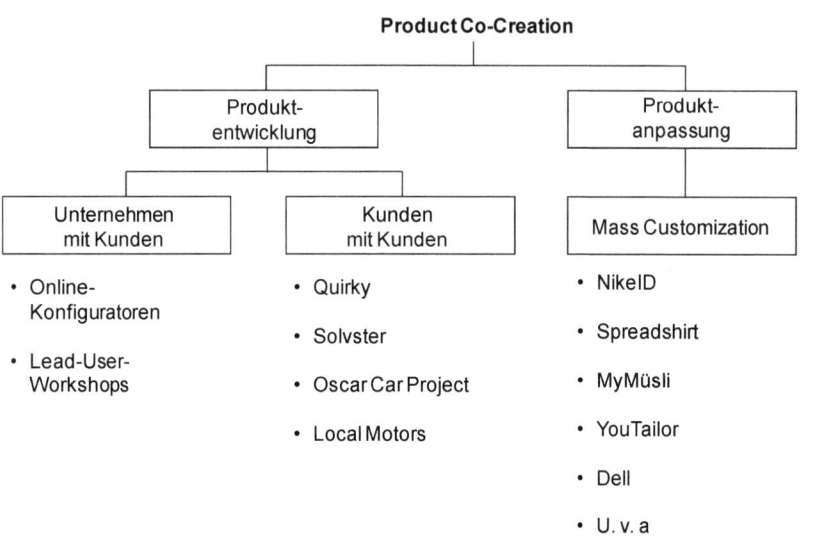

Dabei geht es nicht um Marketing-Aktionen, die Kunden oberflächlich beteiligen, sondern um eine echte Zusammenarbeit mit Kunden. Durch internetbasierte Tools kann das kreative Innovationspotenzial der Konsumenten für den beiderseitigen Nutzen geweckt und eingebunden werden.

Im Bereich der Produktentwicklung mit Konsumenten werden Kunden auf zwei verschiedene Arten eingebunden: Bei der Lead-User-Methode stehen einige wenige, visionäre und engagierte Konsumenten im Mittelpunkt, die nach einer teilweise aufwändigen Identifizierung gemeinsam mit der Entwicklungsabteilung einer Firma ein Produkt zur Marktreife führen.

Durch Online-Tools kann aber auch die Masse der Kunden bereits frühzeitig, noch vor dem Produktstart, an der Entwicklung beteiligt werden: Durch verschiedenste Konfigurationsmöglichkeiten erhalten die Entwickler selbst ohne die direkte Formulierung der Kundenwünsche wertvolle Erkenntnisse über die Nachfrage nach Funktionen und Design. Bei beiden Methoden entsteht ein Massenprodukt unter Mitwirkung Einzelner für alle Konsumenten.

Einen anderen Schwerpunkt setzen internetbasierte Tools, durch die der Kunde ein bereits fertiges Massenprodukt für seinen persönlichen Nutzen individualisieren kann (Mass Customization). Durch Internet-Konfiguratoren können das Design und die Verpackung von Produkten an den eigenen Geschmack angepasst werden oder es können aus einer großen Anzahl von vorgegebenen Komponenten eigene Produkte zusammengestellt werden („Assemble to Order"). Da die Kundenanforderungen immer differenzierter werden, bietet diese Methode eine gute Chance, auch Nischenmärkte und Geschmäcker profitabel zu bedienen. Der Kunde übernimmt den letzten Schritt der Produktverfeinerung selbst.

Eine neuartige Methode zur Produktentwicklung ist in den letzten Jahren durch die Kombination des Internets mit immer effizienteren Produktionsmaschinen entstanden: Konsumenten können auch eigene Produkte ohne Unternehmen selber verwirklichen. In den Kapiteln 6.4.3 bis 6.4.6 wird die Produktentwicklung gemeinsam mit anderen Konsumenten oder sogar ganz alleine vorgestellt. Sogenannte digitale Fabriken, die ihre Maschinen der breiten Öffentlichkeit zur Nutzung anbieten, machen es möglich.

6.4.2 Lead-User-Einbindung - die besten Kunden zu Mitarbeitern machen

Mountainbikes, Skateboards oder Surfbretter sind heutzutage aus dem Lifestyle-Gefühl und dem Sportprogramm vieler Menschen nicht mehr wegzudenken. Interessant an diesen Produkten ist insbesondere die Entstehungsweise, die sie mit anderen Produkten wie Sport-BHs, Baby-Joggern oder Gatorade-Getränken verbindet.

Diese Produkte sind nicht originär in Entwicklungsabteilungen von Konzernen entstanden, sondern basieren auf Ideen und Prototypen von Konsumenten. Nicht hochbezahlte Entwicklungsteams schufen diese Innovationen, sondern eine ganz spezielle Nutzergruppe, die in der Regel als Lead User bezeichnet wird. Lead User existieren auch im Business-to-Business-Bereich und werden dort als Pilotkunden bezeichnet, mit denen ein neues Produkt kostengünstig oder sogar kostenlos eingeführt und getestet wird.

Entwickelt wurde die Lead-User-Methode 1986 von Eric von Hippel [6.16]. Sie dient dazu, fortschrittliche Konsumenten (Lead User) aus einem großen Pool von Personen zu identifizieren und bereits frühzeitig in den Innovationsprozess und die Produktentwicklung einzubinden. Dahinter steckt das Konzept eines aktiven Kunden, der nicht nur konsumiert, sondern sich auch einbringt, wenn er sich einen Nutzen davon verspricht. Wer eine Leidenschaft für eine Sache verspürt, wird sich auch motiviert an deren Weiterentwicklung beteiligen.

Solch motivierte Kunden sind der Masse einen Schritt voraus und machen die Bedürfnisse von morgen erkennbar. Im Gegensatz zu den Early Adoptern, die z. B. als Erste unbedingt das neueste iPhone haben müssen, sind die Lead User bereits eine Stufe vorher aktiv und direkt am Innovationsprozess der Produktentwicklung beteiligt.

Vielfach sind Lead User auch Meinungsführer („Opinion Leader") in ihrem Umfeld, die in einem Bereich über ein Spezialwissen verfügen, sich über Produkterfahrungen mit anderen austauschen und so zum Multiplikator von Unternehmens- und Produktimage werden. Wichtig neben den Produktkenntnissen sind auch Merkmale wie Kreativität, Realismus, Vorstellungskraft und Teamfähigkeit. Sowohl der Lead User als auch das Unternehmen haben beide ein Interesse an der Entwicklung eines Produkts, jedoch mit einer unterschiedlichen Motivation: Lead User wünschen sich unbedingt die Verwirklichung des entsprechenden Produkts, da sie ein großes Bedürfnis danach verspüren. Bei den Firmen überwiegt natürlich das kommerzielle Interesse am Produkt.

Für die Lead-User-Suche wird Fachliteratur nach Experten ausgewertet, Messen und Kongresse dienen der Sichtung von Experten. Zunehmend erfolgt solch ein Screening auch im Internet, indem Blogs und Foren nach Opinion Leadern ausgewertet werden. Welcher User engagiert sich besonders für ein interessantes Thema, wer beantwortet in seiner Freizeit ständig sachkundig Fragen in diversen Foren?

Danach folgen Workshops von Lead Usern mit Konzernmitarbeitern, in denen Ideen und Lösungskonzepte entwickelt werden. Nicht selten enden solche Workshops auch in Anstellungsverträgen für Lead User. In Einzelfällen unterstützen Firmen entsprechende Umsetzungen der Ideen in Spin-offs/Start-ups.

Die amerikanische 3M Corp. fördert an ihren weltweiten Standorten eine umfassende Innovationskultur in allen Bereichen. Jeder Mitarbeiter aus den Entwicklungsbereichen darf bis zu 15 Prozent seiner täglichen Arbeitszeit nutzen, um sich eigenen Projekten zu widmen, die er weiterentwickeln möchte [6.17]. Selbst wenn keine umsetzbaren Ideen dabei herauskommen, fördert es die Innovationskultur und trägt dazu bei, dass 3M ständig neue Innovationen produziert. Zusätzlich gibt es noch einen Fonds mit Seed-Kapital, mit dessen Unterstützung Mitarbeiter eigene Ideen entwickeln können, die für den Konzern momentan nicht interessant erscheinen.

3M forciert auch die enge Einbindung von Kunden, speziell durch die Lead-User-Methode. Eine Studie bei 3M brachte erstaunliche Ergebnisse zutage: Produkte und Konzepte, die mit Lead Usern entwickelt wurden, wiesen ein achtfach höheres Umsatzpotenzial auf. Sie hatten einen höheren Innovationsgrad und waren praxisnäher. Insgesamt hatten die Produkte eine höhere strategische Bedeutung für die Erschließung neuer Märkte als die traditionell entwickelten Produkte. Mit dem Lead-User-Verfahren entstanden weniger Produktverbesserungen, sondern vielmehr radikale Innovationen.

Auch der Spielwarenkonzern Lego bindet Lead User intensiv in den Produktentwicklungsprozess ein. Lego-Mitarbeiter beobachteten regelmäßig Online-Foren und erkannten dabei eine Nachfrage von erwachsenen, technikverspielten Lego-Fans nach einem programmierbaren Legostein zum Bau von Robotern. Durch einen Lead-User-Prozess entstand daraus die erfolgreiche Lego-Mindstorm-Serie.

Lead User gaben wichtige Hinweise für einzelne Features und waren an der Programmierung der Software beteiligt. Lego schaffte es auch nach Fertigstellung der Entwicklung, die User eng an sich zu binden, z. B. durch regelmäßige Wettbewerbe auf der eigenen Online-Community. Hacker, die die Software gehackt hatten, wurden eingeladen, an Verbesserungen mitzuarbeiten. Bei der Weitentwicklung der Software wurden in einem späteren Schritt einige Lead User auch als gut bezahlte Berater oder Betatester engagiert.

Wie man sogar eine ganze Firma mit der Lead-User-Methode auf die Beine stellen kann, zeigte die Plattform Zopa, First Mover im neuen Bereich des Social Lendings (Kredite von Privatpersonen an Privatpersonen oder Unternehmer).

Die Gründer von Zopa hatten die Idee für eine solche Plattform und suchten sich Lead User, die ebenfalls das Bedürfnis nach einer solchen Plattform hatten. Gemeinsam entwickelten sie in Workshops die Prozesse, segmentierten die Zielmärkte und brachten Kompetenzen aus dem Finanzmarkt in die Diskussion ein. Lead User waren an allen Entwicklungsschritten beteiligt: beim Aufstellen des Businessmodells, bei der strategischen Positionierung, bei der Definition der Prozesse, beim Branding und Marketing sowie bei der Verbreitung des Konzeptes in der Öffentlichkeit. Bis heute hat Zopa dafür zahlreiche Awards gewonnen [6.18].

6.4.3 Kunden entwickeln gemeinsam neue Produkte

Eine Kombination von Online Co-Creation mit Offline Co-Creation bietet das Local-Motors-Projekt: Designer aus aller Welt gestalten nach bestimmten Vorgaben Entwürfe für Autos (vgl. **Abbildung 6.14**). Es geht nicht um den Massengeschmack, sondern um die Verwirklichung von Nischen-Autos. Nach einer Abstimmung durch die Local Motors Community wird der beliebteste Entwurf auch produziert. Doch an dieser Stelle hört die Kundenmitwirkung nicht auf. In Mikrofabriken stehen Standard-Komponenten zur Verfügung, die der Kunde an zwei langen Wochenenden unter Anleitung selber zusammenbauen kann. Co-Creation in allen Phasen. So spannend die Idee, so komplex die Umsetzung. Seit Nomber 2010 ist es ruhiger geworden um Local Motors, Neuigkeiten und Presseerwähnungen gibt es seitdem nicht mehr.

Abbildung 6.14: Co-Creation neuer Auto-Karosserien bei der Local Motors Competition (Quelle: http://www.local-motors.com)

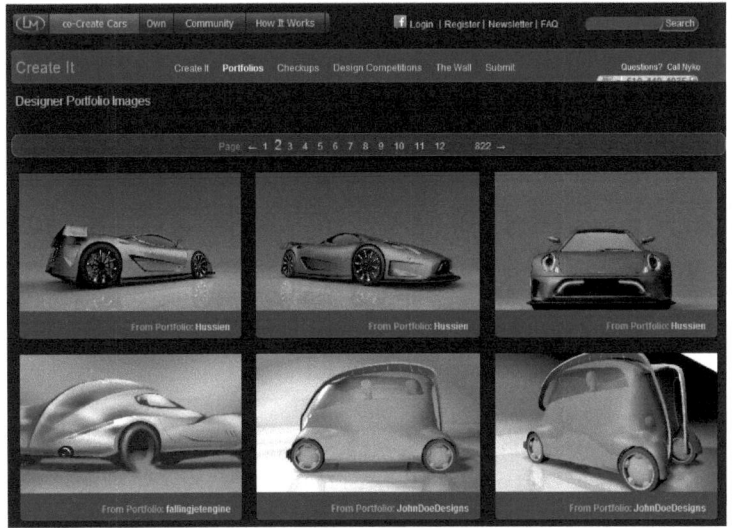

Noch weiter ging das ambitionierte Oscar-Projekt, bei dem ein Auto in allen Entwicklungsphasen komplett mit Hilfe der Internet-Nutzer geplant und produziert werden sollte, ein Open Source Car. Nicht nur mit Standardteilen, sondern durch Entwicklung einer eigenen Technologie. Ziel war ein simples und funktionales Auto, das in erster Linie Mobilität für den User schaffen sollte. Doch nach einer euphorischen Anfangsphase schlief das Projekt weitgehend ein und erreichte nur eine Konzeptphase. Technisch ist das Projekt doch zu komplex, um komplett nur von der Masse verwirklicht zu werden.

Bei weniger komplexen Produkten wie Autos hat ein gemeinsamer Produktentwicklungsprozess im Internet aber durchaus Chancen: Das im Juni 2009 gegründete amerikanische Start-up Quirky, finanziert mit über sieben Millionen US-Dollar Venture Capital, bezeichnet sich als „Social Product Development Company" (vgl. **Abbildung 6.15**).

Abbildung 6.15: Co-Creation neuer Alltagsprodukte durch Konsumenten auf Quirky (Quelle: http://www.quirky.com/products)

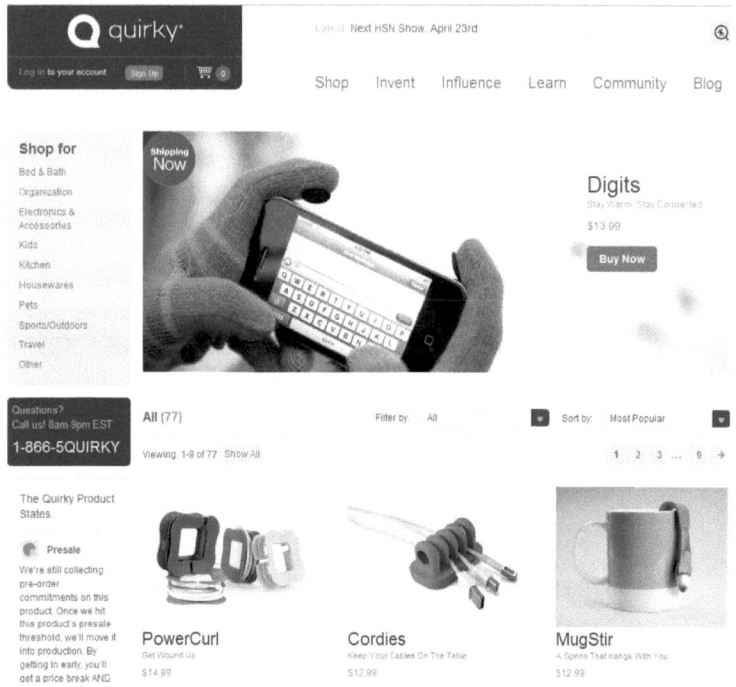

Auf der firmeneigenen Ideen-Plattform werden von den Nutzern Ideen für konkrete Alltagsprodukte gesammelt. Dort erfolgt eine Abstimmung, welche Produktidee am meisten nachgefragt wird. Nach der Auswahl diskutiert die Community über Ausstattungsmerkmale, Design, Logo und Namen. Erst wenn dieser Entwicklungsprozess durch die Nutzer beendet ist, entwickeln die Quirky-Ingenieure und Designer daraus 3D-Prototypen am

Computer, die dann zum Vorverkauf angeboten werden. Erst wenn genügend Interessenten, in der Regel einige Hundert bis Tausend, ihre konkrete Zusage für den Kauf des Produktes geben, startet der Produktionsprozess. Und der ursprüngliche Ideengeber erhält einen kleinen Anteil an den Verkäufen. Einziges Risiko: Für die Einreichung einer Idee muss der Ideengeber 99 US-Dollar zahlen. Mehrere Hundert Produktideen wurden bis Ende 2010 auf Quirky vorgestellt.

In Österreich ging 2010 mit Solvster eine ähnliche Plattform an den Markt, wenn auch mit einer stärkeren Fokussierung auf Unternehmen als Zielgruppe: Rund 7.200 Nutzer aus über 100 Ländern sollen gemeinsam mit Unternehmen den Produktentwicklungszyklus begleiten, vom Ideenaustausch bis zum fertigen Produkt. Unternehmen geben der Community Ideen vor, die nach einer Diskussions- und Bewertungsphase in abgeleitete Trends münden. Daraus werden anhand festgelegter Kriterien gemeinsam Produktideen geformt, die dann in einem virtuellen Online-Shop vorgestellt werden. Die Nutzer sollen dort über einen akzeptablen Preis diskutieren. Danach kann das Unternehmen die entwickelte Produktidee übernehmen und produzieren. Über ein gefächertes Belohnungssystem sollen die Nutzer auch finanziell motiviert werden. Bisher gibt es nur sehr wenige Kunden für das junge Unternehmen. Es bleibt abzuwarten, ob auch größere Firmen auf diese Art Produkte entwickeln wollen.

Tabelle 6.13: Internet-Tools für die Pilotentwicklung: Gemeinsame Produktentwicklung von Konsumenten

Anbieter	Quirky (USA) Plattform für soziale Produktentwicklung http://www.quirky.com Solvster (A) Plattform für soziale Produktentwicklung http://www.solvster.com unserAller (D) Junges Copycat von Quirky http://www.unseraller.de Oscar Car Project (USA) Open Source Car Creation http://www.theoscarproject.org Local Motors (USA) Open Source Car Creation http://www.local-motors.com

6.4.4 Online-Toolkits zur Gestaltung von Produkten

Unternehmen können auch Online-Toolkits für die Produktentwicklung nutzen. Dabei werden den Nutzern diverse internetbasierte Werkzeuge zur Verfügung gestellt, mit denen sie experimentieren und eigene Produktversionen erstellten können. Ein Unternehmen kann einerseits unzählige Inspirationen und Vorschläge der potenziellen Kunden erhalten. Auf der anderen Seite sind solche Tools auch ein Marktforschungsinstrument, um die Beliebtheit verschiedener Funktionalitäten einzuschätzen.

Der italienische Autokonzern Fiat revitalisierte z. B. 2007 seinen in verschiedenen Varianten über Jahrzehnte verkauften Klassiker Fiat 500. Doch dieses Mal waren nicht nur die firmeninternen Entwicklungsabteilungen in die Ausgestaltung des Wagens involviert. Bereits Monate vor dem Verkaufsstart startete Fiat den Fiat Open Source Design, auf dem jeder Nutzer sich alle Ausstattungsmerkmale, die er sich für den Fiat wünschte, konfigurieren konnte. Durch eine geschickte Social-Media-Werbekampagne wurde die Aktion beworben.

Mit Erfolg: Dank der vielen Konfigurationen konnte Fiat die Ausstattung der ersten Serie des Fiat 500 nach den Wünschen der Kunden auswählen. Bereits nach kurzer Zeit wurden 170.000 Fiat-500-Modelle von Nutzern konfiguriert. Über 10.000 Vorschläge zu Detailverbesserungen gingen ein. Dazu wurden 3.300 Vorschläge für eine Produkteinführungs-Werbekampagne generiert und aus 1.000 Logovorschlägen wurde ein Entwurf schließlich auch übernommen [6.19].

Online-Co-Creation-Toolkits können teure Trial-and-Error-Phasen in der Produktentwicklung ergänzen oder ersetzen. Durch das direkte Feedback zu Einzelelementen ist die Chance größer, dass das Endprodukt seine Abnehmer finden wird.

Tabelle 6.14: Internet-Tools für die Pilotentwicklung: Online-Toolkits zur Gestaltung von Produkten

Plattformen	BMW Customer Innovation Lab Telematiksysteme und Online-Dienste http://www.hyve-special.de/bmw
	Lego Mindstorms Individualisierte Lego-Modelle http://mindstorms.lego.com
	Fiat Open Source Design Open Source Car Creation http://www.fiatmio.cc/en
	Nokia „Design by Community" Neues Handymodell nach Kundenwünschen http://conversations.nokia.com/design-by-community

| | Muji Design Award
Produktdesign
http://www.muji.net/award |
|---|---|

6.4.5 Online-Toolkits zur Individualisierung von Produkten

Coca-Cola ist eines der wenigen großen Unternehmen, das weltweit unter der gleichen Marke auftritt und Getränke in einheitlichen Geschmacksversionen vertreibt. Überall schmeckt Coca-Cola gleich, eine Weltbrause für den globalen Geschmack. Doch nur wenigen Firmen gelingt es, den Welt-Geschmack zu treffen. Andere globale Markenprodukte wie der McDonald's Hamburger tragen zwar überall den gleichen Namen, unterscheiden sich jedoch geringfügig von Land zu Land, angepasst an die unterschiedlichen lokaken Geschmacksvorlieben.

Europäische Amerikabesucher staunen auch, wenn sie in den USA einen Milky Way-Riegel essen wollen: Drinnen steckt nach Aussehen und Geschmack ein Riegel, der in Europa als Mars-Riegel des gleichen Konzerns verkauft wird. Anderer Geschmack, anderer Riegel – dies gilt auch für Nestlé. In Japan produzierte der Konzern sogar 19 verschiedene Versionen seines Kitkat-Riegels, um verschiedene Geschmacksvorlieben in den japanischen Regionen bedienen zu können.

Konzerne haben festgestellt, dass sie durch die reine Massenproduktion von wenigen Artikeln immer schwerer die steigenden Kundenbedürfnisse befriedigen können. Sie bieten immer mehr Varianten der Produkte an, um auch Nischen bedienen zu können. Dieser allgemeine Trend wird mit dem Prinzip der Mass Customization, der individuellen Massenfertigung, bis auf den Einzelkunden ausgedehnt.

Individualisierte, speziell auf den Geschmack des Einzelnen hergestellte Produkte wurden traditionell mit einem Premiumaufschlag belegt. Heute bilden moderne computergesteuerte Fertigungsmethoden die Grundlage für die Herstellung von individualisierten Produkten zu Kosten, die noch vor wenigen Jahren nur in der Massenproduktion möglich waren. Dadurch können Produkte zu vertretbaren Preisen in Details oder im Ganzen nach Kundenwünschen individualisiert werden.

Das ist auch nötig, da die Kunden heute höhere Ansprüche an die Qualität und die Differenzierung von Produkten stellen. Was früher ein teurer Sonderwunsch war, kann heute bereits Standard sein. Daher ist die Mass Customization ein gutes Mittel, sich vom Wettbewerb abzusetzen und Nischenmärkte mit verschiedenen Geschmäckern zu bedienen.

Erst das Internet in Kombination mit computergesteuerten Fertigungsmethoden konnte die Mass Customization für Einzelpersonen im großen Stil ermöglichen (vgl. **Abbildung 6.16**). Interaktive Konfiguratoren, mit denen der Kunde sich aus Einzelmerkmalen sein eigenes Produkt virtuell zusammenstellen kann, ermöglichen die Individualisierung von relativ kleinpreisigen Produkten wie Kleidungsstücken oder Schuhen. Automatisiert werden die Kunden-Konfigurationen in die Produktion übergeleitet und das fertige Produkt erhält der Kunde mit der Post. Bei Einzelkunden ist diese Methode in der Regel nur dann wirtschaftlich sinnvoll, wenn der Kunde die Individualisierung komplett selbst vornimmt und sich die Konfigurationsmöglichkeiten auf die wichtigsten Komponenten beschränken.

Abbildung 6.16: Varianten der Mass Customization von Produkten

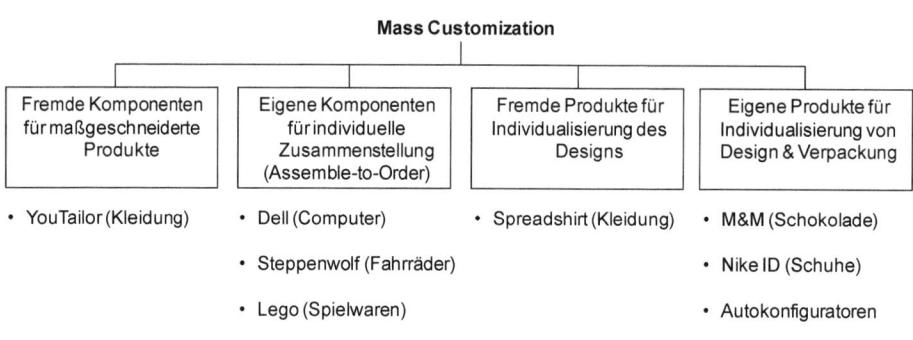

Procter & Gamble machte diese Erfahrungen mit seinem 1999 in der New-Economy-Boomphase gestarteten Gesundheits- und Beauty-Onlineshop Reflect.com. Kunden konnten dort z. B. ihre Hautprobleme in Einzelheiten beschreiben und erhielten individualisierte Tipps und Produktvorschläge. Aus 50.000 möglichen Produkt- und Verpackungsvarianten konnten die Kunden Farben, Beschriftungen und Inhaltsstoffe frei bestimmen. 2005 wurde Reflect.com wieder eingestellt. Trotz der hohen Nachfrage von zehn Millionen gezählten Konfigurationen konnte die Firma nicht profitabel arbeiten, da die unzähligen Varianten keine ökonomische Fertigung erlaubten [6.20].

Bei der richtigen Balance zwischen der Anzahl von Produktvarianten und effizienten Produktions- und Lieferabläufen bekommen Kunden durch Mass Customization genau das Produkt, das sie wünschen, ohne Kompromisse und dazu noch bezahlbar. Auch für Unternehmen hat es Vorteile: Die Kundenzufriedenheit und Kundenbindung steigen; sie erhalten wichtige, direkt erhobene Marktforschungsdaten über die Vorlieben der Kunden. Erkenntnisse können in die Weiterentwicklung der Produktvarianten fließen, die dann in Massenfertigung hergestellt werden.

Dell Computer gilt als Pionier und als eines der erfolgreichsten Mass-Customization-Unternehmen. Dell perfektionierte durch ein Just-in-Time-Produktionssystem die Fertigstellung von individualisierten Computern. Vormals bauten sich nur Computer-Nerds aus einzelnen Hardware-Komponenten Computer zusammen, die genau ihren Bedürfnissen entsprachen. Daraus entwickelten sich zahlreiche kleine, lokale Computerhändler, von denen heute viele wieder verschwunden sind. Michael Dell ermöglichte es nun im großen Maßstab, dass sich der technische Laie einen Computer aus diversen, vorgegebenen Standard-Komponenten bis ins Detail konfigurieren kann. Anfangs noch übers Telefon, begann der eigentliche Siegeszug des Massenverkaufs individueller und kostengünstiger PCs durch Online-Konfiguratoren. Möglich wurde dies durch neue Produktionsmethoden: Dell produziert den Computer erst, wenn ein Auftrag des Kunden eingegangen ist. Dabei werden in den Produktionszentren nur Standard-Komponenten nach Kundenwünschen zusammengebaut (Assemble-to-Order). Die Produzenten der Komponenten haben sich größtenteils rund um die Dell-Fabriken angesiedelt und liefern die Teile nach Bedarf direkt in die Dell-Montagehallen (Just-in-Time).

Auch hochwertige Produkte können durch das Internet individualisiert werden. Hier steht jedoch nicht der Preis im Vordergrund. Liebhaber von teuren, maßgeschneiderten Fahrrädern können sich z. B. bei Steppenwolf.de ihre Traumfahrräder aus Standard-Komponenten am Rechner zusammenstellen. Sie bezahlen einen Premiumpreis für ein Einzelstück, das sonst in dieser Form nicht auf dem Markt erhältlich ist – ein echtes Nischenprodukt für Liebhaber.

Konzerne können auch eigene Standard-Komponenten den Fans zur freien Verfügung überlassen, um neue Produkte zusammenzustellen. Lego hat z. B. für die per Lead-User-Methode entwickelte Lego Mindstorms-Serie einen eigenen Konfigurator entwickelt, mit dem der Lego-Fan für sich am Bildschirm virtuelle Modelle frei entwerfen kann. Den entsprechenden Bausatz kann er dann käuflich erwerben. Aus dem virtuellen Modell wird ein echtes Lego-Produkt (vgl. **Abbildung 6.17**).

Abbildung 6.17: Konfigurator für die Zusammensetzung neuer Produkte bei Lego (Quelle: http://mindstorms.lego.com)

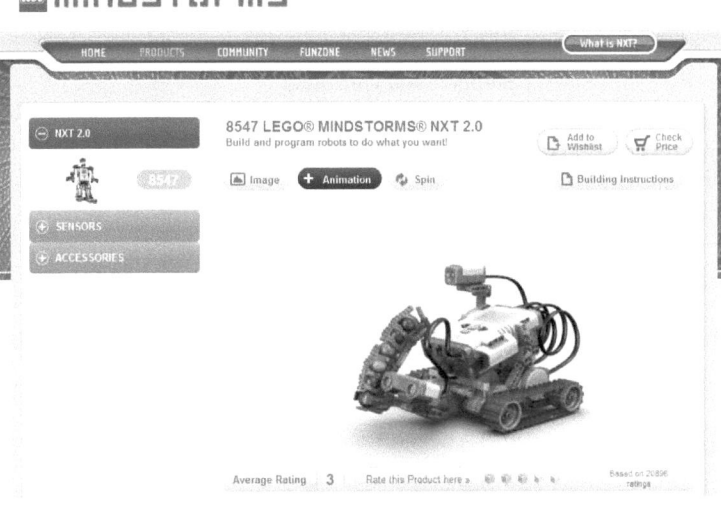

Der bekannteste Zweig der Mass Customization sind Hunderte von Individualisierungs-Plattformen im Internet, auf denen Produkte aller Art individualisiert oder selbst entworfen werden können. Selbst kleinste Start-ups können mit geringen Einstiegshürden kleine virtuelle Fabriken gründen: T-Shirts, Schuhe, Säfte, Schokoladensorten, Getränke, Geschenke, Uhren oder Taschen – alles ganz nach dem persönlichen Geschmack des Kunden.

Tabelle 6.15: Internet-Tools für die Pilotentwicklung: Mass Customization

Schuhe	Nike ID http://nikeid.nike.com Mi adidas http://shop.adidas.de/miadidas Converse http://www.converse.com/#/products/shoes/converseone
Design-Konfiguratoren	Fiat 500 http://configurator.fiat.de Alfa Romeo http://www.alfaromeo.com/carconfigurator KarmaKraft http://www.karmakraft.com
Produkt-Konfiguratoren	Dell Computer http://www.dell.com Steppenwolf Fahrräder http://www.steppenwolf-bikes.com/custom-made
Lebensmittel	MyMüsli http://www.mymuesli.com My M&M`s http://www.mymms.com Saftfabrik http://www.saftfabrik.de
Kleidung	Zazzle http://www.zazzle.com Tailor Store http://www.tailorstore.de

	YouTailor http://www.youtailor.de Spreadshirt http://www.spreadshirt.de Threadless http://www.threadless.com LeftFoot https://shop.leftfootcompany.com

6.4.6 Persönliche Produktentwicklung - die eigene Fabrik im Internet

Bei der Mass Customization erhalten die Betreiber der Plattformen die Produktentwürfe ihrer Kunden online, lassen diese produzieren und stellen sie dem Kunden zu. Doch es gibt auch die Möglichkeit, komplette Produktionstechnologien durch sogenannte digitale Fabriken für die Verwirklichung eines Prototyps oder einer eigenen Kleinserie zu nutzen. Jede Person mit einer gute Idee und etwas technischer Vorbildung kann heutzutage Produktionsanlagen in aller Welt in Bewegung setzen, nur per Mausklick: durch professionelle CAD-Software, kostenfreie Internet-Tools wie Sketchup oder durch internetbasierte Konfiguratoren.

Ob elektronische Baugruppen, CAD oder 3D-Printing, alles kann per Internet genutzt werden, ohne teure Anschaffungskosten, ohne teure Lager. Von der Idee sofort in die Produktion.

Bei amerikanischen Anbieter eMachineShop können Metall- und Kunststoffteile mit einer CAD-Software am eigenen Computer konfiguriert werden (vgl. **Abbildung 6.18**). Bei einfachen Produkten kann der Auftrag bereits nach fünfzehn Minuten versendet werden. Produziert wird der individuelle Auftrag in einer Fabrik in New Jersey, ab einer Stückzahl von einem Stück. Nach eigener Aussage ist dies die weltweit erste Online-Fabrik für individualisierte mechanische Teile.

Der Konzern National Semiconductor, Spezialist für analoge elektronische Bauelemente, bietet durch das Internet-Tool Webench die komplette Planung von komplizierten Schaltungen an. Mit diesem virtuellen Konfigurator kann jede Person ihre individuellen Entwürfe mit Zehntausenden Komponenten planen. In Echtzeit können verschiedene Alternativen verglichen werden. Nach Abschluss des Design-Prozesses wird die gewünschte Konfiguration dann für den Kunden produziert.

Abbildung 6.18: Gestaltung und Bestellung individueller Metall- und Kunststoffteile bei e.MachineShop (Quelle: http://www.emachineshop.com)

Auch in Deutschland bieten digitale Fabriken ihre Dienste an. Die Berliner Firma Formulor fertigt z. B. aus digitalen Entwürfen mittels Laser und CNC-Fräsen reale Produkte und individuelle Materialzuschnitte, automatisiert und online gesteuert. Möglich ist diese Art der Produktion durch festgelegte Templates für Designprogramme wie Adobe Illustrator oder CorelDraw, die eine automatische Preisermittlung ermöglichen. Doch die Individualisierung hat auch Grenzen: Erst durch eine festgelegte Materialauswahl und Größenbegrenzung kann eine nötige Standardisierung erreicht werden, damit sich das Modell rechnet.

Formulor kooperiert mit der ambitionierten Plattform Ponoko aus Neuseeland, die auch in den USA, Italien und Großbritannien bereits Partner für ein globales Netzwerk gefunden hat. Bei Ponoko kann sich der Nutzer mit Hilfe einer speziellen Software Produkte aller Art selbst gestalten (vgl. **Abbildung 6.19**). Über 40.000 Entwürfe sind auf Ponoko bereits zu finden. Es sind virtuelle Produkte, die erst dann verwirklicht werden, wenn sich ein Käufer dafür findet.

Ponoko will nicht nur Fertigungsdienstleistungen anbieten, sondern will ein Serviceportal schaffen, das Kreative, digitale Fabriken und Materiallieferanten miteinander verbindet.

Abbildung 6.19: Gestaltung und Bestellung persönlicher Produkte bei Ponoko (Quelle: http://www.ponoko.com)

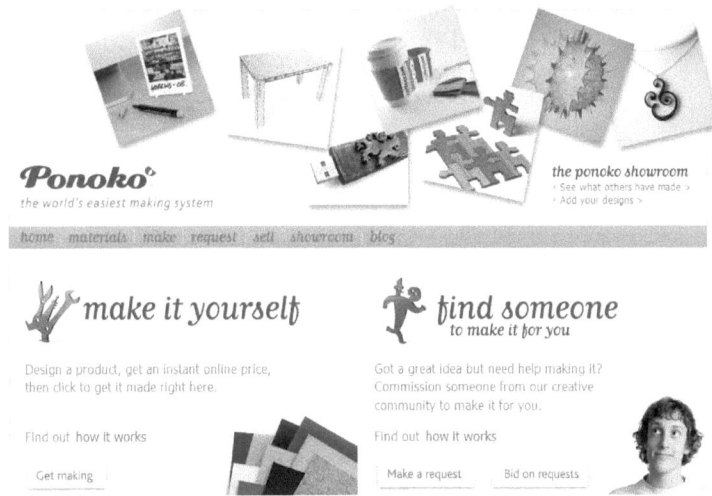

Wer seine digitale Fabrik zu Hause einrichten möchte, kann sich an den Projekten MakerBot und RepRap beteiligen, sogenannte Open-Source-3D-Printer. Entwickelt durch eine Gemeinschaft von Tüftlern, können dort 3D-Printer für einen Bruchteil der üblichen Kosten gekauft werden. Ziel solcher Projekte ist die Weiterentwicklung der 3D-Printer bis zu dem Punkt, an dem sie sich selbst reproduzieren können, indem alle erforderlichen Teile mit der Maschine selbst produziert werden.

Digitale Fabriken werden in naher Zukunft nicht die Art des Wirtschaftens verändern, doch sie bieten auch Einzelpersonen und kleinen Firmen den Zugang zu Produktionsmaschinen, die sonst nur größeren Firmen zur Verfügung stehen. Die Hürden für die Umsetzung einer Idee in einen Prototyp oder in ein fertiges Produkt sind dadurch viel niedriger geworden. So wie Apple die Produktion seiner iPhones nach Südostasien oder China verlagert, kann sich dort auch der Einzelne sein Produkt herstellen lassen.

Tabelle 6.16: Internet-Tools für die Pilotentwicklung: Persönliche Produktentwicklung

Anbieter	EmachineShop (USA) Metall- und Kunststoffteile selbst produzieren http://www.emachineshop.com Ponoko (Neuseeland) Produkte selbst gestalten und produzieren lassen http://www.ponoko.com

Formulor (D)
Individuelle Produkte und Materialzuschnitte
http://www.formulor.de

Shapeways (NL)
Frei gestaltbares 3D-Printing zu Produkten aller Art
http://www.shapeways.com

Arduino (USA)
„Open-source Electronics Prototyping"-Plattform
http://www.arduino.cc

Harkopen (Ungarn)
Open Source Hardware Community
http://harkopen.com

Customer Laser Cutting (USA)
Laser Cutting
http://www.customlasercutting.com

MakerBot (USA)
Plastikteile
http://www.makerbot.com

FabatHome (USA)
„Open-source Personal Fabrication Technology"
http://www.fabathome.org

RapMan/A1 Technologies (USA)
3D-Printing
http://www.a1-tech.co.uk/index.asp

RepRap (USA)
Free-Desktop-3D-Printer
http://reprap.org

7 Webgestützter Organisationsaufbau

> Kapitelübersicht
>
> Junge Firmen oder neue Unternehmensbereiche müssen von Beginn an kosteneffizient arbeiten und problemlos wachsen können. Dies kann durch neue Internet-Tools maßgeblich unterstützt werden, wenn sie beherrschbar und wirklich effizienzstiftend sind. Junge Teams haben dabei die Chance, die neuen Internet-Tools und die damit einhergehende, offene Kommunikation und Projektarbeit auch gleich in ihrer Arbeitskultur zu verankern.
>
> Verschiedene Internet-Tools können flexibel und kostengünstig eingesetzt werden, um das Projekt- und Dokumentenmanagement, die Kommunikation und Präsentation sowie die Büro- und Firmenorganisation zu unterstützen. Das zentrale Ziel: eine verbesserte Zusammenarbeit bei minimierter Bürokratie im Unternehmen und nach außen mit Lieferanten, Partnern und Kunden. Grundvoraussetzungen sind jedoch eine moderne IT-Infrastruktur („Cloud Computing") sowie eine offene Unternehmenskultur für eine transparente Informations- und Kommunikationspolitik. Dies bedeutet für etablierte Unternehmen oft einen erheblichen Wandlungsprozess und bietet jungen Firmen somit die Chance, bei Organisation und Zusammenarbeit besser als die angestammten Mitbewerber zu sein.

7.1 Kollaboration – moderne Zusammenarbeit für neue Teams

Kollaboration ist eines der großen Buzzwords der letzten Jahre. Alle Tätigkeiten, die auf einer gemeinsamen Arbeitsweise basieren, werden als Kollaboration bezeichnet. Jeder Software-Anbieter preist seine kollaborativen Tools und Workflowsysteme an (vgl. **Abbildung 7.1**).

In größeren Firmen stehen bei Kollaborationsprojekten in erster Linie Kosteneinsparungen, Effizienzsteigerungen und die Verbesserung der internen Prozesse innerhalb der Organisation im Vordergrund. In den 90er Jahren begannen Konzerne wie Motorola oder General Electric, mit einer internetbasierten Kollaboration zu experimentieren. Virtuelle Teams hieß das Schlagwort: Mitarbeiter an verschiedenen Standorten arbeiteten virtuell wie an einem Ort zusammen.

Seit diesen Anfängen haben sich die Kollaborationstechniken weit fortentwickelt: Heute können Projektmitarbeiter aus der ganzen Welt zeitgleich über Videokonferenzen zugeschaltet werden. Dabei können sie gemeinsam Dokumente ansehen und bearbeiten („Desktop Sharing") und über Zeit- und Länderzonen hinweg diskutieren. „Any time, any place" – zumindest theoretisch, denn die Zeitzonen und deren Limitierungen können auch durch virtuelle Technologien nicht beseitigt werden.

In der Regel gibt es gegen diese Art von virtueller Kollaboration in den Controlling-Abteilungen und im Management der Firmen keine Bedenken, denn sie ermöglichen hohe Kosteneinsparungen bei Reisekosten und sparen enorm Zeit. Viele Firmen erwogen die Einführung solcher Video- und Desktop-Sharing-Systeme, als das SARS-Virus 2008 und die Schweinegrippe 2009 die Reisetätigkeit in vielen Regionen lahmlegte.

Die Unternehmen stehen dann vor der schwierigen Aufgabe, die richtigen Kollaborationssysteme zu finden, um die Zusammenarbeit über Länder- und Kulturgrenzen hinweg zu verbessern.

Abbildung 7.1: Kollaborationssysteme: Einzelne Tools und Anbieter

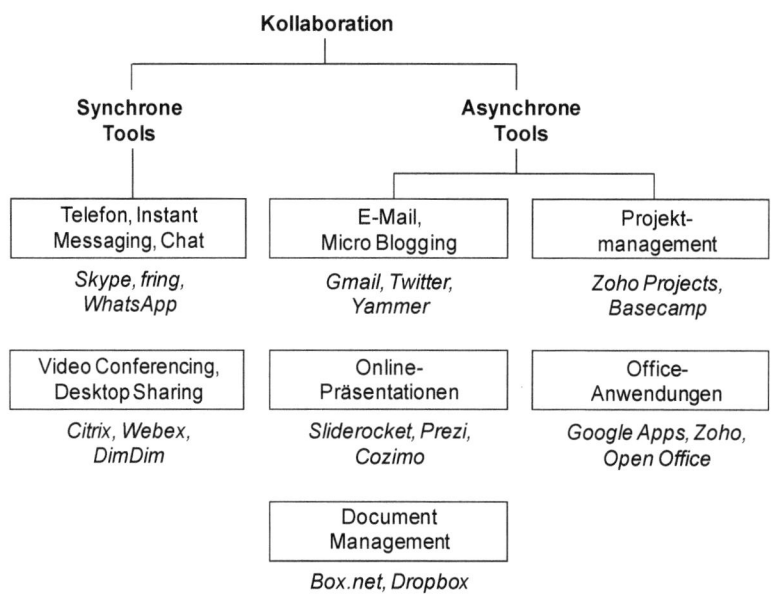

Bei synchronen Tools kollaborieren die Beteiligten zur gleichen Zeit und profitieren von der zeitnahen Diskussion aktueller Probleme oder Aufgaben. Der Standort spielt dabei keine Rolle, die Kommunikation kann dabei zwischen einzelnen oder wenigen Personen stattfinden. Bevorzugte Tools sind Instant Messaging/Chats und internetbasierte Telefonlösungen wie z. B. von Skype. Die klassischen Telefonkonferenzen verlagern sich auch bei großen Unternehmen ins Internet, unsichtbar für die Nutzer, die mit normalen, internetfähigen Telefonapparaten telefonieren statt mit PC-Software und Headset.

Bei mehreren Personen kommen auch umfangreichere Tools wie Telefon-, Web- oder Videokonferenzen zum Einsatz, ergänzt um Desktop Sharing, d. h. die gemeinsame Ansicht von Programmen und Dokumenten auf dem PC. Sie können Face-to-Face-Meetings ergänzen oder ersetzen.

Die asynchronen Tools hingegen erfordern keine gleichzeitige Präsenz, keine Zusammenarbeit in Echtzeit. Hierzu zählen Projektmanagement-Tools, Office-Tools wie E-Mail sowie Dokumenten- und Knowledge-Management-Tools wie Wikis, Blogs oder Diskussionsforen.

Viele dieser Tools werden heute bereits in den meisten Firmen eingesetzt, überwiegend jedoch Desktop-basierend, d. h., es muss vor der Nutzung eine Software auf dem Rechner oder Laptop installiert werden. Mit begrenztem Potenzial für eine echte Kollaboration, denn eine Zusammenarbeit ist nur möglich, wenn der Partner auch die Software installiert hat. Nützlich sind in diesem Fall internetbasierte Tools ohne vorherigen Download.

In Zukunft wird durch die immer stärkere Verbreitung von Smartphones in Unternehmen auch die mobile Kollaboration mit entsprechenden Tools eine größere Rolle spielen. Erst dadurch wird eine lückenlose Echtzeit-Kollaboration unabhängig vom Standort ermöglicht.

Viele Kollaborationsinitiativen, speziell in größeren Firmen, scheitern jedoch. Nicht nur an unzureichender IT-Infrastruktur oder am fehlenden Budget zur konsequenten Einführung, sie scheitern an der Unternehmenskultur, die auch vom Generationsgefüge und der Rolle des Betriebsrats maßgeblich beeinflusst wird. Denn jedes Web 2.0-Kollaborations-Tool, jede große Kollaborationslösung von großen Anbietern wie Oracle oder SAP sind nur Werkzeuge zur Kollaboration. Sie können den Prozess unterstützen, mehr nicht.

Auch die neuen Internet-Tools von kleineren Anbietern stellen besondere Anforderungen an die IT-Infrastruktur. Die Tools werden als Anwendung auf den Internet-Servern der Anbieter bereitgestellt und nicht mehr für die unternehmenseigenen Server. Die Anwendung mit Unternehmensdaten liegt im Netz, in der „Cloud". Das „Cloud Computing" stellt große wie kleine Unternehmen vor neue Fragen wie Leistungsfähigkeit, Ausfallsicherheit und Datensicherheit der Anwendungen bei den neuen Anbietern.

Echte Kollaboration ist ein Denkweise, eine Art zu arbeiten, die viel Vertrauen aller Beteiligten erfordert, inklusive der IT-Abteilungen, die mehr und mehr auf ihre eigenen Server verzichten müssen. In einer hierarchisch organisierten Firma ist jede Ebene, jede Abteilung meistens auf die Abschottung der Ideen bedacht. Selten wird das Wissen von Mitarbeitern offen mit anderen geteilt. Ideen und das gesammelte Wissen aller Mitarbeiter liegen zu einem großen Teil brach.

Firmen fürchten bei einer Kollaboration mit Außenstehenden auch um das geistige Eigentum und schotten sich daher ab. Sicherheit ist hier ein großes Thema. Aus Furcht vor der Weiterleitung firmeninterner Daten werden Web 2.0-Tools oft nicht für alle Mitarbeiter freigegeben und verhindern dadurch eine offenere Kollaboration.

In den meisten Firmen ist die Umstellung auf eine wirklich kollaborative, für alle transparente Arbeitsweise ein langer Prozess, der nur gelingen kann, wenn das Top-Management Rückendeckung gibt und einige sehr kollaborative Personen die Projekte vorantreiben. Vertrauen statt rigorose Kontrolle, damit stehen und fallen Kollaborations-Initiativen. Klar definierte Regeln und Guidelines können eine gute Balance zwischen diesen beiden Polen schaffen.

Durch die neuen Web 2.0-Tools steigen die Chancen für eine verstärkte Kollaboration. Viele Mitarbeiter haben Erfahrungen mit Blogs, Wikis, Twitter oder Facebook gesammelt und die Bereitschaft zu einer Kollaboration mit anderen Personen ist gestiegen. Sie wollen ihr Wissen mehr in Projekte einbringen.

Dabei verändert sich auch die Rolle der Führungskräfte und Projektleiter. Sie sind nicht mehr die allwissenden Personen, die Vorgaben an die Mitarbeiter weiterleiten. Die Kommunikation aller Beteiligten wird wichtiger als zuvor, die Hierarchien schwächen sich ab, man arbeitet im Team. In der Praxis scheitert dies in vielen Fällen an einer mangelnden Bereitschaft von Vorgesetzten, auf Privilegien zu verzichten. Bedenken von Mitarbeitern, Hierarchien, rechtliche Hürden und kulturelle Barrieren müssen überwunden werden. Echtes Teamwork in großen Unternehmen entsteht erst durch Kollaboration.

Ganz anders bei kleineren Firmen und Start-ups mit einer weniger hierarchischen Struktur. Hier dient die Kollaboration mit Partnern und dem Netzwerk dazu, Produkte neu oder weiter zu entwickeln oder den Vertrieb und den Kundenservice effizienter zu gestalten. Über die virtuelle Teamarbeit hinausgehend ist es eine neue Arbeitsweise: schnell, billig, effizient, pragmatisch.

In den kleinen Firmen sind die Erfolgschancen für eine solche Arbeitsweise viel höher als in großen Unternehmen und dort liegt auch das größte Einsatzpotenzial der Web 2.0-Tools für eine echte Kollaboration zum gegenseitigen Nutzen.

Bei aller Aufgeschlossenheit gegenüber neuen Technologien sollte nicht vergessen werden, dass trotz aller virtuellen Kollaboration das persönliche Gespräch nicht an Bedeutung verliert. Die Tools sind nur eine Ergänzung, denn die Kollaboration kann nur funktionieren, wenn sich die Beteiligten vertrauen und gegenseitig aufeinander verlassen können. Und das geht immer noch am besten, wenn sich die Partner auch persönlich kennengelernt haben. Nur wenigen gelingt auf Dauer eine erfolgreiche, rein virtuelle Zusammenarbeit ohne ein physisches Kennenlernen. Wichtige Meetings, wie z. B. zum Projektstart oder für das Erreichen größerer Meilensteine, sollten immer persönlich stattfinden, wohingegen wöchentliche Status-Meetings auch gut per Videokonferenz abgehalten werden können.

7.2 Office Collaboration – das richtige Webtool für die tägliche Büroarbeit

Jeder Büroarbeiter kommt mit Microsoft-Office-Produkten in Berührung, ob er will oder nicht. Seit Jahrzehnten absoluter Standard in der Dokumentenbearbeitung sind Excel, Word oder Powerpoint, die großen Cash-Cows von Microsoft. Hohe Lizenzkosten generieren stetige Gewinne. Erstaunlich eigentlich, trotz aller Programmabstürze und überladener Funktionalitäten, denn es gibt echte Alternativen zu diesen teuren und allumfassenden Software-Paketen, besonders für Start-ups.

Am bekanntesten ist das OpenSource-Projekt OpenOffice, das gerade von Privatnutzern, Freelancern und kleinen Firmen kostenlos genutzt wird, aber z. B. auch von der Stadtverwaltung München mit 15.000 Arbeitsplätzen oder der Polizei Niedersachsen mit 11.000 Stellen [7.1]. Schätzungen zum Marktanteil in Deutschland schwanken zwischen fünf und 20 Prozent [7.2]. OpenOffice umfasst alle Office-Programme wie bei Microsoft und ist in der Optik und in der Funktionalität eng an dem Vorbild orientiert. Doch auch bei OpenOffice sind die Kollaborationsmöglichkeiten verschiedener Nutzer beschränkt. Das sehr umfangreiche Software-Paket muss zuvor auf dem Computer installiert werden.

Anders dagegen die neuen, internetbasierten Office-Programme. Keine Downloads sind nötig und browserbasiert können Dokumente aller Art gemeinsam von verschiedenen Standorten aus bearbeitet werden. Google Docs ist ein solches kostenfreies Office-Kollaborations-Tool. Unterschiedlichste Dokumentenformate, darunter die gesamte Microsoft-Palette, können bei Google Docs geöffnet und bearbeitet werden. Per Einladung kann jeder Mit-Arbeiter an den Dokumenten mitwirken, die auch auf Google Servern gespeichert werden können, um den jederzeitigen, auch mobilen Zugriff auf die Dokumente zu gewährleisten. Die Plattform kann auch einfach als webbasierter Speicherplatz genutzt werden und in der Kombination mit anderen Google-Diensten, die unter dem Namen Google Apps zusammengefasst werden, können viele Bedürfnisse einer Firma abgedeckt werden. Eine der größten Werbeagenturen Europas, Scholz & Friends, setzt zukünftig ganz auf Google Apps: Rund 1.000 Mitarbeiter können dann webbasiert zusammenarbeiten [7.3]. Kritiker bemängeln bei diesen Modellen allerdings Probleme mit dem Datenschutz, weil vertrauliche Informationen im öffentlichen Internet gespeichert sind.

Ähnlich umfangreich ist die Kollaborationslösung Zoho, die aus 22 internetbasierten Applikationen besteht, die in der Basisversion kostenlos sind (vgl. **Abbildung 7.2**). Mit Google Docs vergleichbare Funktionalitäten weist die Applikation ZohoWriter auf. Das Spektrum der Funktionalitäten von Zoho reicht von der Dokumentenbearbeitung und Speicherung, über Datenbanken, Wikis, CRM, Projektmanagement, Kommunikationstools bis zum Rechnungswesen. Alles internetbasiert und plattformunabhängig, von jedem Ort und Gerät mit Internet-Browser weltweit jederzeit zu erreichen.

Microsoft hat bisher auf die aufkommenden Konkurrenten wie Google und Zoho nur halbherzig reagiert: Office Live Workspace bietet ähnliche Funktionen wie die Zoho- und Google-Lösungen, doch Voraussetzung ist die Nutzung von Microsoft-Produkten und diverse Zusatz-Downloads sind notwendig. Microsoft bot auch lange Zeit keine Online-Kollaboration in Echtzeit an wie bei Google Docs, sondern nur die Online-Verfügbarkeit der Office-Tools. Erst seit Oktober 2010 offeriert Microsoft mit seinem Office 365-Produkt ein komplettes webbasiertes Softwaremodell wie Google Apps.

Abbildung 7.2: Kollaborationsplattform Zoho mit 22 Einzelanwendungen
(Quelle: http://www.zoho.com)

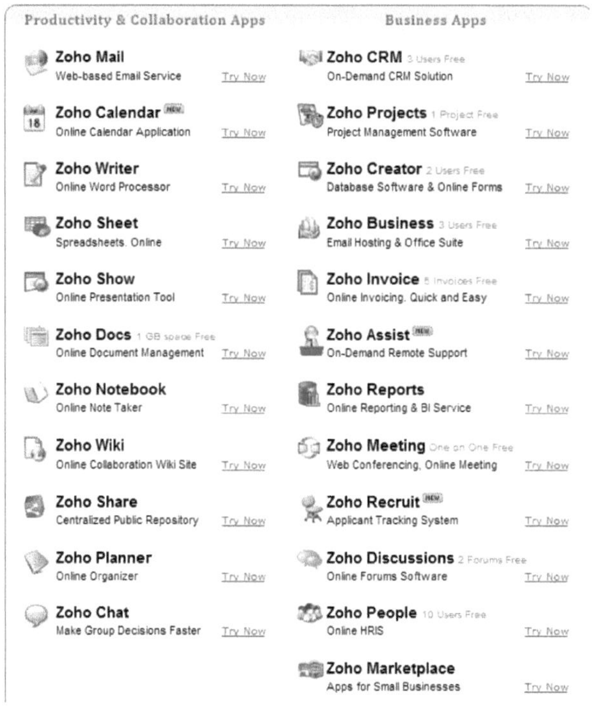

Productivity & Collaboration Apps	Business Apps
Zoho Mail — Web-based Email Service	Zoho CRM 3 Users Free — On-Demand CRM Solution
Zoho Calendar (NEW) — Online Calendar Application	Zoho Projects 1 Project Free — Project Management Software
Zoho Writer — Online Word Processor	Zoho Creator 2 Users Free — Database Software & Online Forms
Zoho Sheet — Spreadsheets. Online	Zoho Business 3 Users Free — Email Hosting & Office Suite
Zoho Show — Online Presentation Tool	Zoho Invoice 5 Invoices Free — Online Invoicing. Quick and Easy
Zoho Docs 1 GB space Free — Online Document Management	Zoho Assist (NEW) — On-Demand Remote Support
Zoho Notebook — Online Note Taker	Zoho Reports — Online Reporting & BI Service
Zoho Wiki — Online Collaboration Wiki Site	Zoho Meeting One on One Free — Web Conferencing, Online Meeting
Zoho Share — Centralized Public Repository	Zoho Recruit (NEW) — Applicant Tracking System
Zoho Planner — Online Organizer	Zoho Discussions 2 Forums Free — Online Forums Software
Zoho Chat — Make Group Decisions Faster	Zoho People 10 Users Free — Online HRIS
	Zoho Marketplace — Apps for Small Businesses

Tabelle 7.1: Internet-Tools für den Organisationsaufbau: Office Collaboration

Anbieter	
	Google Apps (USA)
	http://www.google.com/apps/intl/de/business
	Zoho (USA)
	www.zoho.com
	Zimbra (USA)
	http://www.zimbra.com
	Office123 (DK)
	http://www.office123.net
	Microsoft Office Live (USA)
	http://www.officelive.com/de-DE

	Microsoft Office 365 (USA)
	http://office365.microsoft.com
	LiveDocuments (USA)
	http://www.live-documents.com
	OpenOffice USA)
	http://www.openoffice.org
	Textflow (Schweden)
	Collaborative Document Writing
	http://www.nordicriver.com

7.3 Online-Präsentationen – verkaufen nach innen und außen

Microsoft Powerpoint ist in jedem Meeting Standard. Ein Bild, eine Überschrift, dazu ein paar Stichpunkte. Unverzichtbar und gefürchtet, bei den Erstellern der Präsentationen und bei den Zuschauern.

Internetbasierte Präsentations-Tools bieten Abhilfe. Durch Rich-Media-Applikationen können wie bei Powerpoint zahlreiche Bild-, Audio- und Video-Elemente integriert werden, in einer grafisch ansprechenden Oberfläche. Tools wie Sliderocket, Prezi oder Empressr bieten die volle Funktionalität über den Browser an, alles ohne Software-Installation und Lizenzgebühren. Präsentationen können mit anderen geteilt werden, verschiedene Personen können über das Tool verschiedene Folien für die Präsentationen erstellen.

Das Tool Cozimo bietet darüber hinaus eine wirkliche Echtzeit-Kollaboration an. Videos, Bilder oder Inhalte für Präsentationen können gemeinsam bearbeitetet werden. Markierungsfunktionen erlauben eine gemeinsame Betrachtung von einzelnen Elementen und Chats ermöglichen eine gemeinsame Diskussion direkt im Browser (vgl. **Abbildung 7.3**).

Abbildung 7.3: Online-Multimedia-Echtzeit-Kollaboration mit Cozimo
(Quelle: http://www.cozimo.com/tour#collaboration)

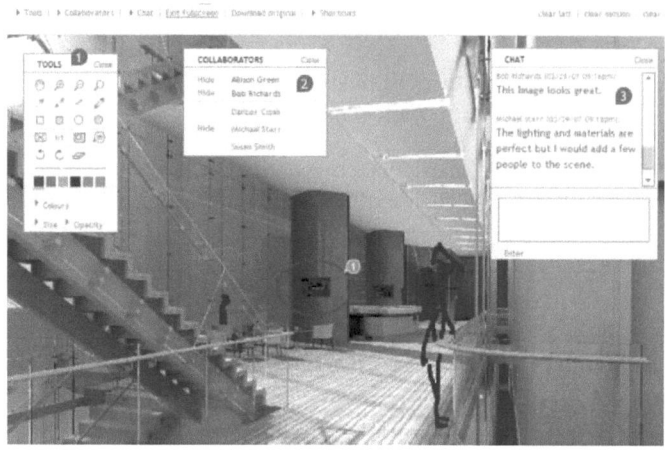

Tabelle 7.2: Internet-Tools für den Organisationsaufbau: Online-Präsentationen

Anbieter	Sliderocket (USA) Präsentationen http://www.sliderocket.com
	Acrobat.com (USA) Dokumente, Präsentationen, Meetings http://www.acrobat.com
	Prezi (Ungarn) Präsentationen http://www.prezi.com
	Vcasmo (Japan) Multimedia-Präsentationen http://www.vcasmo.com
	Cozimo (USA) Präsentationen http://www.cozimo.com
	Empressr (USA) Multimedia-Präsentationen http://www.empressr.com

	VoiceThread (USA) Slideshows http://voicethread.com

7.4 Projektmanagement – Reibungsverluste minimieren, Bürokratie vermeiden

Der Trend zu einer flexiblen Projektwirtschaft mit einer verstärkten Kollaboration verschiedenster Akteure verändert auch die Anforderungen an Projektmanagement-Tools, die sich immer stärker zu Kollaborationsplattformen entwickeln – für die zentrale Koordinierung von Mitarbeitern, die an verschiedenen Standorten an gemeinsamen Projekten arbeiten.

Einige Projektmanagement-Tools, die in Unternehmen eingesetzt werden, gehen an den Bedürfnissen vieler Projektmitarbeiter vorbei. Sie sind oft mit Funktionen überladen und nicht mehr intuitiv zu bedienen. Wer Kostenplanung, Zeitmanagement, Ressourcenplanung oder Qualitätsmanagement mit Hilfe solcher Tools durchführen will, benötigt eine lange Einarbeitungszeit.

Neue internetbasierte und kostengünstige Projektmanagement-Tools reflektieren eine veränderte Bedeutung und Stellung von Projektmanagern in einer offeneren und kollaborativeren Arbeitsweise. Ein Projektmanager ist nicht mehr derjenige, der alleine Vorgaben macht und die Ausführung gewährleistet, er tut dies im gegenseitigen Austausch und in Abstimmung mit allen Beteiligten. Darüber hinaus hat der Projektmanager auch eine Moderationsaufgabe zwischen den Beteiligten, deren Anregungen viel stärker in den Projektverlauf einfließen. Sie können sich durch neue Tools aktiver am Geschehen beteiligen und erhalten einen größeren Einblick in den aktuellen Stand von Projekten. Auch wenn sie im Home-Office arbeiten oder sich von unterwegs informieren wollen.

Die Kommunikation aller Beteiligten erhält eine viele stärkere Bedeutung, ob mit oder ohne Projektmanager. Auch gleichberechtigte Partner können über diese Tools ihre Projekte durchführen: Das Projekt wird gemeinsam von einem Team entwickelt und jeder hat jederzeit den gleichen Überblick über alle Aktionen. Das Wissen soll geteilt werden, und nicht nur ein Projektmanager hat den kompletten Überblick, sondern alle Projektbeteiligten. Der Projektmanager koordiniert mehr, als dass er dirigiert.

Im Kern werden bei den neuen internetbasierten Projektmanagement-Tools alte Funktionalitäten durch Web 2.0-Anwendungen wie Blogs, Wikis, gemeinsame Dokumentenbearbeitung oder Kommunikations-Tools ergänzt. Das direkte Feedback spielt dabei eine große Rolle. Kleinere Projekte können in allen Facetten komplett über solche Plattformen abgewickelt werden. Die virtuelle Zusammenarbeit kleiner Firmen ist damit auch ohne teure Software-Programme möglich.

Basecamp und Zoho Projects (vgl. **Abbildung 7.4**) sind zwei führende Projektmanagement-Tools in diesem Segment. Ihre Grundfunktionalitäten kann jede Person schon in 15 Minuten erfassen und bedienen. Reduktion statt Komplexität. Basecamp ist simpler als Zoho und umfasst weniger Funktionen, dafür ist Basecamp intuitiver zu bedienen. Dies ist besonders wichtig, wenn auch nicht technikaffine Personen in die Projektarbeit involviert sind. Beide Programme sind günstige und einfache Alternativen zu großen Kollaborationslösungen, in der Basisversion sind sie sogar kostenlos.

Abbildung 7.4: Online-Projektmanagement mit Zoho Projects
(Quelle: http://www.zoho.com/projects)

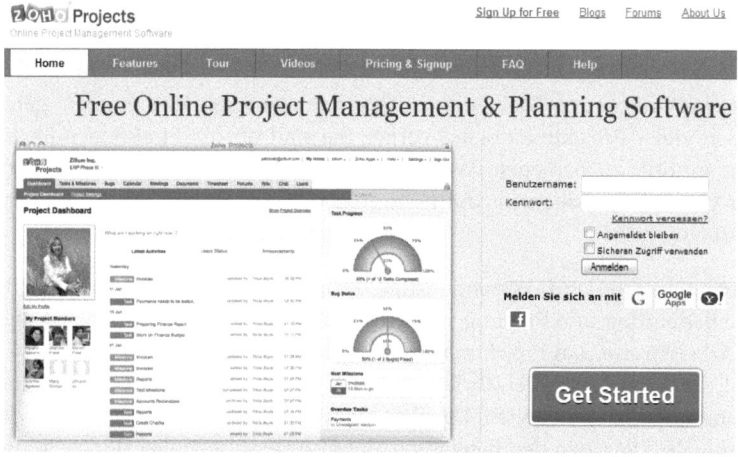

Wem der Speicherplatz bei diesen Tools nicht ausreicht, der kann auch auf internetbasierte Speicherplatzlösungen zurückgreifen. Marktführer ist hier die Plattform Box.net, die jedem Nutzer einen großen kostenlosen Speicherplatz zur Verfügung stellt. Dokumente können mit anderen geteilt werden und ermöglichen eine gute Projektarbeit. Durch Verknüpfung mit anderen populären Plattformen wie Zoho, Google Apps, Facebook oder LinkedIn entwickelt sich Box.net immer stärker zu einer ersten Anlaufstelle, um eigene Dokumente für den ständigen Zugriff im Internet zu sichern und anderen bereitzustellen.

In der Realität hängt das Gelingen der Projektarbeit mit räumlich verteilten Mitarbeitern jedoch stark vom Willen und von der Persönlichkeit aller Beteiligten ab. Tools können immer nur Hilfen sein.

Wenn Mitarbeiter und das eigene Netzwerk nicht alle Tätigkeiten abdecken können, gibt es auch dafür eine internetbasierte Projektmanagement-Lösung. Die Plattform Smartsheet verknüpft die üblichen Kollaborations-Funktionalitäten mit einer Verbindung zu mTurk, dem Minijob-Portal von Amazon. Bei Engpässen können aus der Plattform heraus Aufträge an die Masse von Auftragssuchenden herausgegeben werden.

Tabelle 7.3: Internet-Tools für den Organisationsaufbau

Projektmanagement

Basecamp (USA) http://basecamphq.com	Tool für Projektmanagement und Group Collaboration, Marktführer – Besonderheiten: To-do-Listen, File Sharing, Message Boards, Milestones, Zeiterfassung, Kommentierung. – Kosten: Staffelung nach Nutzern, ein Projekt ist kostenlos. – Nutzer: Mehr als fünf Millionen weltweit. – Referenzen: adidas, DHL, Kellogg`s.
Zoho Projects (USA) http://www.zoho.com/projects	Tool für Projektmanagement und „Group Collaboration"; zentraler Bestandteil der Zoho Collaboration Software – Besonderheiten: Nutzerliste, Aufgabenabhängigkeiten, Meetings, Document Sharing, Dashboard, Zeiterfassung. – Kosten: Premium (35 US-Dollar monatlich), Enterprise (80 US-Dollar monatlich, unbegrenzte Nutzung), ein kleines Projekt ist kostenlos. – Nutzer: 40.000 Kunden (über alle Zoho-Software-Tools).
Weitere Anbieter	ActiveCollab (USA) Projektmanagement, Group Collaboration http://www.activecollab.com CreativePro Office (USA) Kostenloses „Online office management tool" http://www.mycpohq.com GForge (USA) Kostenloses Tool für Projektmanagement, Group Collaboration http://gforge.org/gf Teamwork (Italien) Projektmanagement, Group Collaboration http://www.twproject.com

	5PM (USA) Projektmanagement http://www.5pmweb.com
	CoMindWork USA) Projektmanagement http://www.comindwork.com
	Central Desktop (USA) Projektmanagement http://www.centraldesktop.com
	Zcope (A) Projektmanagement www.getzcope.com
	Smartsheet (USA) Projektmanagement, Group Collaboration. Crowdsourcing + Smartsheet = Smartsourcing (Zusammenarbeit mit mTurks Minijob-Portal) http://www.smartsheet.com

Document Management

Box.net (USA) http://www.box.net	– Nutzer: Mehr als vier Millionen. – Partner: Linkedin, Conceptshare, Facebook, Gmail, GoogleApps, Mindmeister, Outlook, Salesforce, Twitter, Zoho. – Referenzen: Procter & Gamble, Publicis, Deloitte, T-Mobie, Dell, Panasonic.
Weitere Anbieter	Dropbox (USA) File Sharing und Synchronisation von Dokumenten; mehr als 25 Millionen Nutzer http://www.dropbox.com
	Windows Live Skydrive USA) Online Data Storage http://www.windowslive.de/skydrive
	Adrive USA) Online Data Storage www.adrive.com

7.5 Micro Blogging – der eigene Nachrichtenkanal

Das sogenannte „Micro Blogging" findet immer mehr Anhänger auch im Unternehmensbereich. Bekannt ist das Prinzip in erster Linie durch den phänomenalen Erfolg von sozialen Plattformen wie Facebook (mit mehr als 600 Millionen Nutzer weltweit [7.4]) oder Twitter (mit mehr als 200 Millionen Nutzer weltweit [7.5]). Nutzer verbreiten ihre Gedanken, Ideen oder Status-Updates in Echtzeit und in aller Kürze an ihre Kontaktnetzwerke. In erster Linie wird Twitter im kommerziellen Bereich als Medium zur Kundenpflege genutzt. Im Kundenservice erhalten Kunden in der Regel schnelles Feedback von motivierten Twitter-Teams eines Unternehmens.

Darüber hinaus wird Twitter auch als Vertriebsinstrument bemüht. Immer wieder wird Dell als Beispiel genannt. Der Konzern will mit Twitter 6,5 Millionen US-Dollar verdient haben, genauer gesagt durch Twitter als Marketingkanal. Kunden kauften Dell-Produkte, nachdem sie via Twitter auf spezielle Sonderangebote aufmerksam gemacht wurden [7.6]. Sonst sind Erfolgsgeschichten für den kommerziellen Einsatz von Twitter rar gesät, denn für diesen Zweck gibt es geeignetere Plattformen. Studien belegen, dass die Nutzer von Plattformen wie Twitter oder Facebook in erster Linie kommunizieren wollen und nicht nach Produkten suchen.

Das wahre Potenzial für das Micro-Blogging im Unternehmensbereich liegt im Einsatz als interne Echtzeit-Kommunikations-Plattform. Yammer ist solch eine Plattform, eine Art Mischung aus Twitter, LinkedIn und Facebook für den Unternehmensbereich (vgl. **Abbildung 7.5**).

Abbildung 7.5: Social-Networking-Plattform für Unternehmen von Yammer (Quelle: https://www.yammer.com/about/product)

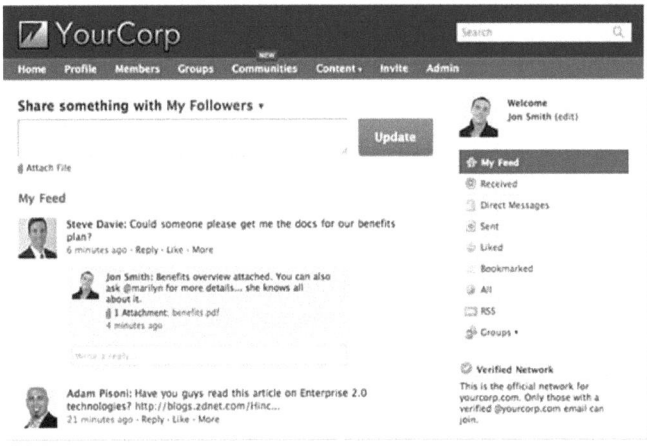

Ähnlich wie bei Twitter können Mitarbeiter Status-Updates ihrer Arbeit, Ideen oder Anregungen in Kurzform eingeben. Dokumente, vergangene Diskussionen, Link-Tipps, Profile können von allen eingesehen werden. Für alle Projekte könne auch eigene Yammer-Netzwerke gegründet werden, mit unterschiedlichen Teilnehmern. Und durch die mobile Anbindung sind auch reisende Mitarbeiter in Echtzeit über den Stand eines Projektes informiert.

Die amerikanische Versicherung Nationwide wollte 2007 ihre Unternehmenskultur verändern. Die Hierarchien sollten durchlässiger werden, Kollaboration wurde propagiert und der Wissensaustausch gefördert. Als Werkzeug dafür setzte Nationwide Yammer als primären Kommunikationskanal für die Kollaborationsoffensive ein. Innerhalb von zehn Monaten wuchs die Teilnehmerzahl auf 8.500 Mitarbeiter und Versicherungsagenten, darunter 40 Prozent des höheren Managements [7.7]. Der Informationsfluss zwischen Management und Mitarbeitern ist informeller geworden und Anregungen der Mitarbeiter wurden schneller umgesetzt. Mal eben in den Newsfeed aller Kollegen zu schauen, geht einfach viel schneller, als sich durch einzelne E-Mails zu arbeiten.

Der Geschäftsführer der australischen Firma Deloitte Digital nutzte Yammer für einen kurzen Ideenwettbewerb. Auf seine Frage nach einem Slogan für eine neue Werbekampagne gingen unternehmensintern innerhalb eines Tages 1.500 Vorschläge von Mitarbeitern ein [7.8]. Per E-Mail wäre dies ein starrer und intransparenter Vorgang für die Teilnehmer gewesen, mit Yammer geht es schnell und übersichtlich für alle. Deloitte konnte sich die vorgesehene Werbeagentur sparen.

Doch das sind erst die Anfänge. Soziale Netzwerke für Unternehmen sind ein großer neuer Zukunftsmarkt. Yammer plant eine Ausweitung zu einem umfassenden sozialen Unternehmensnetzwerk. In naher Zukunft sollen Elemente wie Ideen-Plattformen mit Bewertungsfunktionen, Chats, Umfrage-Tools und Frage-Antwort-Tools integriert werden. Eine offene Plattform soll auch Applikationen von fremden Entwicklern einbinden können. Ähnlich weit in der Entwicklung sind Salesforce Chatter oder die dänische Plattform Podio, die bereits 2.000 fremde Applikationen einbinden kann: seien es CRM-Systeme, Recruitment, Kontaktmanagement oder Mitarbeiterfeedback. Der Wettlauf der Start-ups um die Poleposition beim „Facebook für Unternehmen" wird weitere neue Anbieter anziehen.

Tabelle 7.4:	Internet-Tools für den Organisationsaufbau: Micro-Blogging
Yammer (USA) https://www.yammer.com	– Kunden: Mehr als 90.000 Geschäftskunden weltweit; 80 Prozent der Fortune-500-Unternehmen. – Kosten: Basisversion ist kostenlos, Premiumversion für Firmen. – Referenzen: Cisco, AMD, Nationwide, Thomson Reuters, Cargill, Razorfish.

Weitere Anbieter	Salesforce Chatter (USA) Realtime-Collaboration-Plattform http://www.salesforce.com/chatter Podio (DK) Social-Working-Plattform https://podio.com Socialcast (USA) Colloaborative-Enterprise-Social-Plattform http://www.socialcast.com Present.ly (USA) Enterprise-Microblogging-Plattform http://www.presently.com Huddle (UK) Colloaborative-Enterprise-Social-Plattform http://www.huddle.net Wizehive (USA) Enterprise-Collaboration- & Microblogging-Plattform http://www.wizehive.com ShoutEm (Kroatien) Microblogging/Mobile Social Network http://www.shoutem.com Cyn.in (Indien) Enterprise Microblogging http://www.cynapse.com/cynin

7.6 Informationsmanagement – Informationen richtig ablegen und wiederfinden

Bei einer flexiblen, mobilen Arbeitsweise gewinnen Informations-Tools stark an Bedeutung. Es muss eine zentrale Wissensplattform geben, auf die alle zugreifen können, um optimal kollaborieren zu können. In jedem größeren Unternehmen sind solche Plattformen vorhanden, meist Intranets, die jedoch in der Regel kaum genutzt werden. Es fehlen oft einfache Nutzungs- und Partizipationsmöglichkeiten sowie Mechanismen zur Sicherstellung der Aktualität und Vollständigkeit der Informationen. Und die Kollaboration des Einzelnen wird nicht belohnt, wer Wissen teilt, hat oft nicht viel davon.

Wikis, Wissens-Plattformen nach dem Vorbild von Wikipedia, haben sich als eine sehr wirkungsvolle Alternative zu intranetbasierten Wissens-Plattformen erwiesen. Denn sie sind viel einfacher und schneller zu bedienen als Content-Management-Systeme, kosten weniger und sind ohne Software über den Browser nutzbar. Voraussetzung dafür ist aber eine transparente und kollaborative Unternehmenskultur.

Vorreiter in Sachen Transparenz sind ausgerechnet die amerikanischen Geheimdienste. Ein bemerkenswertes Projekt ist das Wiki der „United States Intelligence Community" namens Intellipedia (vgl. **Abbildung 7.6**). Über diese zentrale, kollaborative Wissens-Plattform tauschen Geheimdienstler, in unterschiedlichen Berechtigungsstufen, Informationen aller Art aus. Fast 250.000 Mitarbeiter sind registriert, davon 75.000 aus dem Top-Secret-Bereich [7.9].

Abbildung 7.6: Intellipedia: Das Wikipedia der US-Geheimdienste (Quelle: http://commons.wikimedia.org/wiki/File:Screenshot_Intellipedia2008.png)

Mit Erfolg: Denn die gesamte Plattform orientiert sich an den erfolgreichen Web 2.0-Plattformen im Internet und damit an den gelernten Nutzergewohnheiten der meisten Mitwirkenden. Der Erfolg basiert darauf, dass die Nutzer auch einen wirklichen Sinn darin sehen: Sie bekommen die aktuellsten Informationen und können über die sozialen Netzwerke auf kürzestem Wege die richtige Mitarbeiter finden. Jeder Mitarbeiter kann zu einem beliebigen Thema eine eigene Seite erstellen.

Die aktive Mitarbeit an Intellipedia wird auch belohnt: Jeder Eintrag ist mit dem Namen des Erstellers versehen. Jede Information kann mit einem 5-Sterne-System bewertet werden und wird vom System aufgezeichnet. Transparent für jeden Mitarbeiter, transparent aber auch für das Management. Denn die Reputation der Mitarbeiter und die Kollaborationshäufigkeit spielen eine festgelegte Rolle bei der Mitarbeiterbewertung.

Intellipedia ist dabei nur ein Teil einer übergeordneten, umfassenderen Web 2.0-Plattform der Geheimdienste namens Intellink. Dort sind alle relevanten und erfolgreichen Web 2.0-Plattformen für die Geheimdienst-Mitarbeiter nachgebildet, abgeschirmt durch umfangreiche Sicherheitsmaßnahmen. Intellink hat in Kooperation mit Google die größte Google-Infrastruktur außerhalb der Google-Datenzentren aufgebaut. Mehr als 80 Millionen Dokumente können bei Intellink exklusiv von Geheimdienstlern durchsucht werden [7.10]. Nachgebildete Video-Plattformen wie YouTube, Bilderdienste wie Flickr, Instant Messaging, Web Conferencing, Web-Hosting-Services für Dokumente, sogar ein eigenes Twitter-System namens eCHIRP können unter dem Deckmantel von Intelink genutzt werden [7.11].

Wikis sind nicht nur als Wissens-Plattform einsatzfähig, sondern auch als komplette Projektmanagement-Lösung. Die Internetagentur Razorfish ersetzte bereits im Jahr 2006 das eher statische Intranet durch eine weitreichende Wiki-Lösung [7.12]. Dort laufen ständig aktuelle Inhalte zusammen: Blogs der Mitarbeiter, Flickr-Fotos, Bookmarks oder interessante Branchenmeldungen. Auf Projektseiten werden alle organisatorischen Informationen zu einem Projekt festgehalten, kombiniert mit Kommunikationsmöglichkeiten der Projektmitarbeiter. Die Partizipation der Mitarbeiter ist viel höher als zuvor bei dem statischen Intranet.

Tabelle 7.5:	Internet-Tools für den Organisationsaufbau: Wikis
Anbieter	Wikispaces (USA) Wikis für Firmen und Privatleute http://www.wikispaces.com Pbworks (USA) Social-Intranet- & Extranet-Plattform http://pbworks.com MediaWiki (USA) Kostenlose Open-Source-Wiki-Software http://www.mediawiki.org/wiki/MediaWiki Socialtext (USA) Social-Intranet- & Extranet-Plattform http://www.socialtext.com

Auch auf der persönlichen Ebene gibt es internetbasierte Tools, um eigene Informationen zu verwalten und für Partner und Kollaborateure freizugeben. Die großen Projektmanagement-Pakete von Google, Zoho und Microsoft verfügen zwar über solche Tools, aber führend ist in diesem Bereich die Firma Evernote (vgl. **Abbildung 7.7**). Erst kürzlich, im Oktober 2010, erhielt das Start-up 20 Millionen US-Dollar Kapital, um seine Notizverwaltungs-Plattform ausbauen zu können.

Abbildung 7.7: Notizverwaltungs-Plattform von Evernote
(Quelle: http://evernote-de.tumblr.com)

Auf der Evernote-Plattform können Informationen, Gedanken und Inspirationen aller Art gespeichert werden. Ob kurze Notizen, interessante Artikel, Videos, Fotos, Screenshots, Besprechungsnotizen, Office-Dokumente oder Internetrecherchen: Alle erfassten Informationen werden automatisch verarbeitet, indiziert und in die Suchfunktion integriert. Druckmaterial kann auch in einen durchsuchbaren Text umgewandelt werden. Abrufbar von jedem Ort und auch per Handy und geeignet für eine effiziente Kollaboration, denn jede Information kann mit anderen geteilt werden.

Tabelle 7.6: Internet-Tools für den Organisationsaufbau: Informationsverwaltung

Anbieter	Evernote (USA) Online-Notizverwaltung, Clipping Service, mehr als sechs Millionen Nutzer http://www.evernote.com
	Google Notebook (USA) Online-Notizverwaltung http://www.google.com/notebook
	Zoho Notebook (USA) Online-Notizverwaltung http://notebook.zoho.com
	Microsoft Onenote (USA) Online-Notizverwaltung http://office.microsoft.com/en-us/onenote
	Springpad (USA) Online-Notizverwaltung http://springpadit.com

| | Memonic (CH)
Online-Notizverwaltung
http://www.memonic.com

Wallwisher (USA)
Online-Notizverwaltung
http://www.wallwisher.com/demo

Diigo (USA)
Informationsverwaltung
http://www.diigo.com |
|---|---|

7.7 Kommunikation 2.0 – mit allen Sinnen auf allen Kanälen

Eine internetbasierte Innovationsentwicklung basiert in hohem Maße auf einer schnelleren Kommunikation auf allen Ebenen. Dokumente, Entwürfe, Prototypen können zentral gespeichert werden und es kann jederzeit auf sie zugegriffen werden. Doch erst die technischen Weiterentwicklungen der letzten Jahre im Conferencing- und Video-Sektor sowie im mobilen Bereich ermöglichen heute eine reibungslose Echtzeitkommunikation von räumlich getrennten Personen.

Tools wie Skype oder Instant Messaging/Chats sind mittlerweile weitverbreitet und können in einigen Bereichen kostengünstige Alternativen und Ergänzungen zu Telefon und E-Mail sein. Durch die Kombination mit Video kann jeder Nutzer weltweit Videokonferenzen abhalten, völlig kostenlos. Einsparungen bei Flug- oder Hotelkosten amortisieren die Einführungs- und Wartungskosten solcher Tools sehr schnell, nicht zu vergessen die Zeitverluste durch lange Reisen.

Speziellere Webconferencing-Lösungen verbinden Kollaborations-Tools mit Videoconferencing und bieten eine wirklich effiziente Zusammenarbeit über Grenzen hinweg an. Gute Lösungen vermeiden Medienbrüche und kombinieren auf dem Bildschirm Whiteboards, Umfrage- und Abstimmungs-Tools, Dokumentenverwaltung und Transfer, Screen Sharing oder Text Chat. Verschiedene Personen sind via Videoausschnitt für alle anderen sichtbar. Dokumente aller Art können auf eine gemeinsame Bildschirmoberfläche hochgeladen und von jedem bearbeitet werden.

Viele der angebotenen Tools müssen zuvor als Software installiert werden und sind Teil einer umfangreichen Kollaborations- und Projektmanagement-Lösung der großen Konzerne wie Cisco, Microsoft, IBM oder Adobe.

Abbildung 7.8: Online-Meetings und Document Sharing mit Webex
(Quelle: http://www.webex.com/how-it-works/for-meetings.html)

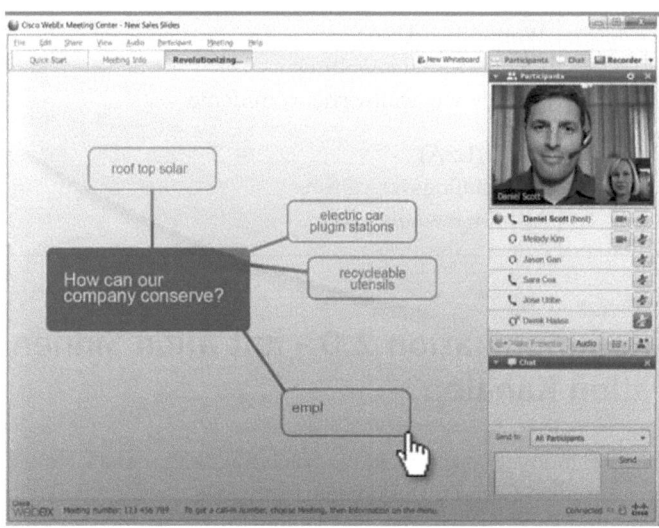

Doch es gibt auch internetbasierte Online-Meeting-Lösungen, die via Browser von jedem Ort verfügbar sind. Führende Tools wie Webex (vgl. **Abbildung 7.8**), Citrix oder Netviewer bieten Online-Meetings mit Flatrate-Tarifen oder mit nutzungsbasierter Kostenabrechnung an. Webex Beta ist für bis zu vier Nutzer kostenlos, eine interessante, ebenfalls kostenlose Alternative bis zu 20 Nutzern bietet das Tool DimDim.

Bei der Innovationsentwicklung mit geografisch verteilten Teams bieten sich viele Einsatzmöglichkeiten an: gemeinsame Bearbeitung von Dokumenten via Video; Prototypen-Demonstration mit gemeinsamer Diskussion; Auswahl von visuellen Entwürfen oder die Supervision von Fortschritten im Projekt.

Der Autokonzern Daewoo nutzt Webex z. B. in der Entwicklung von neuen Autos: CAD-Konstruktionszeichnungen werden in Echtzeit von Entwicklern in verschiedenen Forschungszentren diskutiert und verbessert. Viele Firmen nutzen solche Webconferencing-Lösungen auch als günstige Alternative, um Mitarbeiter und Handelspartner zu neuen Produkten zu schulen.

Bei allem Potenzial darf nicht vergessen werden, dass der direkte Kontakt auch eine wichtige Rolle spielt: Videokonferenzen werden niemals die persönliche Kommunikation von Angesicht zu Angesicht vollständig ersetzen können, sie dienen als Ergänzung. In einem Versuch an den Bell Labs konnte der Forscher Lanny Smoot nachweisen, dass die Zusammenarbeit dann besser ist, wenn sich Mitarbeiter am selben Ort treffen. Wenn dies jedoch nicht möglich ist, können Videokonferenzen die Kollaboration beträchtlich verbessern.

Tabelle 7.7: Internet-Tools für den Organisationsaufbau: Online Web Conferencing

Anbieter	Citrix
	http://www.gotomeeting.com
	Webex (Cisco)
	http://www.webex.de
	BeamYourScreen
	http://www.BeamYourScreen.com
	WiredRed
	WiredRed e/pop web conferencing
	Zoho Meeting
	http://meeting.zoho.com
	DimDim
	http://www.dimdim.com

8 Internet-Tools für die Produkteinführung

> **Kapitelübersicht**
>
> Mit der Produkteinführung beginnt das Leben eines Start-ups oder eines neuen Geschäftsbereichs erst richtig. Jetzt geht es darum, das eigene Angebot immer wieder an neue Markt- und Kundenerkenntnisse anzupassen, ggf. sogar neu zu entwerfen und dabei die effektivsten und kostengünstigsten Vermarktungs- und Vertriebswege zu finden. Ein mühseliger Prozess, der oft mit großen Enttäuschungen nach der aufwändigen Entwicklungsarbeit und mit immer neuen Kosten für Produktverbesserungen und Marketingversuche verbunden ist.
>
> Für die Inkubationsphase der Produkteinführung können zahlreiche neue Internet-Tools genutzt werden, die die klassische Vermarktung ergänzen und verbessern. Es stehen Tools zur Verfügung für die Bildung und Bearbeitung von Kundengruppen, für Produkttests und Empfehlungsmarketing, für die Mitwirkung des Marktes bei der Gestaltung von Werbemitteln, für webbasierte PR- und Kundenkommunikation und für webbasierte Produktbeobachtungen. Dass die klassische Vermarktung durch neue, bestenfalls kostenlose Internet-Tools abgelöst werden kann, ist ein Mythos. Auch die neuen, Internetbasierten Methoden der Produkteinführung sind aufwändig, müssen gut geplant sein und fließen in einen Mix aus klassischen und neuen Vermarktungskonzepten ein.

8.1 Die richtige Nutzung von Social-Media-Marketing

Social Media – jeder muss es haben, jeder muss es machen. Ob Großunternehmen oder Start-up. Ohne scheint es nicht mehr zu gehen. Noch Trend oder bereits Hype? Es gibt verschiedene Indizien, wenn ein Hype entstanden ist: Spätestens wenn in TV-Zeitschriften mit älterer Zielgruppe ganzseitige Artikel zu Facebook erscheinen; wenn Vorstände ihre Marketingverantwortlichen auffordern, doch mal was zu Social Media zu machen, weil sie was darüber gelesen haben; wenn Banken mit aufwändigen Aktionen 5.000 Anhänger auf Facebook gewonnen haben und stolz darauf sind. Spätestens dann sollte näher hingeschaut werden, ob wirklich jede Social-Media-Aktion Sinn macht oder nur dem allgemeinen Hype entspringt. Nicht jede Plattform ist für jede Branche und für jeden Zweck sinnvoll. Agenturen und Medien aller Art befeuern zwar den Trend und bieten ihre Dienste an, doch oft stehen Kosten und Nutzen in keinem Verhältnis zueinander.

Wer erinnert sich noch an die virtuelle Plattform „Second Life"? Im Jahr 2006 erreichte der Hype um diese virtuelle Plattform mit umherwandelnden Avataren ihren Höhepunkt. Ein kollektiver Hype entstand und in vielen Marketingabteilungen der großen Konzerne wurden Second-Life-Projekte ausgedacht und oft auch umgesetzt: Nachrichtenagenturen wie Reuters oder CNN errichteten plötzlich virtuelle Nachrichtenbüros; Daimler-Benz präsentierte seine Modelle in einer aufwändig inszenierten Markenwelt; virtuelle Versicherungsvertreter hofften, andere Avatare, die sich vereinzelt in ihre Versicherungslounges verirrten, zu Geschäften in der realen Welt überreden zu können; Banken wie Wells Fargo oder ING ließen sich als Second-Life-Vorreiter feiern. Doch die meisten Projekte bestanden nicht lange. Der Hype schlug schnell in ein völliges Desinteresse der Marketingverantwortlichen um.

In den letzten Jahren sind außerhalb der Fachpresse kaum noch Artikel über Second Life erschienen, dabei hat die Plattform durchaus Erfolg. Allerdings in erster Linie als das, wofür sie gedacht war: eine virtuelle Plattform für Nutzer von speziellen Kommunikationsformen wie z. B. virtuelle Konferenzen und Seminare und nicht als Marketing-Plattform.

Auch heute sind Konzerne wie Intel, Dell, Unilever oder Philips noch in Second Life aktiv, allerdings mit einer anderen Zielsetzung: Als Plattform für eLearning oder für virtuelle Kontaktnetze. IBM, die Stanford University oder die Nasa betreiben weiterhin eigene private Welten innerhalb von Second Life. Bei den meisten Projekten stehen mittlerweile virtuelle Produktdarstellungen, Simulationen, virtuelle Kontaktnetzwerken oder Events zur Kollaboration innerhalb von Firmen oder zusammen mit Partnern im Vordergrund. Nach dem großen Hype erfolgte die Ernüchterung durch die Konfrontation mit der Realität und das Ende vieler anderer, weniger nützlicher Projekte.

Ähnliches steht vielen Social-Media-Projekten noch bevor. Podcasts, Augmented Reality, Twitter für Unternehmen, Social-Media-Marketing und -Monitoring – die schwierige Frage ist: Für welche Unternehmen mit welchen Anliegen sind die neuen Marketing-Konzepte und Tools wirklich nützlich?

Facebook mit seinen über 600 Millionen Mitgliedern ist mittlerweile auch auf dem Hype-Höhepunkt angelangt. Jeder möchte etwas mit Facebook machen. Große Marken, die jährlich dreistellige Millionenbeträge in die Markenbildung stecken, dienen oft als Vorbild für gelungene Facebook-Aktionen, denn Facebook kann tatsächlich eine gute Plattform für fortlaufende Marketingaktionen sein: So versehen z. B. Handelskonzerne und Textilproduzenten einzelne Produkte mit dem „Like"-Button, ein ideales Werkzeug für die Weiterempfehlung der Produkte. Procter & Gamble bietet zu festgelegten Zeiten exklusive Verkäufe von Produkten nur für Facebook-Nutzer an und steigt damit in den Direktverkauf ein. Beim Autohersteller Skoda sinkt der Preis für ein neues Modell in einer zweitägigen Verkaufsaktion pro Facebook-Fan um zwei Euro (vgl. **Abbildung 8.1**). Der Schokokugel-Hersteller Skittles lässt in einem Live-Facebook-Event einen mit einem Prominenten bestückten Glasbehälter mit bis zu zwei Millionen Kugeln füllen. Pro neuem Fan eine Kugel.

Doch dies sind nur wenige Beispiele für eine gelungene, dauerhafte Nutzung der Facebook-Plattform. Der überwiegende Teil von Unternehmens-Facebook-Seiten versucht anfangs, durch eine möglichst spektakuläre Aktion viele „Fans" zu bekommen. Aber bereits kurze Zeit später sind die meisten Facebook-Seiten verwaist. Es fehlen schlicht interessante Inhalte. Die wenigsten Unternehmen wie Apple, Coca-Cola oder Starbucks haben eine starke Fankultur, um Millionen Facebook-Nutzer alleine durch die Anziehungskraft der Marke anzulocken. Es fehlt oft eine Strategie zur sinnvollen Nutzung der Facebook-Daten.

Abbildung 8.1: Verkaufspreisaktion von Skoda mit Facebook-Like-Button (Quelle: http://www.fabia-ilike.be/home.php)

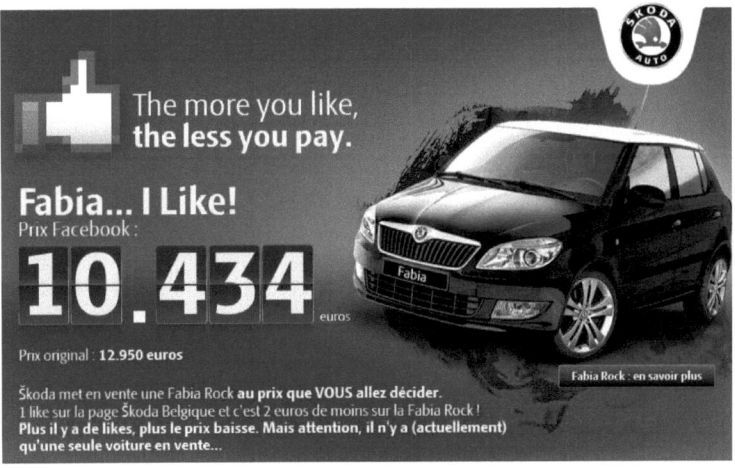

Facebook ist eine großartige Plattform für Marketingaktionen, aber das Medium sollte nicht die Nachricht ersetzen. Um dauerhaft erfolgreiche Facebook-Seiten zu betreiben, muss eine Firma exklusive Inhalte oder Vergünstigungen anbieten. Hauptmotiv für die Verbindung zu einer Marke via „Like"-Button sind Coupons und Rabatte, also echte monetäre Vorteile. Der zweite wichtige Punkt sind interessante und unterhaltsame Inhalte, virale Elemente, Wettbewerbe, Aktionen, die zum Weiterleiten und Empfehlen animieren. Entscheidend ist auch die Kontinuität: Nach einmaligen Aktionen wenden sich Fans auf Facebook schnell der nächsten Unterhaltungsquelle zu und sind nur schwer zurückzugewinnen. Eine Redaktion muss schließlich auch auf die Kommunikation der Fans eingehen und Diskussionen anregen. Nur dann machen Aktionen auf einer Kommunikationsplattform wie Facebook auch Sinn.

Mit Facebook können sowohl Stammkunden gebunden als auch neue Interessenten gewonnen werden, die von Freunden dazu eingeladen werden, wenn die Inhalte und Belohnung dafür überzeugen. Wenn eine dauerhafte Kommunikation mit Kunden etabliert wird, erhöht sich die Kundenbindung und damit im Laufe der Zeit auch der Verkauf an diese Kunden.

Eine Alternative kann eine eigene Social Community sein, es muss nicht immer nur Facebook sein. Der Bekleidungshersteller Burberry ist eine der erfolgreichsten Marken überhaupt bei Facebook, mit über 5,7 Millionen Fans [8.1]. Kein Grund, sich damit zu begnügen. Burberry gründete darüber hinaus seine eigene Community „The Art of Trench", auf der Bilder von Trenchcoats im Mittelpunkt stehen (vgl. **Abbildung 8.2**). Jeder Konsument kann Bilder online einstellen und mit anderen darüber diskutieren. Burberry muss sich dort nicht an Vorgaben und Beschränkungen von Facebook & Co. richten und kann andere Zielgruppen erreichen. Nicht gegen Facebook, sondern zusätzlich und sogar mit Facebook verknüpft.

Abbildung 8.2: Eigene Online-Community „The Art of Trench" für Burberry-Trenchcoats (Quelle: http://artofthetrench.com)

Begriffe wie Social Media, Web 2.0 oder User Generated Content suggerieren, dass viele dieser Plattformen kostenlos sind und entsprechende Marketingkampagnen und Kundenbindungsaktionen wenig kosten, zumindest im monetären Sinne. Doch sie kosten eine andere wertvolle Ressource im Unternehmen: Zeit, Kreativität, Geld für professionelle Medienproduktionen wie Videos und Geld für Gutscheine und Rabatte als Belohnungen für Kundenengagement. Social-Media-Kampagnen, die eine echte Kommunikation mit Kunden zum Ziel haben, jenseits von reinen PR- und Branding-Aktionen, erfordern viel Zeit: Die Plattformen müssen ständig mit neuen, interessanten Inhalten gefüttert werden; Beschwerden und Anregungen müssen weitergeleitet werden; Beiträge von Usern erfordern auch eine schnelle und offene Reaktion. Und damit auch eine Änderung der bestehenden, überwiegend von PR-Abteilungen bestimmten Unternehmenskommunikation.

Social-Media-Kommunikation sollte in erster Linie eine offene Kommunikation sein. Gerade bei Produkteinführungen kann bei einer guten Umsetzung Social Media große Vorteile bringen. Der Netzwerk-Konzern Cisco zeigt, wie es gehen kann: Im Jahr 2008 testete Cisco das Potenzial von Social Media bei der Produkteinführung des neuen „Aggregated Services Router" [8.2]. Die Einführungskampagne verzichtete auf traditionelle Methoden. Normalerweise wurden Manager und Presseleute aus der ganzen Welt ins Hauptquartier nach Kalifornien eingeladen, wo sie einer statischen Pressekonferenz lauschen durften. Kunden wurden per E-Mail benachrichtigt, Print-Anzeigen in großen Magazinen begleiteten die Kampagne. Dieses Mal wurden nur Online-Elemente eingesetzt: Die firmeneigene Videokonferenz-Lösung Cisco TelePresence verband Kunden in aller Welt, nicht mehr im Hauptquartier, sondern lokal in deren Büros. Statt hundert Menschen, wie sonst üblich, verfolgten 9.000 Personen die virtuelle Pressekonferenz.

Auf YouTube wurden Videos veröffentlicht, die mehr als 3,3 Millionen Mal angesehen wurden; auf Facebook und in Cisco-Foren konnte jeder mit Cisco-Mitarbeitern über das neue Produkt diskutieren; Video, Widgets und andere virale Elemente ermöglichten eine weite Verbreitung der Informationen über Blogs; Hunderte Cisco-Mitarbeiter verbreiteten Informationen über ihre eigenen Social-Media-Zugänge; ein 3D-Spiel begleitete die Produkteinführung: Spielerisch verteidigten insgesamt 20.000 Cisco-Mitarbeiter durch die Nutzung des neuen Produktes Netzwerke vor fremden Angriffen und konnten in einer Meisterschaft 10.000 US-Dollar gewinnen.

Ergebnis der Social-Media-Produkteinführung: die dreifache Menge an Presseartikeln, mehr als 1.000 Blog-Einträge und nahezu 40 Millionen Online-Seitenaufrufe. Und das Ganze für nur ein Sechstel der Kosten traditioneller Produkteinführungen. Für Cisco war dies eine der fünf besten Produkteinführungen seiner Geschichte. Das Besondere daran: Die Kampagne wandte sich an Individuen, das Produkt ist aber ein Investitionsgut für Unternehmen.

Diese Bilanz überzeugte die Cisco-Verantwortlichen: Der Konzern gilt heute als Vorreiter bei Social-Media-Aktivitäten. Die Technik-Chefin von Cisco, Padmasree Warrior, kommuniziert über Twitter mit 1,4 Millionen Followern; ca. 300 YouTube-Channel zeigen Videos und ca. 80 Facebook-Seiten bieten fachspezifische Kommunikationsmöglichkeiten an. Gebündelt werden alle Aktivitäten auf einem zentralen Social-Media-Portal von Cisco (vgl. **Abbildung 8.3**).

Social Media macht Sinn, doch die Auswahl von möglichen Plattformen und die Planung der Aktionen sollten gründlich durchgeführt werden. Nicht immer sind die Social-Media-Beiträge für eine Firma und vor allem deren Kunden auch wirklich relevant.

Abbildung 8.3: Bündelung aller Social-Media-Aktivitäten auf zentralem Social-Media-Portal von Cisco (Quelle: http://socialmedia.cisco.com)

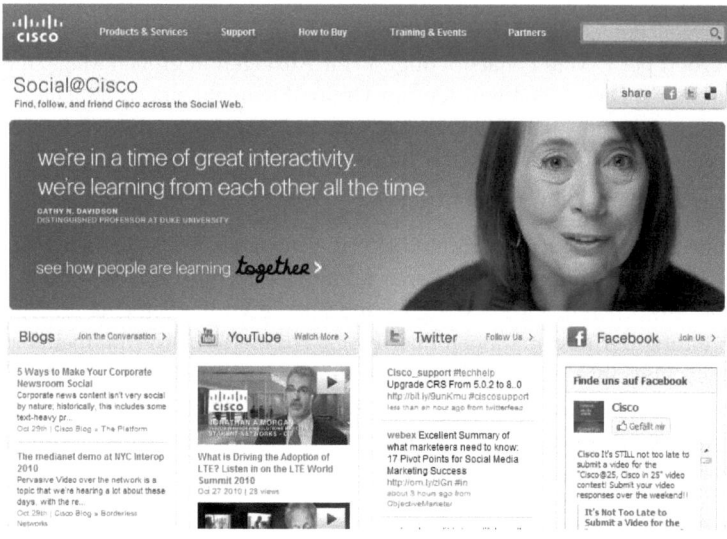

8.2 Produkttests und Empfehlungsmarketing im Internet

Social Media ermöglicht eine direkte, ungefilterte Kommunikation mit Kunden und kann noch vor einer offiziellen Produkteinführung auch für Produkttests genutzt werden. Procter & Gamble übertrug zuerst das Konzept, Produkte durch Fokusgruppen testen zu lassen, auf das Internet. Über Internet-Plattformen können Mitglieder ihre Vorlieben und persönliche Informationen angeben, damit sie zielgerichtet informiert werden können, wenn Firmen neue Produkte auf den Markt bringen wollen, die für sie interessant sind. Auf Wunsch erhält ein Mitglied dann eine Produktprobe zugesandt mit der Bitte zur Bewertung der Verpackung, des Geschmacks, des Logos oder der Werbung. Ein soziales Netzwerk soll die Kommunikation zwischen den Mitgliedern und die Attraktivität der Plattform steigern.

Das Prinzip ist erfolgreich, basiert aber nicht in erster Linie auf finanziellen Anreizen, die in Form von speziellen Angeboten und Rabatten gewährt werden. Motivation ist vielmehr das Bestreben, als Erster etwas testen zu dürfen und privilegierte Neuigkeiten zu erhalten. Und das Gefühl zu haben, dass die einzelne Meinung gehört wird und Produkte durch Feedback noch verändert werden können. Marketing durch Konsumenten statt Marketing für Konsumenten.

Produkttests und Empfehlungsmarketing im Internet 203

Der Nahrungsmittelkonzern Kraft hat z. B. die Internet-Plattform First Taste eingerichtet, über die Kraft Vorab-Tests für alle Produktneuheiten durchführt (vgl. **Abbildung 8.4**).

Abbildung 8.4: Portal „firsttaste" für Vorab-Tests von Produktneuheiten von Kraft
(Quelle: http://www.kraftfirsttaste.com)

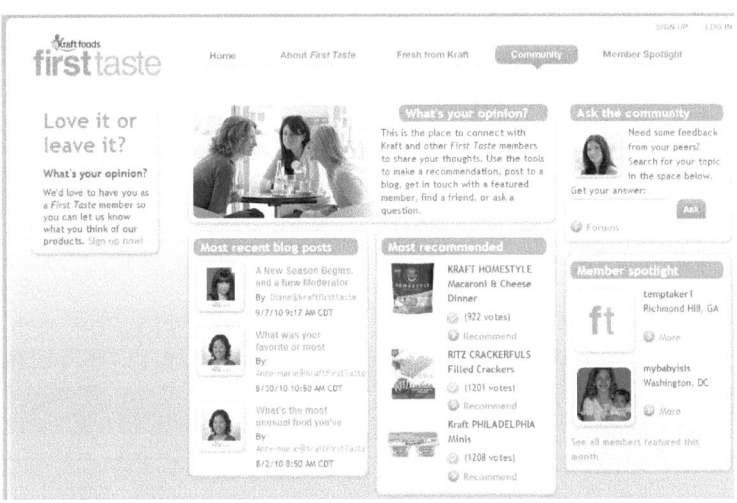

Der Konkurrent Procter & Gamble geht mit seinen beiden Plattformen Vocalpoint (Frauen) und Tremor (Teens) noch weiter als Kraft: Auch andere Firmen, selbst Rivalen, können hier ihre Produkte der hoch sechsstelligen Mitgliederzahl vorstellen.

Die Komponente der Mund-zu-Mund-Propaganda (Word-of-Mouth) spielt eine große Rolle: Die Mitglieder sollen Produkte testen, diskutieren und ihre Umgebung durch Empfehlungen beeinflussen. Sie erhalten Warenproben zum Verteilen oder sollen Coupons an verschiedenen Orten platzieren. Das Tupperware-Konzept der Produktvorstellungen im Freundeskreis wird durch die Internet-Plattformen aufgenommen: Kunden erhalten ein Paket mit zahlreichen Produktproben und Coupons, die sie Freunden vorführen sollen.

Es gibt auch spezielle Plattform-Dienstleister für Vorab-Tests. Ganz ohne Konzernhintergrund arbeiten Plattformen wie Shespeaks, die Firmen aller Art ihre Community anbieten, um Diskussionen über Marken und Produkte anzuregen.

Während Tremor & Co. noch in der letzten Produktentwicklungsphase ansetzen, in der das Design oder die Verpackung noch verändert werden kann, kommen Plattformen wie trnd oder BzzAgent erst bei der Produkteinführung ins Spiel. Bei trnd steht ein Panel von über 200.000 Mitgliedern zur Verfügung, aus denen die geeignetsten Meinungsführer ausgewählt werden, die neue Produkte zur Probe erhalten (vgl. **Abbildung 8.5**). Mit dem Ziel, dass sie Produkttests durchführen, dazu schreiben und die Ergebnisse in Blogs oder

Artikeln verbreiten. Digitale Mund-zu-Mund-Propaganda und Suchmaschinenoptimierung in einem.

Abbildung 8.5: Online-Promotion und Verbraucher-Panels von trnd für Tests von Produktproben (Quelle; http://www.trnd.com/projekte/index.trnd)

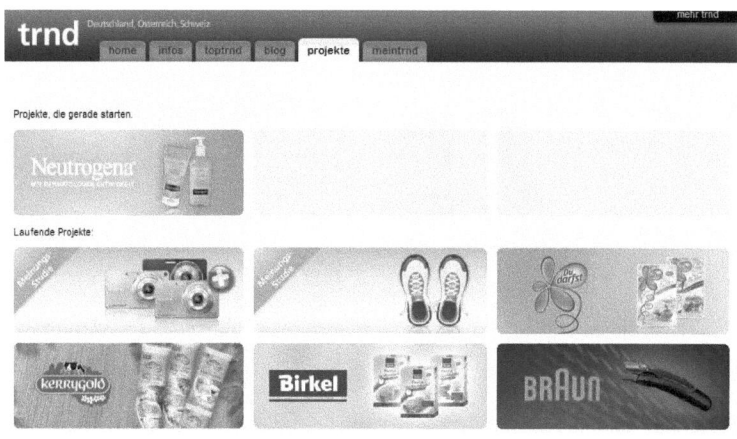

5.000 trnd-Mitglieder erhielten Dampfgarbeutel der Firma Toppits zum Test, samt Einzelproben und Informationsmaterial zum Weitergeben. Die Auswertung der Aktion ergab, dass 12.000 Berichte in zwei Monaten im Internet publiziert wurden, überwiegend in Blogs oder Foren [8.3].

Eine andere Form der Kundenkommunikation sind die firmeneigenen Communities, die nicht nur auf Produkteinführungen fokussiert sind, sondern allgemeiner auch auf Kundenfeedback oder Ideen.

Viele Hotel- oder Restaurantbesitzer und kleine Internetversender, die in Preisvergleichseiten stets auf den vorderen Plätzen zu finden sind, eint die Vorliebe für ihre eigenen Produkte. Sie geht so weit, dass sie in großem Stil ihre eigenen Angebote anpreisen. Nicht unter eigenem Namen, sondern oft unter verschiedensten Identitäten. Auch großen Unternehmen ist diese Vorgehensweise nicht fremd. Scheinbar authentische Rezensionen und Produktbewertungen sind oft das Werk von spezialisierten PR- oder Social-Media-Agenturen. Im Oktober 2010 musste T-Online eingestehen, dass 1.000 Einträge auf ihrem Shopping-Portal fingiert waren [8.4].

Auch Foren und Blogs werden für Produkteinführungen und PR-Aktionen genutzt. Unter falschen Identitäten wird auf Produkte aufmerksam gemacht und Werbung für die eigene Sache betrieben.

Nicht ohne Grund legen Firmen viel Wert auf positive Kundenmeinungen im Internet. Zahlreiche Studien belegen die hohe Bedeutung persönlicher Empfehlungen von Freunden und Bekannten für den Kauf von Produkten und die Nutzung von Dienstleistungen. Das war schon immer so: Gute Tipps von Freunden sind oft überzeugender als Werbeprospekte.

Durch das Internet und die Social-Media-Welle hat sich das Empfehlungspotenzial nun globalisiert. Jeder kann mittlerweile im Internet alles bewerten und Erfahrungsberichte über nahezu alle Produkte schreiben: in Foren, in Blogs, auf Rezensionsseiten, bei Facebook oder Twitter.

Für viele Personen bilden solche Bewertungsberichte und Rezensionen anderer Personen eine Grundlage für die Kaufentscheidung. Bewertungen auf Meinungs- und Preisvergleichsportalen wie Qype, Ciao, dooyoo, idealo oder billiger.de, aber auch auf großen Handelsportalen wie Amazon sind vielfrequentierte Anlaufpunkte für Produktentscheidungen.

Abbildung 8.6: Verbindung von Produktbeschreibungen und Konsumententipps bei produki (Quelle: http://www.produki.de/google-mail)

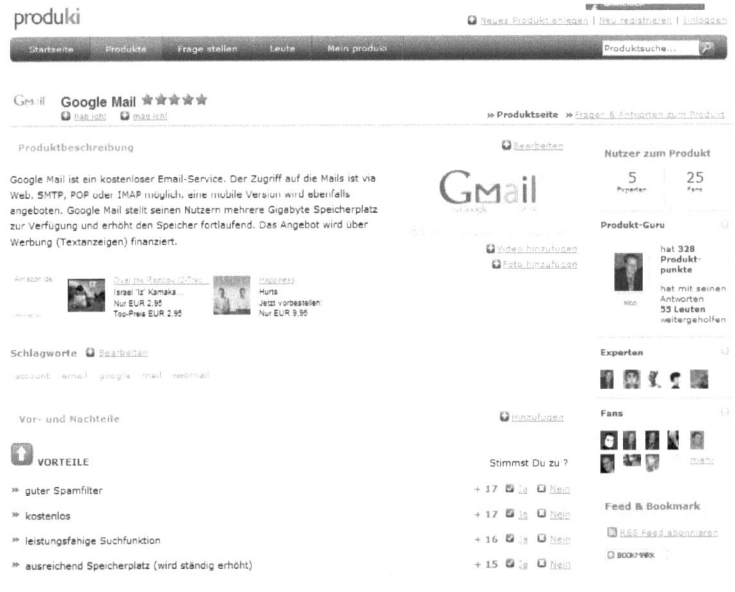

Beim Start von neuen, innovativen Produkte können solche Plattformen bei der Gestaltung der Produkteinführungsstrategie sehr hilfreich sein. Einige Produktbewertungsportale können gleichzeitig zur Marktforschung genutzt werden. Die deutsche Plattform Produki verknüpft Produktbeschreibungen mit Konsumententipps für Problemlösungen (vgl. **Abbildung 8.6**). Funktionen eines Produktes können einzeln von den Nutzern bewertet werden. Vor- und Nachteile eines Produktes werden dadurch deutlich. Durch eine Community können sich die Nutzer zusätzlich vernetzen und durch viele Bewertungen auch Preise gewinnen.

Abbildung 8.7: Produktbewertungen mit Social-Media-Marketing für Hersteller bei hollrr (Quelle: http://hollrr.com)

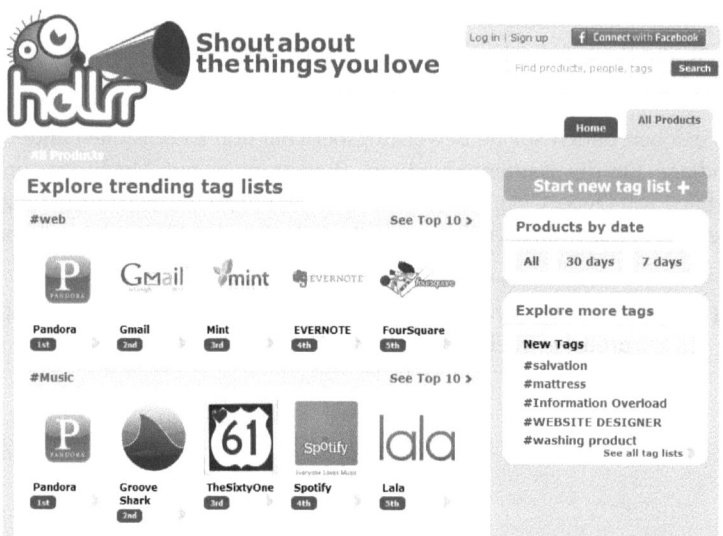

Die Plattform Hollrr kombiniert Produktbewertungen mit Social-Media-Marketing für Hersteller (vgl. **Abbildung 8.7**). Konsumenten können bei Hollrr Produkte, die ihnen gefallen, bewerten und beschreiben. Wenn das Produkt noch nicht bewertet wurde, nimmt Hollrr Kontakt zu dem Hersteller auf und bietet diesem eine Kooperation an. Über verschiedene Kanäle wie Twitter, Facebook, E-Mail, Widgets oder Blogs können die Nutzer dann dieses Produkt empfehlen und erhalten dafür Punkte auf der Hollrr-Plattform, die später in Belohnungen eingetauscht werden können.

Tabelle 8.1: Internet-Tools für die Produkteinführung

Produkttests unabhängiger Unternehmen

trnd (D) www.trnd.de	Portal für Crowdsourcing-Produkttests – Ca. 225.000 Mitglieder. – Referenzen: Henkel, L'Oréal, Procter & Gamble, Unilever. – Massive Marketingkampagne Ende 2010.

Weitere Anbieter	Hollrr (USA) Produktbewertungen mit Social-Media-Marketing für Hersteller http://hollrr.com Produki (D) Verbindung von Produktbeschreibungen und Konsumententipps http://www.produki.de

Vorab-Tests von Markenunternehmen

Procter & Gamble (USA) Tremor/Vocalpoint http://www.tremor.com http://www.vocalpoint.com	– Zielgruppe: Mütter/Frauen (Vocalpoint), Teens (Tremor), Start 2001. – Fokus: Wissenschaftlicher, kognitiver Ansatz. – Besonderheiten: Virale Komponenten, Trend-Umfragen. – Mitglieder: Ca. 500.000 Mütter, ca. 250.000 Teens.
Kraft First Taste (USA) http://www.kraftfirsttaste.com	– Zielgruppe: Mütter/Frauen, Start 2008. – Besonderheiten: Persönliche Homepage auf der Plattform, Vorstellung der aktivsten Mitglieder, Soziales Netzwerk. – Mitglieder: Ca. 500.000.
Weitere Unternehmen	General Mills Pssst (USA) http://pssst.generalmills.com Nivea für mich (D) http://www.nivea.de/fuermich

Mund-zu-Mund-Propaganda-Plattformen (Word-of-Mouth)

BzzAgent (USA) http://www.bzzagent.com	– Word-of-Mouth-Marketing and Media Network. – Mitglieder: Ca. 425.000.
Buzzer (NL) http://www.buzzer.biz	– Führende Word-of-Mouth-Marketing-Plattform in Europa, 2009 Start auch in Deutschland. – Referenzen: Heineken, GlaxoSmithKline, Maggi, Gillette, L`Oréal.

Weitere Anbieter	SheSpeaks (USA) Produkt-Community für Frauen http://www.shespeaks.com StartSampling (USA) Plattform für Coupons, kostenlose Test-Produkte http://www.startsampling.com UserVoice Feedback Community für Produkte http://uservoice.com

8.3 Crowdsourcing in Werbung und Marketing

Ähnlich wie im Designbereich nutzen auch im Werbe- und Marketingbereich zahlreiche Plattformen wie Tongal, Poptent oder GeniusRocket das Crowdsourcing-Prinzip, um kreative Ideen der Masse für das Marketing von Unternehmen einzusetzen. Oft gibt es dabei Überschneidungen zwischen den kreativen Bereichen. Bei GeniusRocket können neben Designentwürfen auch komplette Marketingideen, Werbekampagnen, Werbe- und TV-Videos, Rich-Media-Inhalte oder virale Kampagnen durch Nutzer entwickelt werden (vgl. **Abbildung 8.8**).

Abbildung 8.8: Crowdsourcing für Marketing-Kampagnen bei GeniusRocket
(Quelle: http://www.geniusrocket.com)

Durch ein „Curated Crowdsourcing"-Modell will sich GeniusRocket von Mitbewerbern absetzen. Alle Mitglieder werden gründlich geprüft und nach Erfahrungen und Fähigkeiten in verschiedensten Kategorien eingeordnet. Bei einer Kundenanfrage werden die Ausschreibungen nur an ausgewählte Mitglieder weitergeleitet, die im Gegensatz zu anderen Crowdsourcing-Plattformen für jeden Beitrag auch bezahlt werden. Unabhängig davon, ob der Kunde das fertige Produkt übernimmt. GeniusRocket will damit qualifiziertere Mitglieder anlocken als bei der Konkurrenz. In einem festgelegten, mehrstufigen Feedback-Prozess werden die Beiträge vom Genius-Team und vom Kunden begleitet: vom Konzept über das Storyboard und eine Beta-Version bis zum fertigen Produkt.

Pepsi beauftragte GeniusRocket mit der Erstellung eines viralen Videos für seine Marke Aquafina. Aus 29 eingereichten Konzepten wurden sieben ausgewählt, die dann von den Autoren auch umgesetzt wurden. Das erfolgreichste virale Video erzielte in 30 Tagen ca. 250.000 Zugriffe auf Social-Media-Plattformen [8.5].

Doch Pepsi nutzt nicht nur Crowdsourcing-Plattformen. Für seine Marke Doritos schuf der Konzern den „Crash the Super Bowl"-Wettbewerb (vgl. **Abbildung 8.9**). Dort können selbstgedrehte Doritos-Werbevideos eingesandt werden. Auf der Website werden bestimmte Standard-Elemente zur Verfügung gestellt, die in dem Video vorkommen müssen.

Abbildung 8.9: Crowdsourcing für Pepsi-Werbevideo zum Super Bowl (Quelle: http://www.crashthesuperbowl.com)

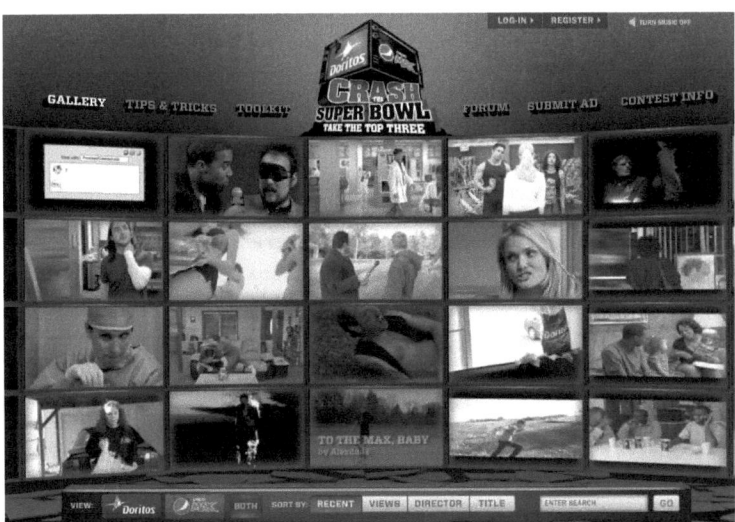

Jährlich wetteifern die großen Werbeagenturen beim Super Bowl-Finale um die besten Werbespots, die oftmals mit einem Millionenetat produziert werden. Die von den Zuschauern am besten bewerteten gelten als Auszeichnung in der Werbebranche. Doritos ist beim Super Bowl nun schon seit Jahren mit den von Amateuren gedrehten Videos am Start. Wenn ein Video sich in der Zuschauergunst gegen alle professionellen Werbespots durchsetzen kann, verspricht Doritos dem Produzenten eine Million US-Dollar als Belohnung. Beim Super Bowl 2009 musste Doritos zahlen: Zwei arbeitslose Brüder setzten sich mit ihrem selbstgedrehten Spot gegen die anderen 51 professionellen Kampagnen durch. Ihr Etat: 2.000 US-Dollar [8.6].

Tabelle 8.2:	Internet-Tools für die Produkteinführung: Multimedia-Werbemittel-Erstellung
GeniusRocket http://www.geniusrocket.com	– Fokus: Marketing- und Werbekampagnen, TV-Spots, Online Video Promotions, Rich Media Content. – Ca. 15.000 Mitglieder aus 175 Ländern. – Referenzen: Ca. 350 Projekte; Heinz, Sony, interbrand.
Weitere Anbieter	Tongal (USA) Video Content, Advertising http://tongal.com Poptent (USA) Video Content, Advertising http://www.poptent.net Wooshi (UK) Video Content, Rich Media http://wooshii.com OpenAd.net (USA) Advertising, Marketing http://www.openad.net Moviebakery (D/USA) Video Content, Advertsing http://www.moviebakery.com Zooppa (USA) Advertising http://zooppa.com Trawlix (D) Advertising http://www.trawlix.de

	BootB (USA) Design, Branding, Advertising, PR http://www.bootb.com

8.4 PR und Kommunikation im Internet

Am Ende des Innovationsprozesses, wenn ein fertiges Produkt oder ein neuer Service an den Start geht, kann eine gute PR-Arbeit entscheidend für den Bekanntheitsgrad und den Erfolg werden, gerade wenn das Budget sehr knapp bemessen ist.

Die Pressemitteilung hat im Internetzeitalter eine neue Bedeutung erhalten. Während die klassische Pressemitteilung sich nur an Journalisten richtete, können Online-Pressemitteilungen auf Presseportalen von jedem gelesen werden und richten sich an eine breitere Öffentlichkeit. Heute kann jeder seine eigene Pressemitteilung schreiben und sie über spezialisierte Plattformen wie PR Gateway veröffentlichen, kein aufwändiger Presseverteiler ist nötig (vgl. **Abbildung 8.10**). PR Gateway verteilt eine eingegangene Pressemitteilung automatisch an verschiedene kostenlose Presseportale, RSS-Nachrichtendienste und Social-Media-Portale und sorgt gleichzeitig für eine hohe Präsenz in Suchmaschinen.

Abbildung 8.10: PR Gateway: Online-Verteiler für Pressemitteilungen
(Quelle: http://www.pr-gateway.de)

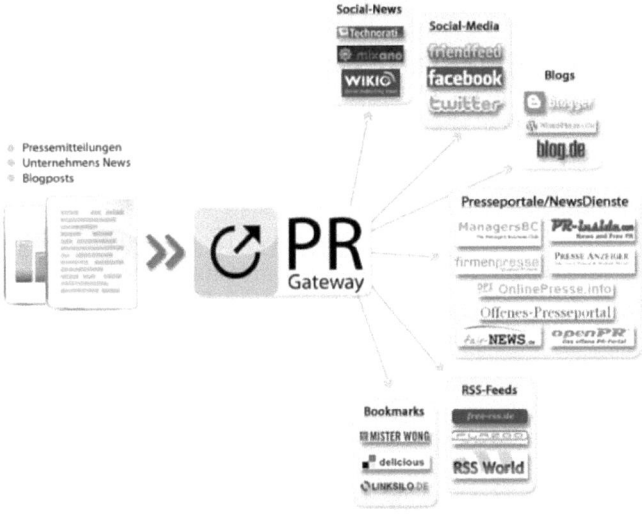

Doch neben Pressemitteilungen gewinnen auch Formen von Social Media in der PR-Arbeit an Bedeutung. Eine Social-Media-PR-Strategie setzt am veränderten Informationsverhalten von Konsumenten, aber auch von Journalisten an. Für viele Internet-Nutzer sind nicht mehr nur Tageszeitungen, Zeitschriften oder das Fernsehen entscheidend für ihre Meinungsbildung oder zur Informationsdeckung. Blogs, Foren, Facebook-Seiten oder Kunden-Rezensionen sind ebenso relevante Medien geworden, gerade auch für Journalisten, die auf der Suche nach einer guten Geschichte sind oder Recherchen durchführen. Social Media ist oft schneller und bietet ungefilterte Informationen, schützt aber nicht vor Lügen.

Genau hier setzt eine Social-Media-PR-Strategie an: Alle Plattformen sollten für die Produkteinführung genutzt werden. Für jedes Medium die passenden Inhalte: Produktvideos oder Anleitungen auf YouTube; aktuelle Informationen für Twitter und Facebook; Diskussionsbeiträge in Foren; Rezensionen auf Handelsseiten. Je unkonventioneller die Inhalte sind, desto höher sind die Chancen auf Aufmerksamkeit. Denn alles, was interessant für einen Konsumenten ist, wird schnell über soziale Plattformen weiterempfohlen. Ein Artikel in einem der führenden Blogs kann den Bekanntheitsgrad eines neuen Produktes enorm erhöhen.

Auch mit einem kleinen Budget kann so eine hohe Reichweite erzielt werden. Voraussetzung: interessante, kreative, humorvolle Inhalte. Wer nur seine klassischen Pressemitteilungen auf den Social-Media-Plattformen einstellt, der vergeudet damit Zeit und Ressourcen. Der Leser will ehrliche und auf ihn zugeschnittene Informationen erhalten.

Wenn ein Unternehmen auf den verschiedenen Social-Media-Plattformen aktiv ist, können Social Media Newsrooms all diese Aktivitäten auch auf einer Seite bündeln, offen und transparent. Anstelle eines üblichen, hierarchisch geordneten Presseportals, kann sich in einem Social Media Newsroom jeder Nutzer sein bevorzugtes Medium aussuchen. Ob Flickr-Fotos, YouTube-Videos, Blogs, Präsentationen, Links, Facebook-Seiten, Twitter-Meldungen, Aktionen oder Events. Per Nachrichten-Kanal kann der Nutzer seine gewünschten Informationen auch abonnieren. Nicht mehr die PR-Abteilung entscheidet, welche selektierte Information angeboten wird, sondern es werden Informationen in allen möglichen Medienformaten angeboten und der Kunde entscheidet sich für seine individuelle Auswahl.

Konzerne wie Ericsson, General Motors, Otto oder Coca-Cola (vgl. **Abbildung 8.11**) nutzen bereits Social Media Newsrooms, oft neben dem traditionellen Pressebereich.

Abbildung 8.11: Coca-Cola Newsroom für Bündelung aller Social-Media-Mitteilungen und Events (Quelle: http://newsroom.coca-cola-gmbh.de)

Eine ganz neue Form der Promotion von Unternehmen, Themen und neuen Produkten ist durch internetbasierte Präsentations-Plattformen entstanden. Dort kann jede Person Dokumente, Reports, klassische Präsentationen oder Pressemitteilungen aller Art der Öffentlichkeit präsentieren. Plattformen wie Slideshare, DocStoc oder Scribd erreichen Millionen Nutzer und sind ideale Instrumente zur Selbstdarstellung einer Firma oder von Produkten.

Die Plattformen ähneln sich in der Funktionalität: Die hochgeladenen Dokumente sind für jeden einsehbar und können bewertet werden. Nach einer Anmeldung können auch viele Dokumente heruntergeladen und auf dem eigenen Rechner gespeichert werden. Alle Dokumente sind auch über Suchmaschinen wie Google auffindbar und lassen sich auf fremden Webseiten und Blogs einbinden, wodurch eine breite Präsenz gesichert ist.

Die Plattform Slideshare konzentriert sich auf die Veröffentlichung von fertigen Präsentationen. Dort sind zu fast jedem Thema zum Teil sehr informative Powerpoints zu finden. Nicht nur ein ideales Selbstdarstellungsmedium, sondern auch eine der besten Recherche-Quellen im Internet, um sich schnell in ein Thema einzulesen.

Zahlreiche Firmen wie Pfizer, BASF, HP oder Svenska Cellulosa sind mit einem eigenen Slideshare-Channel auf der Plattform vertreten. Selbst die US-Regierung veröffentlicht Dokumente auf Slideshare (vgl. **Abbildung 8.12**).

Abbildung 8.12: Slideshare-Informationskanal des Weißen Hauses
(Quelle: http://www.slideshare.net/whitehouse/documents)

Tabelle 8.3: Internet-Tools für die Produkteinführung: Öffentliche Präsentations-Plattformen

Slideshare (USA) http://www.slideshare.net	Marktführer im Bereich Online-Präsentationen – Fokus: Präsentationen aller Art. – Besucher: Mehr als 45 Millionen monatlich. – Anzahl Präsentationen: Ca. 75 Millionen.
Scribd (USA) http://www.scribd.com	Marktführer im Bereich Social Publishing – Fokus: „YouTube für Dokumente", Dokumente aller Art. – Besucher: Mehr als 50 Millionen monatlich. – Anzahl Dokumente: Mehr als zehn Millionen.
Docstoc (USA) http://www.docstoc.com/	Marktplatz und Community für professionelle Dokumente – Fokus: Recht, Business, Finanzen, Technik, Bildung. – Besonderheiten: Zum Teil kostenpflichtige Dokumente: Möglichkeit zum Verkauf eigener Dokumente. – Anzahl Dokumente: Mehr als 23 Millionen.

8.5 Produkt-Monitoring – den Erfolg messen und analysieren mit Webtools

Konsumenten können auch durch die Beobachtung von Meinungsäußerungen im Internet indirekt in die Unternehmenskommunikation eingebunden werden. Schwerpunkte der meisten Monitoring-Projekte sind in der Regel allgemeine Aussagen zum Unternehmensbild, zum Image, zum Kundenservice. Was wird über ein Unternehmen berichtet?

Beim Monitoring von Internet-Foren, Social Media Communities oder Blogs erhält ein Unternehmen aber auch ein ungefiltertes Feedback von Kunden zu Schwächen und Stärken seiner Produkte. Diese Erkenntnisse können für die Weiterentwicklung der Produkte genutzt werden.

Unzählige Anbieter von Monitoring-Tools bieten in allen Preisklassen ein automatisiertes Scannen und Auswerten der riesigen Informationsmengen an, die täglich im Web 2.0-Umfeld anfallen. Große Anbieter wie Radian, Jive oder ethority geben den Kunden in Echtzeit das Feedback zu Marken-, Produkt- oder Firmennamen.

Für ein qualitatives Feedback zu neuen Innovationen sind solche Dienste nur bedingt zu gebrauchen, denn sie können automatisiert nur messen, ob eine Aussage eher positiv oder negativ ist. Die Gründe für solche Aussagen lassen sich jedoch nur schwer automatisiert filtern, das ist der Schwachpunkt solcher Tools. Wer nur wissen will, ob die Meinung zu einem Sachverhalt positiv oder negativ ist, für den haben diese automatisierten Tools einen großen Mehrwert. Wer aber die Gründe kennen will, der ist immer auch auf eine manuelle Analyse angewiesen.

Das Hauptproblem bei den Tools ist: Wie können die Daten analysiert werden? Bei populären Marken oder Produkten kommen schnell Tausende Einträge am Tag zusammen. Wie sind die Einzelaussagen zu bewerten? Umgangssprache oder Ironie entziehen sich jeder Kategorisierung.

Die beste, aber auch teuerste Methode ist sicherlich eine Kombination aus einer automatisierten Filterung nach Stichpunkten, kombiniert mit einer anschließenden manuellen Auswertung. Die britische Firma Wavemetrix bietet ein ausgefeiltes System, um spezielle Aktionen oder Produkteinführungen zu analysieren: Bei der Einführung von neuen Handymodellen werden z. B. alle Kommentare der Nutzer zu dem neuen Produkt gesammelt und anschließend von Analysten manuell zahlreichen Kategorien zugeordnet. Jede Funktionalität des neuen Handy-Modells wird zudem auf einer Skala von +2 bis –2 bewertet. Der Kunde erhält ein genaues Bild, welche Funktionalitäten gut sind und wo noch Nachholbedarf besteht. Durch ein Outsourcing-Modell der Analysten, die oft gut ausgebildet in Indien sitzen, wird der Service in zahlreichen Sprachen angeboten.

Solche Auswertungen sind aufwändig und nur für größere Firmen relevant. Alternativ können auch Social Media Dashboards genutzt werden, d. h. Plattformen, die Social Media News auf einer Seite bündeln. In Echtzeit kann auf Plattformen wie Netvibes oder Trackur das Social-Media-Feedback beobachtet werden. Einfach zu nutzen, automatisiert und kostengünstig, insbesondere für kleine Unternehmen.

Die Plattform Netvibes begann als RSS-Reader und entwickelte sich zu einem umfangreichen Social-Media-Dashboard-Tool (vgl. **Abbildung 8.13**). Netvibes ermöglicht nicht nur das Monitoring von Webseiten wie Facebook, LinkedIn, Twitter oder allgemeinen Internet-Seiten, sondern auch von Multimedia-Inhalten wie z. B. von YouTube oder Flickr. Durch eine Partnerschaft mit dem Mobilfunkunternehmen Orange werden auch Dienste für die mobile Nutzung angeboten.

Abbildung 8.13: Social Media Dashboard für iPhone 4-News bei Netvibes
(Quelle: http://www.netvibes.com)

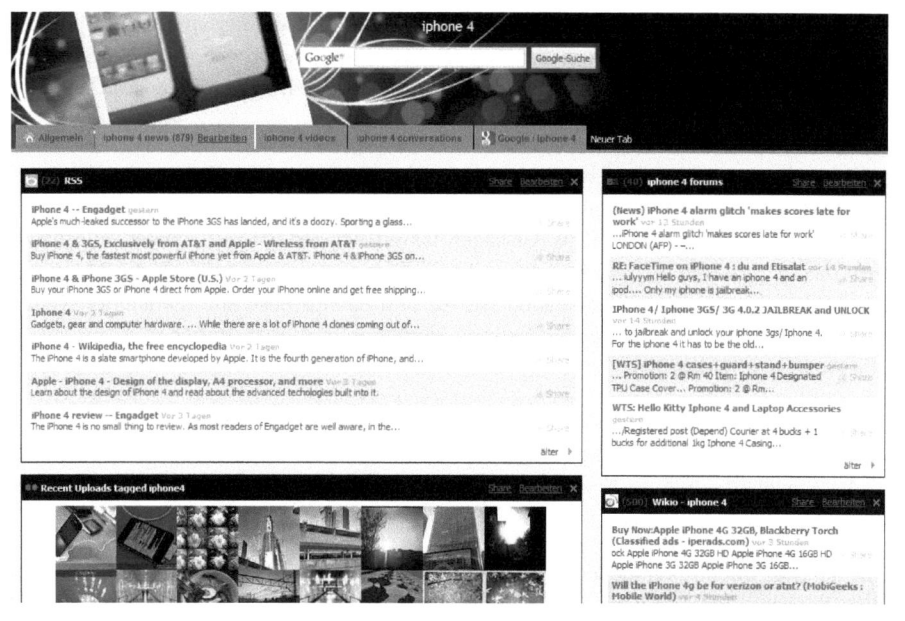

Die Plattform HootSuite ermöglicht zusätzlich zum Social-Media-Monitoring und Management der eigenen Social-Media-Accounts auch eine Kollaboration mit anderen Nutzern. In eine andere Richtung geht die Plattform „Jungle Torch": Sie verknüpft in einer Oberfläche das Social-Media-Monitoring fremder Inhalte mit Tools für die Suchmaschinenoptimierung eigener Inhalte.

Für den Einstieg können aber auch einfache Gratis-Tools zum Monitoring der Kundenmeinung genutzt werden. Kostenlose Tools wie die Google-Blogsuche, Technorati oder Icerocket liefern ständig neue Ergebnisse zu den relevanten Stichwörtern, die beobachtet werden sollen.

Wer nicht nur beobachten, sondern auch beeinflussen möchte, der kann Tools wie eCairn Conversation nutzen. Zusätzlich zum Monitoring erhält der Nutzer visuelle Übersichten und Rankings der wichtigsten Social-Media-Beeinflusser und deren Verbindungen. Die Firma Adobe hat mit diesem Tool z. B. 463 der für sie wichtigsten Blogger identifiziert und beobachtet nun in erster Linie diese Blogs – und kann bei Bedarf Kontakt zu den wichtigsten Beeinflussern aufnehmen [8.7].

Tabelle 8.4: Internet-Tools für die Produkteinführung

Social-Media-Monitoring

Anbieter	Wavemetrix (UK) http://www.wavemetrix.com Ethority (D) http://www.ethority.de Radian (CAN) http://www.radian6.com Jive (USA) http://www.jivesoftware.com Visible Technologies (USA) http://www.visibletechnologies.com eCairn (USA) http://ecairn.com

Social Media Dashboards/Newsreader

Anbieter	HootSuite One (USA) http://hootsuite.com Netvibes (USA) http://www.netvibes.com JungleTorch (USA) http://www.jungletorch.com Trackur (USA) http://www.trackur.com

Einfache Gratis-Tools	
Anbieter	Google Reader (USA) News-Reader http://www.google.com/reader Bloglines (USA) News-Reader http://www.bloglines.com Google Blog Suche (USA) Blog-Suche http://blogsearch.google.de Icerocket (USA) Blog-Suche http://www.icerocket.com Technorati (USA) Blog-Suche http://technorati.com

9 Zusammenfassung und Ausblick

Kapitelübersicht

Zusammenfassend kann festgestellt werden, dass ein modernes Inkubationsmanagement offen gestaltet sein muss für Mitarbeiter, Kunden, Lieferanten, Partner und Investoren und dass dies durch zahlreiche neue Internet-Tools unterstützt werden kann. Aber auch der Einsatz der neuen Internet-Tools ist nicht kostenlos. Selbst wenn die Tools gratis angeboten werden, bedeutet ihre Nutzung Zeitaufwand und die Bindung weiterer Ressourcen. Die neuen Internet-Tools erfordern außerdem eine moderne IT-Infrastruktur („Cloud Computing") und eine offene Unternehmenskultur.

Innovation, Business-Inkubation und die kontinuierliche Anpassung an neue Marktbedingungen müssen die dauerhaft vorgelebte Maxime des Managements sein, egal ob von Start-ups oder von Großkonzernen. Dabei hat die sinnvolle Nutzung neuer Internet-Tools ihre Grenzen. Die Tools können niemals die persönliche Zusammenarbeit der Mitarbeiter und die Gespräche mit Kunden, Lieferanten, Partnern und Investoren ersetzen, ebenso wenig die Vision und das unternehmerische Gespür eines Firmenlenkers. Auch die weitere Zukunft kann mit keinem der Tools auch nur annäherungsweise verlässlich vorhergesagt werden. Die neuen Tools können die Zukunftsplanung jedoch um gute Systematiken, neue Einsichten und kreative Impulse anreichern.

9.1 Voraussetzungen für ein erfolgreiches Inkubationsmanagement

Der japanische Manager Masakazu Kongo tat im Jahr 2006 etwas, was nie zuvor ein Firmenchef auf der Welt getan hatte: Er musste Insolvenz anmelden für seine eintausendvierhundertachtundzwanzig (1428) Jahre alte, familieneigene Baufirma Kongo Gumi, das älteste ununterbrochen existierende Unternehmen der Welt mit einem Jahresumsatz von ca. 59 Millionen Euro in 2004 [9.1].

Jahrhundertelang fand dieses Unternehmen im buddhistischen Tempelbau eine stabile Nische, die sie ohne große Innovationen bedienen konnte. Doch in der 40. Generation leiteten Fehlspekulationen am überhitzten japanischen Immobilienmarkt der 80er Jahre den Untergang der Firma ein. Letztlich ausschlaggebend für die Insolvenz waren jedoch in erster Linie die sich ändernden Gewohnheiten der Japaner: Mit dem Erlahmen des Interesses an Religion nahmen auch die Spenden für den Tempelbau zu Beginn des neuen Jahrtausends rapide ab und damit die Nachfrage nach Tempelbauten. Die Firma hatte keine Antworten auf die sich ändernden Marktverhältnisse und Trends.

Dies ist sicherlich ein ungewöhnliches Beispiel, wie eine Firma ohne jegliche Innovationen jahrhundertelang gut leben kann, aber eben auch nicht für immer. Denn irgendwann erfasst die Veränderung der Märkte jedes Unternehmen. Innovationen sind in einer sich immer schneller wandelnden Welt unbedingt erforderlich, um sich neuen Kundenbedürfnissen und Marktbedingungen anpassen zu können.

Das Unternehmen Prym aus Stolberg bei Aachen zeigt, wie sich eine Firma auch in einer konkurrenzreichen Branche über eine lange Zeit behaupten kann. Im Jahr 1530 gegründet, ist die Firma mittlerweile in ihrer Größenklasse mit 290 Millionen Euro Jahresumsatz (2009) das älteste industrielle Familienunternehmen der Welt [9.2, 9.3]. Erst im 19. Jahrhundert entwickelte sich die Firma zu einem größeren Unternehmen für die Produktion von Fertigwaren aus Messing, Eisen und Stahl. Der große Durchbruch gelang Prym mit einer unscheinbaren, aber durchschlagenden Innovation, dem Druckknopf. Auch heute ist Prym im Bereich Kurzwaren führend, aber nicht nur dort, denn durch ständige Innovationen hat das Unternehmen bis heute die Bandbreite der Produkte enorm ausgeweitet: von den Kurzwaren bis zum elektromechanischen Bauteil. Einzige Bedingung für jede Neuerung: Die Kleinteile müssen aus Metall sein. Die Firma Prym führt den Erfolg auf ihre gewachsene Firmenkultur zurück, die Innovationen fördert und durch flache Hierarchien und kurze Wege für eine schnelle Umsetzung sorgt. Doch in vielen Firmen fehlt eine solch gewachsene Innovationskultur, sie muss erst langsam entwickelt werden und dabei kann der gezielte Einsatz von nützlichen Internet-Tools helfen.

Der Aufbau eines Inkubationsmanagements (Ideen-/Innovationsmanagement plus Geschäftsaufbau) ist ein spezielles Feld der Unternehmensentwicklung, das sich mit dem Unfassbaren, dem Ungewissen beschäftigt: Trends, Ideen, Konzepte und der Aufbau potenzieller neuer Geschäftsfelder. Keiner weiß wirklich und kann garantieren, dass aus einer Idee wirklich ein Erfolg wird. Doch ein kulturell verankertes und professionelles Inkubationsmanagement kann einem Unternehmen eine Auswahl von Methoden, Tools und Erfahrungswerten an die Hand geben, um eine eigene Innovationsstrategie erfolgreich umzusetzen.

Die in diesem Buch vorgestellten Internet-Tools entlang des Inkubationsprozesses können einzelne Phasen und Teilaspekte für eine bessere Kollaboration öffnen, für einen breiteren Ideenfluss und eine engere Vernetzung nach innen und nach außen. Aber nicht alle Tools sind für jeden geeignet. Ein Innovationsmanager sollte jedoch einen guten Überblick über alle Tools haben und die jeweiligen Funktionsweisen kennen, um dann individuell das richtige „Set" für sein Unternehmen und seine Projekte auswählen zu können.

Die vorgestellten Internet-Tools sind dabei immer nur unterstützende Arbeitsmittel, wirklich nicht mehr als Werkzeuge. Sie können in Unternehmen nur dann ihre volle Wirkung erzielen, wenn eine unterstützende Innovations- und Kollaborationskultur bereits besteht. Aber bereits durch die Einführung und Nutzung einzelner, ausgewählter Tools kann das Interesse der Kollegen geweckt und der Weg in diese Richtung eingeschlagen werden, als Einstieg in eine bessere Kollaboration.

Viele Probleme im Inkubationsmanagement entstehen bereits im Vorfeld durch eine ungenügende Auseinandersetzung mit eigentlich banalen Fragen zum Verständnis, Sinn und Zweck von „Innovation" für ein Unternehmen.

Traditionell ist der Innovationsprozess einseitig ausgerichtet auf die „Lösung eines Problems" und weniger auf die „Erschaffung von etwas Neuem": Eine Firma definiert Probleme, deren Lösung eine neue, kommerziell verwertbare Erfindung hervorbringen soll. In erster Linie entstehen dabei leicht veränderte Produkte, die sich an bestehenden Produkten orientieren und deren Schwachstellen verbessern. Wirklich radikal neue Ideen, die ein großes Marktpotenzial versprechen, gehen in solchen Prozessen meistens unter. Die Nachfrage nach einem neuartigen Angebot ist zu ungewiss und das Risiko des Scheiterns zu hoch. Die meisten Unternehmen gehen dann lieber den sicheren Weg, wie die vielen Mitbewerber auch – es entsteht ein „Wettrüsten" mit Produktverbesserungen.

Doch schon eine Änderung der Perspektive kann ganz neue Ansätze für Produkte und Geschäftsmodelle bieten, die nicht mehr durch die Sicht der Entwickler begrenzt sind. Dafür müssen zukünftige Entwicklungsfelder definiert werden: Wie ändert sich das allgemeine Kundenverhalten, welche Auswirkungen haben Makro- und Mikrotrends auf die Tätigkeit eines Unternehmens? Daraus können neue Innovationsfelder abgeleitet werden, die über die Weiterentwicklung bestehender Produkte hinausgehen.

Ein professionelles Inkubationsmanagement setzt dabei ganz am Anfang an. Es hilft bei der Definition der Innovationsziele: Was sind genau Innovationen für unser Unternehmen? Verstehen alle dasselbe darunter? Und was soll mit Innovationen eigentlich bewirkt werden? Diese Aspekte müssen im ersten Schritt klar definiert werden, damit alle Anstrengungen in die gleiche Richtung zielen. Zur Anregung der erforderlichen Diskussionen ist ein Punkt besonders wichtig: Innovation muss greifbarer werden, Innovation muss exemplarisch verstanden werden. Hierbei helfen Simulationen, Prototypen und Mock-ups von Produkt- und Geschäftskonzepten aus dem eigenen Hause oder von Dritten, aber auch die Visualisierung von Markttrends, Konsumentenverhalten und Wettbewerberaktivitäten.

Auf dieser Basis kann eine darauf aufbauende Innovationskultur entwickelt werden. Innovationsmanager im Unternehmen können mit Unterstützung des Managements den Mitarbeitern die Vorteile und die Veränderungen einer offeneren Innovationskultur aufzeigen und dafür exemplarisch sorgfältig ausgewählte Internet-Tools vorstellen. Wie kann jeder mitwirken und was hat er davon? Wie sind die Hierarchien davon betroffen und die Stellung des Einzelnen? Was passiert, wenn der Innovationsprozess einmal losgetreten ist? Wie sollen Ideen umgesetzt und am Markt eingeführt werden?

Zu diesen Fragen gehört auch ein ehrlicher „Reality Check": Hat ein Unternehmen überhaupt die erforderlichen Ressourcen und eine entsprechende Unternehmenskultur, insbesondere das Durchhaltevermögen, um als First Mover radikale Ideen zu entwickeln, zu testen, zu modifizieren und dann auch exzellent umzusetzen? Oder liegt der Schwerpunkt eher im Bereich von eigenen Produktverbesserungen oder dem Nachahmen von Innovationen anderer als Smart Follower?

Wie können die geeigneten Mitarbeiter für Innovationsprojekte im eigenen Unternehmen ausfindig gemacht und zumindest teilweise dafür freigestellt werden? Und wie kann Wissen von außen eingebunden werden? Welche langfristigen Strategieoptionen ergeben sich eigentlich im Erfolgsfall mit einer neuen Geschäftsmodell- oder Produktidee? Und ist man wirklich gewillt, einen solchen Weg einzuschlagen und durchzuhalten?

Diese zentralen Fragen müssen vorab geklärt und Antworten klar formuliert werden. Sie dürfen auf gar keinen Fall durch die kurzfristige, oberflächliche Begeisterung für „Innovation", wie sie in Unternehmen in regelmäßigen Zyklen immer wieder auftritt, übersehen werden. Besonders in großen Unternehmen mit mehreren Hierarchieebenen müssen beim Aufbau eines nachhaltigen Inkubationsmanagements erforderliche Prozess-Änderungen und Erweiterungen festgelegt werden, insbesondere dann, wenn externes Wissen eingebunden werden soll.

Der Konsumgüterkonzern Procter & Gamble ist dabei ein Vorreiter. Der Konzernchef A. G. Lafley verkündete 2010 die Zielrichtung: 50 Prozent der neuentwickelten Produkte sollen mit Hilfe von fremdem Wissen entwickelt werden [9.4]. Dafür hat der Konzern seine Innovationsziele unter dem Motto „Connect & Develop" klar definiert und nutzt gezielt verschiedene Ideen-Plattformen, um gemeinsam mit Partnern, Lieferanten und Kunden neue Produkte zu entwickeln.

Neben diesem strategischen Innovationsmanagement spielt die konkrete organisatorische Umsetzung im Unternehmen mit Partnern eine entscheidende Rolle. Träger und Treiber der Innovationskultur ist in der Regel eine eigenständige, aber „durchlässige" Innovationsabteilung, die koordinierend im Unternehmen wirken soll. Im Idealfall sind dort Mitarbeiter aus allen Abteilungen (Entwicklung, Marketing, Vertrieb, Finanzen, Techniker) vertreten, um bereits im Vorfeld Ideen aus unterschiedlichsten Blickwinkeln beurteilen zu können. Unersetzlich sind dabei zusätzliche Anregungen und Ideen von anderen Mitarbeitern, externen Partnern oder Kunden. Solch eine Innovationsabteilung kann ein Katalysator sein, eine Anlaufstelle für alle Mitarbeiter, die eigene Ideen verwirklichen wollen und ihre Anregungen zum Wohle der Firma einbringen.

Die Implementierung einer besseren Innovationskultur hat also viele wichtige Determinanten, doch eine Voraussetzung ist absolut unabdingbar für das Gelingen: die kontinuierliche Unterstützung durch das Top-Management. Ohne sie bleiben viele Innovationsprogramme nur Spielwiesen, die bei Bedarf schnell wieder eingestampft werden können. Eine Innovationskultur muss im Unternehmen gelebt werden, auf allen Ebenen. Nötig sind unabhängige Visionäre und gestandene Macher, die eine klare Vorstellung von Inkubationsmanagement haben.

Speziell das Thema Business-Inkubation, d. h. der unternehmerische Aufbau eines neuen Geschäftsfelds mit Pilotentwicklung, Team- und Organisationsaufbau sowie Produkteinführung am Markt ist für viele Unternehmen Neuland oder entsprechende Erfahrungen liegen Jahre zurück. Es gilt, eine Vielfalt an Realisierungsoptionen gegeneinander abzuwägen und selektiv zu kombinieren: Eigenständige, aber weiterhin interne Geschäftseinheit? Spin-off? Joint Venture mit einem Partner? Temporäre „Task Force" zum Ausbau einer bestehenden Geschäftseinheit? Unterstützung durch ein gezielt aufgebautes Partnernetzwerk? Einkauf, eigene Entwicklung oder Partnerschaften für fehlende Kompetenzen und Ressourcen? Oder gezielte Akquisition und Integration passender kleiner Unternehmen?

Die Beantwortung dieser Fragestellungen wird bestimmt durch das neue Innovationsfeld mit Chancen und Risiken am Markt einerseits und das individuelle Unternehmen mit seinen Stärken und Schwächen andererseits.

Ein herausragender Visionär in Sachen Inkubationsmanagement ist Vineet Nayar. Er ist ein Manager, der seine Visionen in dem indischen IT-Servicedienstleister HCL Technologies umsetzen konnte, dank der Rückendeckung des Konzernbesitzers, des indischen Milliardärs Shiv Nadar [9.5].

Nayar begann 2005 als Konzernchef, von oben herab die Managementpraxis und die Unternehmenskultur komplett umzustellen. Nicht der Kunde steht an erster Stelle, sondern der Mitarbeiter. Nayar betont die Notwendigkeit von hoch motivierten und eigenständigen Mitarbeitern, denn diese treten mit den Kunden in Kontakt und bestimmen das Außenbild der Firma. Nicht die oberen Manager schaffen den Mehrwert, sondern die Mitarbeiter im direkten Austausch mit den Kunden.

Durch die bestehenden, verknöcherten Hierarchien in der Firma konnten besonders die jungen, mit dem Internet aufgewachsenen Mitarbeiter ihr Potenzial nicht ausschöpfen. Sie wünschten sich flache Hierarchien und Kollaboration. Neue Internet-Tools förderten das Vertrauen der Mitarbeiter in den Kurswechsel. Einfache Widgets gaben jedem Mitarbeiter einen detaillierten Überblick über die Kennzahlen aller Abteilungen. Transparenz für jeden, aber auch Aufdeckung und Ansporn für schlechte Teams. Mit einem Rating-System kann jeder Mitarbeiter jeden Manager, mit dem er beruflich in Kontakt tritt, auf einem Online-Tool anonym bewerten. Jeder, der eine Bewertung zu einem bestimmten Manager abgegeben hat, kann auch die Bewertungen anderer Mitarbeiter einsehen. Die Unternehmensleitung erhält auf diese Weise ein sehr genaues Bild über die Leistungen ihres Managements und die Befindlichkeiten ihrer Mitarbeiter.

Durch ein Ticket-System wurden die internen Abteilungen auf einen guten Service gegenüber den eigenen Mitarbeitern getrimmt. Wenn ein Ticket für ein Problem nicht innerhalb von 24 Stunden gelöscht wird, dann eskaliert der Fall sofort in die nächste Stufe. Der Clou daran: Das Ticket kann nur vom Antragsteller selbst gelöscht werden, wenn das Problem adäquat gelöst wurde. Auch die Vernetzung eines Managers innerhalb der Firma für die gemeinsame Lösung von Problemen wird dadurch gut sichtbar.

Das firmeninterne Online-Forum U&I ermuntert die Mitarbeiter zu einem offenen Austausch und dient auch als Warnsystem für aufkommende Problemfälle. Jeder kann Kritik üben oder Anregungen geben, die dann kritisch diskutiert werden. Der Konzernchef fordert selber in der Rubrik „My Problems" regelmäßig Feedback von seinen Mitarbeitern ein. Auch zu strategischen Fragen.

Jährlich musste der Konzernchef Hunderte Geschäftspläne der verschiedenen Abteilungen bewerten und strategisch einordnen, oft ohne das dafür notwendige tiefere Wissen. Seit 2009 wurde das internetbasierte MyBlueprint-Portal eingeführt, um die Mitarbeiter in diesen Prozess einzubinden. 300 Manager stellten die Geschäftsplanungen ihrer Abteilungen nicht nur online ein, sondern präsentierten diese auch mit Video- und Audiobeiträgen.

Über 8.000 Mitarbeiter durften sich an der Bewertung beteiligen. Viele der Geschäftspläne konnten durch den Rat von Mitarbeitern verbessert werden und es wurden passende Ansatzpunkte für die Kollaboration verschiedener Abteilungen geschaffen.

Einen besonderen Stellenwert für das Innovationsmanagement nehmen 32 themenspezifische Online-Communities ein, die Kernthemen für die strategische Ausrichtung und neue Innovationsfelder abdecken – eine Potenzialanalyse für viele Themen durch die Masse. Wenn die entsprechende Community einen Konsens für eine vielversprechende Innovation oder ein neues Geschäftsfeld gefunden hat, wird die Idee an das Management zur Umsetzung weitergeleitet. Mittlerweile stammen 20 Prozent des Firmenumsatzes aus solchen Initiativen.

Das Ergebnis kann sich sehen lassen: Von 2005 bis 2009 konnte die Firma ihren Jahresumsatz auf 2,6 Milliarden US-Dollar verdreifachen. Die Mitarbeiterzufriedenheit stieg um 70 Prozent und bei Umfragen belegt HCL Technologies den ersten Rang als beliebtester Arbeitgeber. Doch auch die Kunden bewerten die Firma regelmäßig als einen der besten IT-Dienstleister der Welt.

Ein vielversprechendes Beispiel dafür, wie sich auch große Unternehmen verändern können, wenn die Veränderungen von der Firmenspitze betrieben oder mindestens dauerhaft unterstützt werden. Und wie Crowdsourcing, Kollaboration und damit verbundene neue Arbeitsweisen und Werkzeuge einem verbesserten Inkubationsmanagement dienen.

9.2   Die Zukunft liegt hinter'm Horizont

In Zukunft werden viele weitere Firmen massiv in ein professionelles und nachhaltiges Inkubationsmanagement investieren, um schneller auf Makrotrends wie Globalisierung, neue Arbeitswelten oder die zunehmende Marktdynamik reagieren zu können. Welche Ausprägungen diese Makrotrends in der Zukunft ganz konkret haben werden, lässt sich jedoch nicht wirklich für die nächsten zehn Jahre vorhersagen.

Eine Projektion der zukünftigen Trends spiegelt meistens auch den Zeitgeist wider: Der berühmteste Futurologe des 20. Jahrhunderts, Hermann Kahn, prognostizierte im Technologieboom der 60er Jahre für das Jahr 2000 alle möglichen Weltraumentwicklungen, die eher im Bereich Science-Fiction angesiedelt waren [9.6]. Sich bereits entwickelnde Technologien wie die Gentechnologie, das bald entstehende Internet oder das Mobilfunkzeitalter ist bei Kahn überhaupt nicht zu finden.

Auch Olaf Helmer, Pionier der Delphi-Methode, mit der viele Fachleute aus verschiedenen Bereichen versuchen, Trends für die Zukunft abzuleiten, prognostizierte noch in der 70er und 80er Jahren für das Jahr 2000 allerlei Nutzungsszenarien für Roboter im Haushalt, Untersee-Minen, permanente Mond-Kolonien oder Fusionsreaktoren [9.7]. Doch auch hier wurden Basisinnovationen in den Bereichen Biotechnik und IT nicht adäquat berücksichtigt.

Die Zukunft liegt hinter dem für uns noch sichtbaren Horizont, auch im übertragenen Sinne. Was wir gerade noch an Neuem und Unerwarteten sehen können, kann hinter dem Horizont bereits wieder verschwunden sein und andere, heute noch unbekannte Ideen und Innovationen treten stattdessen auf den Plan. Niemand hat im Jahr 2000 die heutige Revolution unseres Wirtschafts- und Gesellschaftsleben durch zwei Internetfirmen – Google und Facebook – vorhergesehen.

Aber sogar eine der wichtigsten Innovationen der letzten Dekaden, bei der es nicht um kleine Datenpakete, sondern um große, rechteckige Behälter geht, wird noch heute von den meisten Menschen nicht bewusst wahrgenommen.

Knapp 1.000 Kilometer von Hermann Kahns Hudson-Institut entfernt im Bundesstaat New York entwickelte Malcolm McLean, ein Speditionsunternehmer aus North Carolina, eine Vision, die ähnlich wie das Internet grundlegende Auswirkungen auf alle möglichen Branchen und Lebensbereiche hatte. Doch McLean war nicht nur ein Visionär, er setzte seine Vision auch um. Verärgert über ständige Wartezeiten bei der Verladung von Waren, entwickelte er die Idee eines standardisierten Transports, basierend auf einem bereits lange genutzten Transportbehälter, dem Container [9.8]. Dieser große, rechteckige Behälter veränderte die Welt grundlegend.

Nichts deutete bei McLeans Start im Jahr 1956 darauf hin, dass 50 Jahre später seine Vision in der ganzen Welt in jedem Winkel umgesetzt sein würde: ein hoch automatisiertes System, für den Transport von Gütern aller Art von jedem Ort zu einem anderen Ort mit möglichst wenigen Transportunterbrechungen zu geringen Kosten.

Nicht der bereits länger existierende Container als solcher veränderte die Welt, sondern das lückenlose Transportsystem auf Basis des Containers in Kombination mit Computer- und Internettechnologien ermöglichte die heutige globale Just-in-Time-Lieferung und legte damit die Basis für die immer schneller fortschreitende Globalisierung der Warenströme.

Bereits in den 20er Jahren nutzten Reeder Container zum Transport von Waren, doch erst der Spediteur McLean kam auf den Gedanken, standardisierte Container per Lkw direkt auf eigens konstruierte Containerschiffe in speziellen Häfen zu transportieren – eine völlig neue Art des Güterumschlags.

McLean musste viele Widerstände von allen Seiten überwinden, um den ersten Containerport in Kooperation mit der New Yorker Hafenbehörde in Newark/New Jersey zu verwirklichen. Seine Vision war riskant und erforderte die Errichtung einer neuen Infrastruktur: Schiffe, Häfen, Kräne, Lagerkapazitäten, Lastwagen und Züge, alles musste an das neue, standardisierte Containerkonzept angepasst werden.

Auch andere Pioniere versuchten ähnliche Logistiksysteme aufzubauen. Die meisten scheiterten und auch McLean, der seine Spedition verkaufte und sich ganz auf den Schiffstransport konzentrierte, musste zunächst Millionen US-Dollar Verluste durch die hohen Anfangsinvestitionen hinnehmen. Seinen großen Durchbruch erlebte McLean durch den Vietnamkrieg, als er mit seinen Containerschiffen, die mit Kränen bestückt waren, große Logistikprobleme der Militärs lösen konnte.

Einer der ersten Profiteure der beginnenden globalen Containerwirtschaft war Puerto Rico, ein karibisches Außengebiet der USA: Sinkende Transportkosten ermöglichten die Produktionsauslagerung aus den USA. Doch noch ein weiterer Durchbruch war nötig, damit die vollen Kostenvorteile des Containertransportes zum Tragen kamen. Die größten Kosten entstanden nicht durch den Transport über die Meere, sondern durch die Ladekosten. Erst durch die lückenlose Verknüpfung der Transportträger Schiff, Eisenbahn und Lkw konnten Waren mit Containern aus der Fabrik ohne Umladen direkt zum Kunden geliefert werden.

Die Auswirkungen durch die sich in den 70er Jahren in breitem Maßstab durchsetzende Containerwirtschaft waren enorm: In vielen Branchen sind mittlerweile die Transportkosten durch gigantische Containerschiffe nebensächlich geworden. Millionen Hafen- und Fabrikarbeiter wurden arbeitslos und alte Hafenstädte verloren ihre Bedeutung, wenn sie nicht große Containerhäfen errichteten. Die ganze Produktionslandschaft veränderte sich, denn die Nähe zu den Zielmärkten und den städtischen Gebieten verlor stark an Bedeutung, die neuen Fabriken konnten nun auch in Übersee produzieren. Unterentwickelte Länder konnten ihre Standort- bzw. Kostenvorteile nutzen und zu wichtigen Produktionsländern aufsteigen. Plötzlich saß die Konkurrenz nicht mehr nebenan, sie globalisierte sich.

Niemand hat diese gravierenden Auswirkungen in den 60er Jahren in dieser Form vorhergesagt. Zukünftige Weltraumkolonien schienen vielen Forschern damals greifbarer und wahrscheinlicher. Es herrscht insgesamt kein Mangel an Prognosen und einige wenige stellen sich später auch als die richtigen heraus. Nur welche werden es sein? – Der gute Prophet wird immer erst im Rückblick erkannt.

Das kleine Start-up Recorded Future aus Boston verspricht vollmundig, zuverlässige Prognosen automatisch durch ihre spezielle Software erstellen zu können: Mit linguistischen Methoden soll durch intelligente Sammlung und Filterung von bestehenden Informationen die Wahrscheinlichkeit für Ereignisse und Trends vorhergesagt werden. Die Software scannt Informationsquellen wie Nachrichtenseiten, Blogs, Fachmedien, offizielle Seiten oder Finanzdatenbanken und misst letztlich das generelle Empfinden über Ereignisse, Personen, Firmen oder Produkte. Durch visuelle Darstellungen sollen die Kunden verdeckte Verbindungen zwischen Trends aufspüren und neue Megatrends identifizieren können (vgl. **Abbildung 9.1**).

Recorded Future vermarktet die Software für die Konkurrenzbeobachtung, zum Brand Monitoring oder zur Beobachtung von neuen Produkten. Die mathematische Methode und die genaue Funktionsweise werden nicht kommuniziert, sie ist geheim. Geheim sind auch die Investoren: Neben Google ist eine Firma der CIA als Investor eingestiegen [9.9]. Das Interesse der CIA mag die Firma vielleicht befriedigen, doch ein Allzweckmittel ist auch dieses Tool sicherlich nicht.

Abbildung 9.1: Scannen, Verknüpfen und Visualisieren von News und Trends mit Recorded Future (Quelle: https://www.recordedfuture.com)

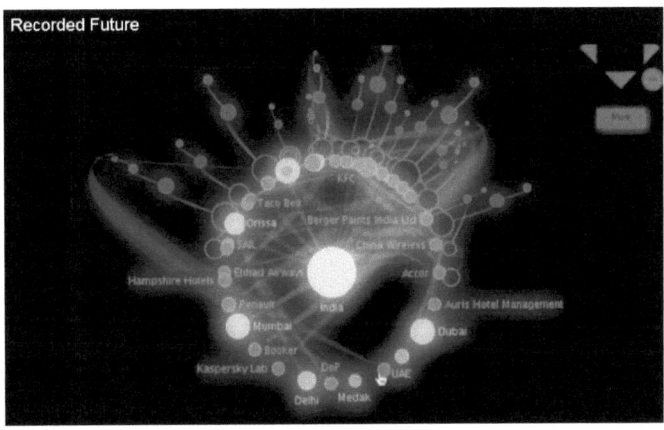

Welche Vorhersagen auch immer auf dem Markt kursieren, der Inkubationsprozess wird auch im Jahr 2020 im Kern nicht anders ablaufen als heute. Die Phasen und Methoden bleiben gleich. Doch die allgemeinen Entwicklungen zu einer Wissensgesellschaft, zu einer stärkeren Projektwirtschaft und die höhere Bedeutung von Kollaboration werden die bereits bestehenden Ansätze eines internetbasierten und kollaborativen Inkubationsmanagements weiter verstärken. Und bei aller bestehenden Unsicherheit über die Zukunft darf sich kein Innovationsmanager und Inkubator bei der Verwirklichung einer bahnbrechenden Innovation vom begrenzten Horizont gegenläufiger Marktstudien, Trendanalysen und Kollegenmeinungen abhalten lassen.

Alan Kay, einer der Pioniere der objektorientierten Programmierung und der Gestaltung von Bedienoberflächen, hat es treffend formuliert [9.10]:

„The best way to predict the future is to invent it."

10 Anhang

10.1 Potenzialkriterien für Internet-Start-ups

Machbarkeit – kann die Idee in ein tragbares Geschäftskonzept übersetzt werden?

Kundenbedürfnisse und Ansprache

- Genau definierte Zielgruppe, einfacher und direkter Kundenzugang (z. B. über Spezialmagazine, Suchwortmarketing, Direct Mailings etc.)
- Nachgewiesene Kundenbedürfnisse und Präferenzen sowie erforderliches Kundenverhalten und exakte Adressierung („Context is King") mit der Geschäfts-/ Produktidee, ausreichendes Nachfragevolumen (Anzahl der Nutzer, Häufigkeit der Nutzung) erkennbar
- Möglichkeit für aussagekräftige, reproduzierbare, wirklichkeitsnahe Produkttests z. B. mit Hilfe eines Website-Mock-ups („Testing before Investing")
- Realisierbarkeit einer optimalen Verkaufsstrategie (Relevanz und Anwendungsbereiche erläutern, Wertigkeit und Nutzen erklären, mehrere Produktvarianten anbieten, Preisspanne über Varianten erklären und damit absoluten Preis verankern, Referenzen („Testimonials") anderer Kunden präsentieren, emotionalen Wert erklären, Rabatt/Garantien/Zertifikate anbieten, ggf. kostenlose Extras wie Verpackung, Komfortversand etc. anbieten)

Produkt und Realisierung

- Idealerweise digitalisierbares Produkt für Nischenmarkt
- Idealerweise „Bratwurst"-Produkt, das jeder sofort begreift, erklärbar in einem Satz; alle Fragen zum Angebot sind zu 100 Prozent beantwortbar in einer FAQ-Liste
- Technische Machbarkeit des Produkts/der Dienstleistungsbereitstellung (keine vollständige Neuentwicklung, möglichst Nutzung und Integration vorhandener Komponenten)
- Erzielung einer ausreichend guten Produktreife, mit möglichst einfacher und sicherer Handhabung für Kunden („User Experience"); deutliche Überlegenheit gegenüber ähnlichen Produkten/Lösungen
- Produktproduktion einfach und ohne Qualitäts-, Transport-, Nutzungsrisiken, Produkt/Dienstleistung kann in zwei Wochen produziert und geliefert werden
- Wenn mehrere Angebotsoptionen, dann klar darstellbar (z. B. Baukastensystem) und mit einfacher Auswahlmöglichkeit für Kunden (andernfalls „weniger ist mehr")

- Klare Alleinstellungsmerkmale („Unique Selling Proposition/USP is Key") des Produkts/der Dienstleistung, die ein Hochpreisangebot rechtfertigen; Verkaufspreis für Konsumenten idealerweise 50 bis 200 Euro

Markt und Geschäftsmodell

- Klare Produktvorteile im Vergleich zu alternativen Lösungen und im Vergleich zu Wettbewerbsangeboten
- Skalierbares Geschäftsmodell ohne Produktionsbeschränkungen wie z. B. bei „zeitbasierter Wertschöpfung" menschlicher Dienstleistungen
- Kombination mehrerer Erlösquellen, idealerweise mit direkten Kundenbeziehungen und daraus resultierenden direkten Erlösen
- Aufwands- und Personalminimierung durch automatisierte oder ausgelagerte Produktions-, Verkaufs- und Lieferprozesse (z. B. ohne Lagerhaltung) durch die intelligente Kombination verschiedener, ggf. externer Geschäftssystemkomponenten

Wirtschaftlichkeit – ist das Geschäftskonzept krisensicher und nachhaltig profitabel?

Geschäftsentwicklung

- Ergänzende Produkte/Dienste für Up- und Cross-Selling vorhanden
- Bei einem „Kritische-Masse-System" (z. B. elektronischer Marktplatz, Community): Können Netzwerkeffekte sichergestellt werden, um mit Mund-zu-Mund-Propaganda den Wendepunkt hin zu exponentiellem Wachstum zu erreichen?
- Zusätzliche, alternative Geschäftsmodelle, Produkte/Marktsegmente, Erlösquellen, Szenarien zur Unternehmensentwicklung („Plan B, Plan C")

Marktposition

- Professionelle Präsentierbarkeit von Produkt/Dienstleistung und Unternehmen („wie Fortune 500")
- Dauerhafter Wettbewerbsvorsprung und besondere Kompetenzen und/oder Ressourcen im Unternehmen
- Sicher verankerte und zentrale Rolle in der Wertschöpfungskette, begrenzte Abhängigkeit von anderen Marktteilnehmern
- Effektivität, Flexibilität und Kosten des Marketing- und Vertriebsapparats (pro Maßnahme/Kanal)
- Vertrieb gut kontrollierbar, z. B. mit ausgewähltem Retailer/Reseller/Händler, um Qualität und Preis sicherzustellen bzw. Preisverfall und Margenerosion zu vermeiden

Business Case

- Einkaufspreis für ein neues Produkt/eine neue Dienstleistung maximal ein Drittel des Verkaufspreises für ausreichenden Margenspielraum bzgl. Vertriebsprovisionen, Preisanpassungen etc.
- Break-Even-Point der Gewinn- und Verlustrechnung nach ein bis zwei Jahren, Return on Investment (ROI) innerhalb von zwei bis drei Jahren
- Bruttomarge von Produkt/Dienstleistung mindestens 30 Prozent nach drei Jahren, Net Present Value (NPV) mindestens eine Million Euro nach drei Jahren

10.2 Der Inkubator 1stMOVER und ausgewählte Start-up-Projekte

1stMOVER (www.1stmover.org) ist ein Brutkasten für Start-ups, die innovative Produkte und Dienstleistungen für die digitale Medien- und Kreativwirtschaft entwickeln: ein Inkubator für New Media Services mit Videos, Büchern und Spielen. 1stMOVER arbeitet mit einem Netzwerk von Experten aus den Bereichen Business Development, Produkt- und Projektmanagement, Webdesign und Programmierung, Marketing und PR sowie Vertrieb. 1stMOVER entwickelt sich in von einer Projektorganisation Schritt für Schritt hin zu einer operativen Holding mit eigenverantwortlichen Start-ups. Aus dem sich stetig erneuernden Ideenpool werden neue Produkt- und Geschäftskonzepte für Pilotprojekte und Start-ups zyklisch ausgewählt und umgesetzt. Bis Ende 2010 hat 1stMOVER vier Start-up-Projekte inkubiert:

LikeTV (www.liketv.de) ist ein in großen Teilen virtuelles Unternehmen. LikeTV produziert Image- und Produktvideos sowie Industrie- und Werbefilme für Websites, Kunden-DVDs und Messestände von Unternehmen. Unter der Marke von LikeTV akquirieren freie Vertriebsmitarbeiter auf Provisionsbasis neue Kunden und produzieren freie Produktionsmitarbeiter auf Honorarbasis individuelle Unternehmensfilme. LikeTV verzichtet dabei auf große Büroräume und eine große Anzahl festangestellte Mitarbeiter und minimiert so die laufenden Betriebskosten – ein skalierbares Modell ohne Risiko.

Pinbooks (www.pinbooks.de) ist ein vernetztes Unternehmen. Es ist eine neuartige Internet-Suchmaschine und Community für Bücher mit Geschichten, die an einem bestimmten Ort und zu einer bestimmen Zeit spielen. Handlungsort, Genre und Handlungszeit sind die Suchparameter für Bücher. Pinbooks ist mit Google Maps verknüpft: Bücher sind auf Google Maps nach ihren Handlungsorten verortet („gepinnt"). Pinbooks ist mit Amazon verknüpft: Buchverkäufe, die über pinbooks vermittelt werden, werden von Amazon mit einer Umsatzbeteiligung entlohnt. Und pinbooks ist mit Facebook verknüpft: Nutzeraktionen auf pinbooks werden automatisch auf Facebook gepostet und viral verbreitet.

Bookpecker (mit dem ersten Produkt www.unsergeschenkbuch.de) ist ein Unternehmen von Kunden für Kunden. Bookpecker hat eine neuartige Internet-Plattform für „Crowdsourcing Books" geschaffen. Mit einer Template- und Multi-Authoring-Plattform können Privatkunden zusammen mit Freunden, Familien, Kollegen, Kommilitonen oder Schulkameraden gemeinsam ein Buch erstellen – für Geburtstag, Hochzeit, Jubiläum, Uni-/Schulabschluss oder für andere Themen wie Kochen, Reisen und Fotografieren. Alle Menschen können einfach online mitmachen. Aber auch Unternehmen können zusammen mit Mitarbeitern oder Kunden gemeinsam ein Buch erstellen zu großen Projekten, zur Firmengeschichte oder zu Markenprodukten – auf Wunsch sogar als öffentiches Buch. Mit bewährten Seitenvorlagen für Texte und Bilder funktioniert die Bucherstellung für den Nutzer am PC einfach, schnell und mit hoher Qualität und ist zugleich individuell, persönlich, unterhaltsam und gemeinschaftsstiftend. Zum Festpreis für Buchdruck und Versand.

My-Dynastie (www.my-dynastie.de) ist der Startpunkt zum Aufbau eines Unternehmens für den Betrieb von browserbasierten „Freemium"-Spielen. Das Browserspiel my-Dynastie ist ein strategisches Aufbauspiel in der Zeit des Mittelalters. Es zeichnet sich durch umfangreiche Möglichkeiten zum Provinzaufbau, Warenhandel und zur Allianzbildung sowie durch komplexe Kriegsführungs- und Schlachtszenarien aus.

Quellenverzeichnis

[2.1] http://www.nbia.org/about_nbia/founders_awards/mancuso.php
[2.2] http://www.thebatavian.com/blogs/philipanselmo/batavias-business-incubator-celebrates-50th-anniversary/4077
[2.3] http://books.google.de/books?id=ZpQDiZ4ZQUoC&pg=PA54&dq=%22incubatoren:+%28auch%22&ei=LRnoS6-hJ5-szQSi77GDCg&cd=1#v=onepage&q=%22incubatoren%3A%20%28auch%22&f=false
[2.4] http://www.goethe.schule.uni-potsdam.de/db/biemceip/cms/fileadmin/Upload/Incubator-workshop/03_Variety_Matters-Differences_of_Incubator_Models.pdf
[2.5] http://www.bizzplan.net/bizzplan/feature/part3b/nr005/inkubatoren.pdf
[2.6] http://www.presseanzeiger.de/infothek/wissenschaft-forschung/460432.php
[2.7] http://www.bz-berlin.de/bezirk/treptow/neuer-techno-park-in-adlershof-article950750.html
[2.8] http://www.firmenpresse.de/pressinfo93438.html
[2.9] http://www.innovations-report.de/html/berichte/studien/high_tech_ausgruendungen_acatech_praesentiert_erste_158017.html
[2.10] http://www.spiegel.de/spiegel/print/d-8002134.html
[2.11] http://books.google.de/books?id=kKvKh7pla8kC&pg=PA263&dq=%22to+date+mit+alone+has+helped%22&hl=de&ei=AUCsTbimF8TGswapk4WCBw&sa=X&oi=book_result&ct=result&resnum=1&ved=0CC4Q6AEwAA#v=onepage&q=%22to%20date%20mit%20alone%20%20has%20helped%22&f=false
[2.12] http://www.daimler.com/dccom/0-5-886397-1-1340128-1-0-0-0-0-1-8-7145-0-0-0-0-0-0-0.html
[2.13] http://www.best-practice-business.de/blog/?p=18392
[2.14] http://www.intel.com/de_DE/intel/capital/index.htm
[2.15] http://www.business-angels.de/default.aspx/G/111327/L/1031/R/-1/T/134048/A/1/ID/134053/P/0/LK/-1
[2.16] http://money.cnn.com/2000/11/09/technology/overview/
[2.17] http://www.huffingtonpost.com/social/Amalek/federal-pay-freeze-obama_n_789141_68985002.html
[2.18] http://adage.com/article/news/free-pc-grabs-eyeballs-payback-uncertain/63408/
[2.19] www.redherring.com/Home/4259
[2.20] http://en.wikipedia.org/wiki/Yahoo!_Search_Marketing
[2.21] http://123suds.blogspot.com/2004/10/rise-fall-of-dot-com-pioneer.html
[2.22] http://books.google.de/books?id=tB43wEzMgfMC&pg=PA130&dq=venturepark+goldman+f%C3%BCr+bereits+an+der+b%C3%B6rse&hl=de&ei=miatTcy3LciOswaTir3hDA&sa=X&oi=book_result&ct=result&resnum=1&ved=0CDYQ6AEwAA#v=onepage&q=venturepark%20goldman%20f%C3%BCr%20bereits%20an%20der%20b%C3%B6rse&f=false
[2.23] http://www.handelsblatt.com/politik/international/malta-bebender-fels/2267186.html
[2.24] http://en.wikipedia.org/wiki/Google
[2.25] http://fachmedien.net/2009/12/facebook-xing-wkw-jabby-und-co/
[2.26] http://www.spiegel.de/wirtschaft/0,1518,621814,00.html
[2.27] http://www.netzwelt.de/news/84059_3-ebay-auktionshaus-feiert-seinen-15-geburtstag.html
[2.28] http://gigaom.com/2010/08/05/silicon-valley-the-scent-of-money/
[2.29] http://babsonsfo.posterous.com/paul-graham-y-combinator-the-disrupter-in-the
[2.30] http://www.utexas.edu/news/2011/04/21/venture_week_investment/
[2.31] http://www.mit100k.org/
[2.32] http://www.faz.net/s/RubBFDAEF9E008C4455AB74719564EB6CC2/Doc~E59E7E6A522EE401A959BF0F70CCE14C2~ATpl~Ecommon~Scontent.html
[2.33] http://www.gruenderszene.de/finanzen/inkubatoren-deutschland
[2.34] http://www.wiwo.de/management-erfolg/die-schnellen-brueter-fuer-startups-boomen-457657/2/
[2.35] http://en.wikipedia.org/wiki/Mark_Cuban

[3.1]	http://www.wired.com/autopia/2010/06/henry-ford-thomas-edison-ev/
[3.2]	http://media.ford.com/article_display.cfm?article_id=31805#rel
[3.3]	http://lowendmac.com/orchard/06/sony-walkman-origin.html
[3.4]	http://www.docstoc.com/docs/71799971/Case-Study-On-Supply-Chain-Management
[3.5]	http://www.thehindubusinessline.in/2005/07/17/stories/2005071700141600.htm
[3.6]	http://www.joplinglobe.com/local/x212015747/Wal-Marts-data-center-remains-mystery
[3.7]	http://www.cio.com/article/147053/Amazon.com_s_IT_Leader_Leaving_Huge_Customer_Service_Infrastructure_as_Legacy
[3.8]	http://en.wikipedia.org/wiki/Rick_Dalzell
[3.9]	http://www.manager-magazin.de/unternehmen/artikel/0,2828,431873,00.html
[3.10]	http://www.insolvencynews.com/article/show/Blockbuster-files-for-chapter-11
[3.11]	http://www.gallaugher.com/Netflix%20Case.pdf
[3.12]	http://en.wikipedia.org/wiki/Netflix_Prize
[3.13]	http://ezinearticles.com/?The-Netflix-Challenge---A-$1-Million-Worth-Crowdsourcing-Project&id=3947555
[3.14]	http://www.geek.com/articles/news/netflix-accounts-for-20-of-peak-downstream-traffic-in-the-u-s-20101022/
[3.15]	http://en.wikipedia.org/wiki/Polaroid_Corporation
[3.16]	http://bestboyz.de/zu-futuristisch-nokia-hatte-iphone-ahnliches-smartphone-bereits-2004/
[3.17]	http://tech.fortune.cnn.com/2009/11/05/fortune-magazine-names-apples-steve-jobs-ceo-of-the-decade/
[3.18]	http://tech.fortune.cnn.com/2009/11/05/fortune-magazine-names-apples-steve-jobs-ceo-of-the-decade/
[3.19]	http://germancopycats.wordpress.com/2010/11/07/groupon-die-ubernahme/
[3.20]	http://www.deutsche-startups.de/?p=23119
[3.21]	www.businessinsider.com/why-groupon-said-no-to-google-2010-12
[3.22]	http://www.e-couponing-blog.de/2011/02/28/groupon-mit-760-mio-usd-umsatz-in-2010/
[3.23]	http://www.ecommerce-lounge.de/groupon-kauft-citydeal-1842/
[3.24]	http://s3.amazonaws.com/ppt-download/thefutureofcollaboration-091017131000-phpapp02.pdf?Signature=yOa4GmdDVcu0jSpnx25WezGURmQ%3D&Expires=1277283040&AWSAccessKeyId=AKIAJLJT267DEGKZDHEQ
[3.25]	http://www.nbtn.org.uk/pool/resources/nbtn-casestudy-bt.pdf
[3.26]	http://www.communitybusiness.org/library/other_publication/TomorrowsWorkforce_Final.pdf
[3.27]	http://www.personneltoday.com/articles/2010/04/23/55343/ibm-crowd-sourcing-could-see-employed-workforce-shrink-by-three-quarters.html
[3.28]	http://www2.kellyglobal.net/web/ch/services/de/pages/technologie_und_work_life_balance.html
[3.29]	http://live.sharepointcommunity.de/wiki/sharepointconference/Bauer_H%C3%B6chstleistung%20in%20der%20Wissensarbeit_190208.pdf
[3.30]	http://genylabs.typepad.com/coworking_labs/2010/05/index.html
[3.31]	http://www.answers.com/topic/arthur-rock
[3.32]	http://camtriplehelix.com/journal/issue/2/what-open-innovation-means-for-scientists/pdf
[3.33]	http://www.cio.de/strategien/methoden/847263/
[3.34]	http://essay.utwente.nl/58630/1/scriptie_C_Doppen.pdf
[3.35]	http://www.wearewhatwedo.org/press/view/wawwd_unilever_spectacle_recycling_initiative/
[3.36]	http://www.generalmills.com/en/Media/NewsReleases/Library/2011/March/Inno360.aspx
[3.37]	http://www.industryweek.com/articles/innovation_101_whirlpools_spin_on_innovation_16828.aspx
[3.38]	http://www.businessweek.com/innovate/content/jun2009/id20090617_735220.htm
[3.39]	http://www.peter.baumgartner.name/schriften/publications-de/pdfs/baumgartner_schule_web_2008.pdf
[3.40]	http://www.oekonews.at/index.php?mdoc_id=1050893

Quellenverzeichnis

[3.41] http://en.wikipedia.org/wiki/Wikipedia
[3.42] http://de.wikipedia.org/wiki/WikiMapia
[3.43] http://googleenterprise.blogspot.com/2011/04/bringing-100-web-to-world-of-google.html
[3.44] http://www.openstreetmap.org/stats/data_stats.html
[3.45] http://www.keylogger.org/developers-free/sourceforge-inc-1.html
[3.46] http://www.geospace.co.uk/files/cloud_collaboration.pdf
[3.47] http://www.businessweek.com/magazine/content/06_49/b4012001.htm
[4.1] http://de.wikipedia.org/wiki/Brainstorming
[4.2] http://www.ibm.com/ibm/jam/index3.shtml
[4.3] http://www.socialmediaexaminer.com/how-ibm-uses-social-media-to-spur-employee-innovation/
[4.4] http://www.brandrepublic.com/news/177530/PREVENT-BRAND-FAILURE/
[4.5] http://www.moderne-unternehmenskommunikation.de/innovation/innovationskommunikation/hatte-henry-ford-die-cowboys-gefragt-interview-mit-prof-dr-ulrich-lehner-vorsitzender-der-geschaftsfuhrung-von-henkel/
[4.6] http://www.welt.de/wams_print/article2967814/Das-Jahr-der-wilden-Haare.html
[4.7] http://www.slideshare.net/jhoewner/von-der-spinnovation-zur-sinnovation
[4.8] http://www.slideshare.net/yourdon/enterprise-20-v20
[4.9] http://www.ideastorm.com/
[4.10] http://www.zdnet.com/blog/btl/salesforcecom-preps-new-release-and-ideaexchange/3562
[4.11] http://www-static.shell.com/static/innovation/downloads/innovation/technology_futures.pdf
[4.12] http://www.foerderland.de/419+M55381bd386d.0.html
[4.13] http://www.business-strategy-innovation.com/2010/02/cisco-announces-250000-iprize.html
[4.14] http://www.ideen-initiative-zukunft.de/ideen-und-projekte
[4.15] http://www.thestreet.com/story/10758515/bp-may-be-letting-best-solutions-slip-by.html
[4.16] http://www.innovationsanalysen.de/de/download/KoopTech.pdf
[4.17] http://www.emilebons.nl/publicFiles/100110openInnovation-theBenefitsOfCrowdsourcing.pdf
[4.18] http://boshanka.co.uk/2009/05/crowdsourcing-is-it-wise-for-crowds-or-just-for-business/
[4.19] http://www.ideaconnection.com/open-innovation-success/A-Modeling-System-for-Toddler-Training-Pants-00142.html
[4.20] http://open--innovation.blogspot.com/2010/03/innocentive-ebay-for-innovation.html
[4.21] http://en.wikipedia.org/wiki/Longitude_prize
[4.22] http://www.charleslindbergh.com/plane/orteig.asp
[4.23] http://www.googlelunarxprize.org/lunar/about-the-prize
[4.24] http://works.bepress.com/context/jonathan_adler/article/1002/type/native/viewcontent/
[4.25] http://www.businessweek.com/innovate/content/feb2007/id20070201_774736.htm
[4.26] http://www.osram.de/osram_de/Presse/Publikumspresse/2009/20090717_Ideenwettbewerb.html
[4.27] http://www.abjusa.com/business_in_action/march_10/yet2_com.html
[5.1] http://www.energiegeschichte.de/ContentFiles/Museum/Downloads/Sammelblatt_Musik_neu.pdf
[5.2] http://www.worldwideinvention.com/famous_inventors/details/328/Independent-Inventors-Association-presents-Jerome-H.-Lemelson.html
[5.3] http://www.ropesgray.com/files/Publication/0a7ad1bd-23b8-4659-bfe5-a172b34a980d/Presentation/PublicationAttachment/2c66e5f3-c656-4244-aa26-21bcdc3d93c2/Breaking_the_Bar_Code.pdf
[5.4] http://web.mit.edu/invent/a-prize.html
[5.5] http://www.slideshare.net/gurjeit/worlds-biggest-brand-failures
[5.6] http://www.regenstrief.org/mission/sam-regenstrief/SamRegenstrief_LegacyOfTheDishwasherKing.pdf
[5.7] http://www.buzzle.com/editorials/4-3-2004-52486.asp
[5.8] http://www.rentcell.com/Iridium.pdf

[5.9] http://articles.sfgate.com/2001-08-19/business/17614723_1_jupiter-media-metrix-chip-sales-forrester-research
[5.10] http://www.slideshare.net/L2ThinkTank/l2-digital-iq-index-specialty-retail
[5.11] http://books.google.de/books?id=Bul95fpIXr4C&pg=PA116&dq=%22webvan%22+%221.2+billion%22&hl=de&ei=AIe1TcHIA46SswbN5rD9Cw&sa=X&oi=book_result&ct=result&resnum=2&ved=0CDEQ6AEwAQ#v=onepage&q=%22webvan%22%20%221.2%20billion%22&f=false
[5.12] http://old.jpkc.fudan.edu.cn/download/jpkcdownload.php?path=%2Fcourse_141%2Fjpkc_www%2F05.%BD%CC%D1%A7%CC%F5%BC%FE%2F%B0%B8%C0%FD%BC%AF%2F%D3%A2%CE%C4%B0%B8%C0%FD&fileName=Webvan_Case.pdf
[5.13] http://www.markensysteme.de/schnaeppchen/lebensmittel-getraenke-onlineshop/001688/
[5.14] http://books.google.de/books?id=Bul95fpIXr4C&pg=PA116&lpg=PA116&dq=%22kozmo%22+%22+280+million+$%22&source=bl&ots=IPV-v4Oryw&sig=hI6OWWvtknEb3fz42VOElhIMkS4&hl=de&ei=hEGwTez3PIafOuWC5PQI&sa=X&oi=book_result&ct=result&resnum=5&ved=0CDsQ6AEwBA#v=onepage&q=%22kozmo%22%20%22%20280%20million%20%24%22&f=false
[5.15] http://www.ideafinder.com/history/inventors/engelbart.htm
[5.16] http://www.siliconvalleywatcher.com/mt/archives/2010/02/tribute_to_sili.php
[6.1] http://voices.washingtonpost.com/44/2008/11/obama-raised-half-a-billion-on.html
[6.2] http://www.deinfussballclub.de/
[6.3] http://www.kickstarter.com/projects/196017994/diaspora-the-personally-controlled-do-it-all-distr
[6.4] http://www.socialnetworkstrategien.de/2010/11/sellaband-nimmt-fahrt-auf-neues-album-von-public-enemy-kommt/
[6.5] http://brussels.startupweekend.org/files/2010/12/startup-weekend-brussels-presentation-v01-6.pdf
[6.6] http://de.wikipedia.org/wiki/Rolodex
[6.7] http://en.wikipedia.org/wiki/David_Rockefeller#Wealth_and_hobbies
[6.8] http://www.businessinsider.com/irish-company-raises-230000-using-only-linkedin-2010-1
[6.9] http://www.vdi-nachrichten.com/artikel/Wie-Clickworker-fuer-Unternehmen-Projekte-erledigen-/45680/4
[6.10] http://www.wired.com/software/webservices/news/2007/09/distributed_search
[6.11] http://www.jovoto.com/blog/wp-content/uploads/2009/09/jovoto-Momentum-release_June-25.pdf
[6.12] http://www.nasa.gov/centers/johnson/news/releases/2009/J09-028.html
[6.13] http://en.wikipedia.org/wiki/Netflix_Prize
[6.14] http://ezinearticles.com/?The-Netflix-Challenge---A-$1-Million-Worth-Crowdsourcing-Project&id=3947555
[6.15] http://www.utest.com/bugbattle/Q408
[6.16] http://de.wikipedia.org/wiki/Lead_User
[6.17] http://www.psfk.com/2011/02/innovation-models-3ms-15-percent-program.html
[6.18] http://www.slideshare.net/openinnovation/developing-open-innovation-dynamic-capabilities-presentation
[6.19] http://www.automotiveit.eu/fiat-geht-neue-wege-open-source-im-designesignprozesse-sind-in-der-autoindustrie-geheimsache-%E2%80%93-absolute-geheimsache-automotiveit-0610/blickpunkt/id-0014109
[6.20] http://www.dmnews.com/pg-halts-reflectcom/article/87774/
[7.1] http://de.openoffice.org/marketing/referenzkunden.html
[7.2] http://de.wikipedia.org/wiki/OpenOffice.org
[7.3] http://www.abendblatt.de/wirtschaft/article1641601/Werber-von-Scholz-Friends-setzen-auf-Google.html
[7.4] http://www.msnbc.msn.com/id/40929239/ns/technology_and_science-tech_and_gadgets/
[7.5] http://www.bbc.co.uk/news/business-12889048

Quellenverzeichnis

[7.6] http://mashable.com/2009/12/08/dell-twitter-sales/
[7.7] https://www.yammer.com/pdfs/case_study_nationwide.pdf
[7.8] https://www.yammer.com/about/case_studies
[7.9] http://www.federalnewsradio.com/index.php?nid=110&sid=1949950
[7.10] http://www.ndia.org/Divisions/Divisions/C4ISR/Documents/Breakfast%20Presentations/2010%20Presentations/Intelink%20Basic%20presentation.pdf
[7.11] http://1105govinfoevents.com/EA/Presentations/EA09_3-2_Russell.pdf
[7.12] http://www.razorfish.com/#/news/press-releases/2007/pressreleases/pr-20070105-wiki
[8.1] http://www.facebook.com/burberry
[8.2] http://www.socialmediaexaminer.com/cisco-social-media-product-launch/
[8.3] http://toppits.trnd.com/projektinfos/
[8.4] http://www.netzwelt.de/news/84312-telekom-netzbetreiber-faelschte-kundenbewertungen.html
[8.5] http://www.slideshare.net/GeniusRocket/geniusrocket-select-curated-crowdsourcing
[8.6] http://socialcomputingjournal.com/viewcolumn.cfm?colid=654
[8.7] http://blog.ecairn.com/2010/08/31/how-ogilvy-and-adobe-manage-influence-and-blogger-outreach-with-ecairn/
[9.1] http://www.businessweek.com/smallbiz/content/apr2007/sb20070416_589621.htm
[9.2] http://www.handelsblatt.com/unternehmen/mittelstand/die-aeltesten-firmen-deutschlands/4012086.html
[9.3] http://www.cojoweb.com/ref-companies-worlds-oldest.html
[9.4] http://www.die-erfinder.com/open-innovation/%E2%80%9Eoffen-fuer-ideen%E2%80%9C-%E2%80%93-procter-gamble
[9.5] http://www.managementlab.org/blog/2010/hcl-extreme-management-makeover
[9.6] http://www.trivia-library.com/a/past-predictions-of-famous-scientist-herman-kahn.htm
[9.7] http://www.trivia-library.com/a/future-predictions-of-famous-scientist-dr-olaf-helmer.htm
[9.8] http://books.google.de/books?id=ljHq6-HnW1QC&pg=PA50&dq=container+mclean+box&hl=de&ei=hUiwTa_sKcKgOqmTrJgJ&sa=X&oi=book_result&ct=result&resnum=1&ved=0CEQQ6AEwAA#v=onepage&q=container%20mclean%20box&f=false
[9.9] http://www.wired.com/dangerroom/2010/07/exclusive-google-cia/
[9.10] http://www.smalltalk.org/alankay.html

Der Autor

Dr.-Ing. Klemens Gaida studierte von 1988 bis 1993 Elektrotechnik mit Schwerpunkt Informationstechnik und Mikroelektronik an den Universitäten Duisburg und Middlesex/London. Im Jahr 1999 begann er im Rahmen eines industriellen Forschungsprojekts seine Promotion zum Doktoringenieur im Bereich Mobilfunk an der Technischen Universität Dresden, die er 2001 erfolgreich abgeschlossen hat.

Von 1993 bis 2001 war Klemens Gaida für Eutelis Consult, eine Managementberatung für Telekommunikation und Medien, tätig. Dort leitete er ab 1998 die Gruppe „Neue Mehrwertdienste", die er im Jahr 2000 als Partner und Mitglied der Geschäftsleitung zu einem eigenständigen Geschäftsbereich entwickelte.

Von 2001 bis 2009 war Klemens Gaida für Vodafone Global Marketing tätig, wo er sowohl verschiedene Produktbereiche als auch ein Innovationszentrum verantwortlich leitete. Dies beinhaltete die Führung internationaler Teams globaler und lokaler Produkt- und Innovationsmanager für Entwurf, Test, Planung, Entwicklung, Pilotierung und weltweite Markteinführung neuer Consumer Internet Services. Zentrales Projekt war die Konzeption, Einführung und Weiterentwicklung von „Vodafone live!".

Im Jahr 2009 gründete Klemens Gaida den Internet-Inkubator 1stMOVER, aus dem bisher vier Start-up-Projekte hervorgegangen sind: LikeTV, pinbooks, bookpecker und myDynastie.

Für die Erfindung neuer Produktfunktionen hat Klemens Gaida insgesamt elf Patentanmeldungen eingereicht; für das Produkt „Vodafone MeinPC" gewann er im Jahr 2007 den „GSMA Innovation Award". Klemens Gaida hat zahlreiche Veröffentlichungen und Fachvorträge zu neuen Anwendungen, Diensten und Strategien im Telekommunikations- und Medienmarkt verfasst sowie mehrere Fachkongresse geleitet.

If you have any concerns about our products,
you can contact us on
ProductSafety@springernature.com

In case Publisher is established outside the EU,
the EU authorized representative is:
**Springer Nature Customer Service Center GmbH
Europaplatz 3, 69115 Heidelberg, Germany**

Printed by Libri Plureos GmbH
in Hamburg, Germany